■ 中华优秀传统文化推荐读物

中华传统廉政文化

十三篇

靳文泉◎主编

民主与建设出版社

·北京·

图书在版编目(CIP)数据

中华传统廉政文化十三篇 / 靳文泉主编. —北京：民主与建设出版社，2020.11

ISBN 978-7-5139-3334-6

Ⅰ. ①中… Ⅱ. ①靳… Ⅲ. ①廉政建设—文化研究—中国 Ⅳ. ①D630.9

中国版本图书馆 CIP 数据核字（2020）第 242941 号

中华传统廉政文化十三篇

ZHONGHUACHUANTONG LIANZHENGWENHUA SHISANPIAN

主　　编　靳文泉
责任编辑　李保华
封面设计　云　畅
出版发行　民主与建设出版社有限责任公司
电　　话　(010)59417747　59419778
地　　址　北京市海淀区西三环中路 10 号望海楼 E 座 7 层
邮　　编　100142
印　　刷　三河市腾飞印务有限公司
版　　次　2021 年 1 月第 1 版
印　　次　2021 年 1 月第 1 次印刷
开　　本　710 毫米×1000 毫米　1/16
印　　张　24
字　　数　230 千字
书　　号　ISBN 978-7-5139-3334-6
定　　价　78.00 元

前　言

文化是一个国家、一个民族的灵魂。习近平总书记在党的十九大报告中指出："中国特色社会主义文化，源自于中华民族五千多年文明历史所孕育的中华优秀传统文化"。我们党高度重视党风廉政建设工作，强调要加强纪律教育，强化纪律执行，让党员、干部知敬畏、存戒惧、守底线，习惯在受监督和约束的环境中工作生活。因此，坚持文化自信，充分发掘传统文化资源在党风廉政教育中的重要作用，是新时代党员干部教育工作重大而紧迫的课题。

众所周知，我国历史悠久的传统国学知识，蕴含着十分丰富的政治智慧。从上古至清代，为政以德、以廉为本、关心民瘼、爱护民众、崇德尚能、崇尚节俭、清心养廉、遏制贪欲等廉政思想不胜枚举，而古代中国廉政监察制度建设也对古代中国社会的稳定与发展起到了非常重要的作用。研究我国古代廉政思想演进、制度建设、文化发展等历史轨迹，探索我国古代廉政监察建设的结构体系、政治价值、思想价值、理论价值和文化价值，从中汲取并借鉴某些合理因素，对于我们运用历史智慧来推进党风廉政建设，具有非常重要的意义。

党的十九大以来，国家监察体制改革稳步推进，各级监察委员会已同党的纪律检查机关合署办公，实现了对所有行使公权力的公职人员的监察全覆盖。2018 年 3 月 20 日，《中华人民共和国监察法》审议通过，监察委员会的职责权限和调查手段得以明确，反腐败工作实践走向制度化、法治化轨道，集中统一、权威高效的国家监察体制得以确立，中国特色社会主义监察制度建设焕发出前所未有的蓬勃朝气。面对新时代新征程新任务，大力发掘中国古代廉政监察体制建设的经验与教训，对于我们加强党风廉政建设，构建一体推进不敢腐、不能腐、不想腐体制机制，进一步巩固和发展反腐败斗争压倒性胜利，无疑也具有重大的现实意义。习近平总书记在2018年11月26日主持中共中央政治局就中国历史上的吏治举行第十次集体学习时强调，重视吸取历史经验是我们党的一个好传统。历史记述了前人的成功和失败，重视、研究、借鉴历史，了解历史上的治乱兴衰规律，可以给我们带来很多了解昨天、把握今天、开创明天的启示。我们进行伟大斗争、建设伟大工程、推进伟大事业、实现伟大梦想，更需要重视、研究、借鉴历史。这对我们丰富头脑、开阔眼界、提高修养、增强本领具有重要意义。我们必须认真贯彻习近平总书记相关指示要求，切实加强优秀传统廉政文化的学习。

为了深入学习贯彻中央相关要求，切实加强新时代党员干部廉政教育，我们特邀请组织有关专家编写了这部《中华传统廉政文化十三篇》。本书坚持以习近平新时代中国特色社会主义思想为指导，紧密联系广大党员干部公务繁忙、没有太多时间学习浩如烟海的国学知识的实际，按照习近平总书记“推动中华优秀传统文化创造性转化、创新性发展”的要求，钩沉索隐，去繁就简，着力解决课题“整体丰富”与“个例简约”之间的矛盾，从廉政思想、监察律典、监察制度、廉政清芬、昏暴贪佞、名文名篇、格言警句、诗词曲赋、小说传奇、成语俗语十个方面，梳理了先秦至明清十三个历史时期的优秀廉政国学经典知识。其中，廉政思想、监察律典、监察制度三部分，从思想和制度的角度，帮助广大读者迅速掌握历代王朝廉政监察的顶层设计；廉政清芬、昏暴贪佞两部分，从历代廉政名人案例的角度，向广大读者介绍相关人物的廉政史迹，增加经典阅读的趣味性；名文名篇、格言警句、诗词曲赋、小说传奇、成语俗语五部分，从廉政文学的角度，介绍我国璀璨的传统廉政文化知识，让广大读者在百忙中迅速掌握和运用这些文化知识。我们设想，通过这样的编排设计，能够使广大读者纲举目张，随机检索，一览中华优秀传统廉政文化之精要。

明镜所以照形，古事所以知今。希望本书的出版，能使广大党员干部和相关读者全面增强学习本领，从我国古代廉政文化中汲取更多知识营养，积累经验、增长智慧，自觉增强文化自信和制度自信，为深入推进党风廉政建设和全面依法治国贡献更多力量。

编者

2020年10月1日

目 录

第一篇 先秦廉政文化经典

第二篇　秦朝廉政文化经典

第三篇　两汉廉政文化经典

第四篇　三国廉政文化经典

第五篇　两晋十六国廉政文化经典

第六篇 南北朝廉政文化经典

第七篇 隋朝廉政文化经典

第八篇 唐朝廉政文化经典

第九篇　五代十国廉政文化经典

第十篇　宋辽金西夏廉政文化经典

第十一篇　元朝廉政文化经典

第十二篇　明朝廉政文化经典

第十三篇　清朝廉政文化经典

第一篇

先秦廉政文化经典

廉政思想

黄帝

黄帝（前 2717—前 2599 年），中国远古时代华夏民族的共主，五帝之首，因统一华夏部落与征服东夷、九黎族而统一中华的伟绩被载入史册。据史书记载，黄帝因有土德之瑞，所以号“黄帝”。

黄帝是中华民族的文化始祖，开创了中国的政治文明。黄帝在位时，设立了严格的管理国家制度。他设官分职如：春官青云，夏官缙云，秋官白云，中官黄云，并设置监督官员的左右大监，对管辖的属国行使监察权。这是中国监察制度最早的雏形。

《史记·五帝本纪》中对此也有记载，“天下有不顺者，黄帝从而征之，平者去之，披山通道，未尝宁居。东至于海，登丸山，及岱宗。西至于空桐，登鸡头。南至于江，登熊、湘。北逐荤粥，合符釜山，而邑于涿鹿之阿。迁徙往来无常处，以师兵为营卫。官名皆以云命，为云师。置左右大监，监于万国。”左右大监，就是黄帝派出的监察官，对属国行使监察权，这一制度成为后世设立监察御史的渊源所在。

在防止腐败方面，黄帝除以德、以法治国外，最主要的一项治国措施，是惜民爱物、勤俭节约。黄帝把贪污腐败分子称为“三凶”之一。认为这种人无论是对国家还是对人民、对自己都有害无利。他告诫诸侯和官员，要简约生活，若只知追求享乐，既荒废了正业，又损害了自身健康，迷乱了心智。

黄帝倡导勤俭节约。为了防止腐败蔓延，他和诸侯、官员约法六章：声禁重、色禁重、衣禁重、香禁重、味禁重、室禁重。所谓“重”，即为过分之意，即在声乐、美色、穿衣、饮食和居住等物质享用方面，要简约，反对奢靡、铺张。

尧

尧（前2188—前2089年），姓伊祁，名放勋，又称“唐尧”。他制定年历，制定四时成岁，为百姓颁授农耕时令，测定出了春分、夏至、秋分、冬至；分天下为九州。

尧生活非常俭朴，住茅草屋，喝野菜汤，穿用葛藤织就的粗布衣。他注意倾听百姓们的意见，仿效黄帝在平阳设“衢室”，即在临街盖有大厅，作为议政之所，请百姓来议政；在简陋的宫门前设了一张“欲谏之鼓”，谁要是对他或国家提出意见或建议，随时可以击打这面鼓。为方便民众找到朝廷，帝尧还让人在交通要道设立“诽谤之木”，即埋上一根木柱，木柱旁有人看守，民众有意见，可以向看守人陈述。如来人愿去朝廷，看守人会给予指引。由于能及时听到民众的意见，尧对百姓疾苦非常了解。

尧在我国历史上第一次建立了较为系统的政治制度，为奴隶制国家的产生奠定了基础。尧执政初期，国家只是一个部落联合体，非常松散，不利于国家的统一管理，尧积累了一定的施政经验后，便开始建立国家政治制度。他规定了人伦关系的五种常礼，整治身份关系的五种常规，建立了五种刑法，制定了任用选择官员和推行教化的标准，开创了任人唯贤的禅让制度。尧唯恐埋没人才，经常到山野间察访政治得失、选用贤才。

舜

舜（约前2287—约前2067年），轩辕黄帝八世孙。姚姓，妫氏，名重华，字都君，父系氏族社会后期东夷部落首领，中华民族共同始祖“三皇五帝”之一。

舜是道德文化的鼻祖，开创了中华道德文化之源。《史记》中记载：“天下明德，皆自虞舜始。”舜帝的道德文化，是廉政文化的本源。舜帝主张以“德”治理国家，在政治道德上，他主张“勤民事”“苦忧人”“只为苍生不为身”，非常讲求施政道德。舜处处以身作则、善于用人，社会政治清明，与尧一起被后人称为“舜日尧天”。

舜的廉洁，首先表现在自律、自重，具有高度的自我约束意识。舜帝出生的家庭环境不好，父亲、母亲、兄弟都对他不公正，甚至还多次加害于他。然而舜帝始终能对父母秉持孝心，对兄弟存留友爱之情。这正是隐忍与宽容的表现，是一种自重和自律。

舜重视对官员队伍的有序管理。《尚书·尧典》中有舜帝“纳于百揆，百揆时叙”的记载。舜帝曾就官员队伍的建设制定与实施了一系列制度，为促进各级官员廉洁勤政、构建清明政治奠定了坚实的基础。在任命禹、稷等重要官员的同时，舜帝确立了“三载考绩，三考黜陟幽明”的考评制度，规定每三年对官吏考核一次，经过三次考核后，根据结果，该降级的降级，该升迁的升迁。在这一制度的制约下，各级官吏都忠于职守，兢兢业业，促成了全国各地百业兴旺。舜帝还在各地设“旌”，即在大街的大厅前插上旗帜，招引老百姓前来议政。

禹

禹，姓姒，名文命，史称大禹，黄帝的玄孙、颛顼的孙子，夏后氏首领、夏朝开国之君，所以也叫夏禹。禹终结了我国原始社会部落联盟式的社会形态，开创了全新的社会政治形态——国家，使我国从此进入了文明社会。

从帝尧开始，中原洪水就泛滥成灾。禹治水十余年，三过家门而不入，最终治水成功。舜帝将他治水成功的事宣告天下。夏建立后，禹在阳城之郊涂山召开诸侯大会。在盛会上，他非但没有宣扬自己的功德，反而检讨自己的过失。他真诚地说：“我德薄能鲜，不足以服众。召开这次大会，是希望能得到大家的责备、规劝，让我知过改过。我平治洪水，尽管有一些功劳，却时常不忘告诫自己戒骄戒躁。”他一直牢记舜的教导：“汝惟不矜，天下莫与汝争能；汝惟不伐，天下莫与汝争功。”意思就是，只要你不自吹自擂，天下就没有人能与你争能，只要你不自夸自大，天下就没有人能与你争功。禹对诸侯说：“如果我有骄傲自满的地方，请大家当面批评我，不然是教我不仁啊！对大家的教诲，我愿意洗耳恭听。”通过这次大会，诸侯都感受到了禹的真诚，打消了各种疑虑，心悦诚服地拥护禹。禹还在朝廷门口设立“谏鼓”，让老百姓击鼓参与议政或提起诉讼。

夏启

启（前 2084—前 2006 年），也称夏启、帝启、夏后启、夏王启，禹之子，夏朝第二任君王。大禹病死后，启以武力征伐伯益，后击败其继位，从此将我国的王位禅让制变为了世袭制。

夏朝是我国历史上第一个奴隶制王朝。启夺得领袖之位后，在今河南禹县召开盟会，向联合体内部的各个部落及附近酋邦通报，争取支持者，来确立自己的统治。但因其篡位行为毕竟破坏了传统的习俗，因此引起了一些部落的不满，尤其是那些拥有雄厚的实力、同样窥视联盟最高权位的部落首领。其中，有扈氏就当众表示不会臣服于启，启于是发动甘之战征伐有扈氏。在甘之战之前，启召集一众高级官吏，申明纪律约戒的誓师词，宣告军事纪律，命令各属下要奉命行事，忠于职守，努力战斗。奉行命令者将受赏于祖庙，违背命令者，则会被处死在社坛前。这是启巩固中央权威，实行政务监督的重要方法。甘之战后，启击败了有扈氏，消除了华夏族内的反对势力。

皋陶

皋陶（前 2219—前 2113 年），偃姓，传说是黄帝次子昌意的后裔，早期东夷部落的首领。皋陶成功地辅佐了尧、舜、禹三个部落联盟首领，长期担任“士师（理官）”一职掌管刑法，负责氏族政权的刑罚、监狱、法治，因正直驰名天下。

皋陶最重要的历史贡献就是制定了刑法。传说我国的第一部《狱典》就是由他制定的。皋陶把《狱典》刻在树皮上，舜帝看了，觉得很好，就命他实施。《尚书·皋陶谟》提出的“天聪明，自我民聪明。天明畏，自我民明威”以及“简而廉”的思想，正是我国传统民本思想及“廉约”观念的渊源所在。

皋陶制定了墨、劓、剕、宫、大辟“五刑”，提出了对后世影响巨大的“九德说”，即宽而栗、柔而立、愿而恭、乱而敬、扰而毅、直而温、简而廉、刚而塞、强而义。他认为，评判一个人是否有德，要看其是否宽容而庄重、和柔而坚定、谨慎而恭肃、干练而严谨、虚心而果断、耿直而温驯、平实而清正、坚决而节制、勇敢而仁义。“九德说”的内涵涉及人的秉赋、气质、品德、才干等众多方面，是目前所知我国历史上最早的考察、选拔公职人员的标准，为后世各项法律制度的制定、完善及充实奠定了坚实基础。皋陶也因此被奉为中国司法的鼻祖，被人们誉为“圣臣”。

商汤

商汤（约前 1670—前 1587 年），即成汤，子姓，河南商丘人。约前 1551 年，成汤的军队占领了夏朝首都，成汤被三千诸侯拥立为帝，开启了商朝的历史。

成汤从残暴的夏桀身上吸取教训，认为夏朝灭亡的真正原因是百姓的反对。所以他处处以身作则，为百姓做好事。他整治朝纲，将阿谀奉承的奸臣统统赶走，重用那些一心为国的忠臣。此外，他还在国都设立“总街之庭”，即在大街上设立大厅，供百姓发表不同政见或对朝廷提出批评。成汤的一系列举动深受各地诸侯的欢迎。

盘庚

盘庚，甲骨文作“般庚”，名旬，生卒年不详，在位 28 年。

盘庚即位时，商朝历经了几代内乱，政治腐败，贵族奢侈，王室斗争激烈，阶级矛盾尖锐，再加上天灾频仍，危机层出不穷。盘庚即位后，为了拯救商朝衰亡的颓势，下令将都城从奄（今山东曲阜）迁到了殷（今河南安阳），希望以此抵制贵族的奢侈，缓和阶级间的矛盾，并减轻自然灾害。

在商朝，选官一直遵循“人惟求旧”的原则。所谓旧人，是指商王室的血亲贵族及异姓功勋贵族，其中以王室血亲贵族人数居多。这个原则实际上就是向商王的叔父们、同宗族的同辈兄弟们许以高官厚禄，组成血亲集团，再任用一些异姓功勋世袭贵族。刚刚迁都到殷，盘庚就说出了自己的选官标准：“朕不肩好货，敢共生生。掬人谋人之保居。”

盘庚劝诫大臣们，要完全听从君王的指令，做好本职工作，凡事要以国家利益为先，切忌自私自利，贪财好货。不要乱起妄言，更不要扰乱政治。他训诫贵族们“无总于货宝”，即不要聚敛财富。在吏治方面，盘庚主张“用罪伐厥死，用德彰厥善”。同时，他提倡节俭，改良风气，减轻剥削。

在这种良好的治国方略下，盘庚终于安定了局面，商王期从此中兴。

周文王

姬昌（前 1152 —前 1056 年），姬姓，名昌，即周文王，岐周（今陕西岐山县）人，周朝奠基者。周文王在位期间，“克明德慎罚”，勤于政事，礼贤下士，广罗人才，被先秦学者尊奉为圣王。他所创的周礼，为后世儒家所推崇，孔子更是称其为“三代之英”。

周文王执政以民为先。他提出“民何向非利”“信何向非私”，认同百姓的一切行为都具有自利性。但文王并不要求百姓们转变这种天性，而是利用好人民关注利益的本性，加以诱导。

在对子孙的训诫中，周文王强调要克制自己内心的欲望，遵循外在的规矩和价值标准。他提出，人如果遵守规矩、恪守道德，则会“贾粥不雠”，福佑自来；反之则会“不索祸招”，祸患自来。所以，周文王多次举办仪式，让子孙们学习国家的相关规仪，要求他们在宗族、生产、训练、守备等方面遵守已有的规定，把已经形成体系的“八儆”“五戒”“三极”“九因”等不断申述给子孙，让他们传习。文王告诫子孙们，千万不能自以为是、放弃规矩进而自我放纵。在他的临终遗言《保训》中，周文王仍再三告诫武王一定要慎守中道。

在周文王的训诫之下，周人以一个关中地区的地方小国，打败了有数百年基业的商王朝，并且子侄辈中出现了武王、周公、召公等一大批有作为、有建树，在历史上产生深远影响的政治家。

周公

周公，姓姬，名旦，是周文王的次子，周武王的弟弟，西周初年杰出的政治家。周公曾目睹商纣王贪逸亡国，助武王推翻纣王的腐朽统治。正因为这样，他清楚地知道纣王因何亡国，所以格外崇尚廉政爱民，主张“明德慎罚”。

周公认为，“天命不常”，就是说，上天所授予的命运不是一成不变的，上天不会一直保佑某个国家或王朝。天命与民情密不可分。民情是上天检测一个天子是否有道的唯一标准，因此人民的喜怒就体现了上天的喜怒。像商纣王那样穷奢极欲、贪酷残民的无道之君是人民最痛恨的。在《尚书·酒诰》中，周公首次提出了“人无于水监，当于民监”的理念，指出为政者不能以水为镜，而要以人为镜，时时对照、自省，反思为政的得失。天子更要以身作则，率诸侯百官，像护佑自己的孩子一样护佑百姓，像关心自身的疾病一样关心百姓的疾苦。在享受安逸的生活之前，应先去了解百姓耕种和收获的艰难。纵观我国历史，周公是第一个对廉政的认识达到如此思想高度的政治家，这是当时政治思想方面的一个进步。

姜太公

姜太公（约前1156—约前1017年），姜姓，吕氏，名尚，字子牙，号飞熊，河内郡汲县人。中国古代杰出的政治家、军事家，周朝开国元勋，商末周初兵学奠基人。

姜太公在文王倾商、武王灭殷时皆为首席谋士。他认为，开明的君王要以身作则，为政者要重视身教。要廉洁爱民，不能鱼肉百姓，对遇到灾难的百姓要给予救济。

姜太公十分重视举贤用能，主张“尊贤尚功”。认为人才的选用是事关国家兴亡的大事。君主要想治理好国家，就必须对有德有才的贤人加以重用，而不能任用无德无才的庸人。他倡导公正廉洁的社会风气，提出“吏，忠正奉法者尊其位，廉洁爱民者厚其禄”的观点。姜太公倡导从交谈问话、辩论、财物诱惑、女色、处理危难艰险、喝酒饮宴等“八征”全面考察人才的品德和能力，扫除阿谀逢迎者、奸佞者、诈取名誉者、假公济私者、互相拆台者、结党营私者、嫉贤妒能者等“七害”；挑选具有“六守”，即仁、义、忠、信、勇、谋的贤才。姜太公的用人思想打破了过去西周以血缘关系为基础的正统思想束缚，开创了任人唯贤、唯才是举的人才使用先河，为后来齐国称霸、位于列国至尊奠定了基础，其爱民、清廉、爱才等思想直到今天仍有重要意义。

老子

老子（约前571—约前471年），姓李，名耳，字伯阳。中国古代思想家、哲学家、文学家和史学家，道家学派创始人和主要代表人物。老子思想对中国哲学发展具有深刻影响，其思想核心是朴素的辩证法。在政治上，老子主张无为而治、不言之教。在权术上，老子讲究物极必反之理。在修身方面，老子是道家性命双修的始祖，讲究虚心实腹、不与人争的修持。

老子认为："五色令人目盲；五音令人耳聋；五味令人口爽；驰骋畋猎，令人心发狂；难得之货，令人行妨；是以圣人为腹不为目，故去彼取此。"意思是说，缤纷的色彩，使人眼花缭乱；嘈杂的音调，使人听觉失灵；丰盛的食物，使人舌不知味；纵情狩猎，使人心情放荡发狂；稀有的物品，使人行为不轨。他指出腐败是物欲膨胀的必然结果，所以圣人只求吃饱肚子而不追逐声色之娱。为官者应从对名利的痴迷和追逐中解放出来，"见素抱朴""少私寡欲"，摒弃物欲的诱惑而保持安定知足的生活方式。

老子深刻剖析了腐败对国家和官员自身的危害，指出为政者能否清正廉洁是关乎国家生死存亡的大事。"金玉满堂，莫之能守"，统治者如果为谋私欲而置天下百姓于不顾，就必然会丧失民心，激化社会矛盾，从而动摇统治根基。"田甚芜，仓甚虚，服文采，财货有余，是谓浮夸"。那些不关心民众生存，热衷于奢靡生活，聚敛财富，满足私欲的人是不配做统治者的，与强盗没什么分别。

孔子

孔子（前551年—前479年），子姓，孔氏，名丘，字仲尼，祖籍宋国栗邑（今河南省商丘市夏邑县），生于春秋时期鲁国陬邑（今山东省曲阜市），著名的思想家、教育家、政治家。

春秋时期，在百家争鸣的洗礼中，儒学得以迅速发展，廉政文化也随之与时俱进，成为儒家宣扬的重要道德思想。"仁"是儒家政治学说的核心要义，是儒家推崇的做人和从政的根本遵循。儒家倡导"为政以德，以廉为本"的思想，认为"礼义廉耻，国之四维，四维不张，国乃灭亡"强调"廉者，政之本也"。孔子明确提出了为政以德的主张。孔子认为，无论官员还是百姓，在人与人之间的交往中，"爱人"是至关重要的。只要本着一颗仁德之心，就不会做坏事。为政者应该是"仁"的化身，他指责"苛政猛于虎"的残忍行为，提出"节用而爱人，使民以时"，劝诫为政者应"因民之利而利之""足食足兵，民信之矣""庶矣富之，富矣孝之"；而作为官员，则应“亲亲而仁民”，这就是孔子的利民思想。孔子同时指出，为政者应重视道德的力量和道德榜样的作用。他将帝尧视为清正廉明、道德完美的代表，认为为政者当有帝尧那样高山般“巍巍乎”的气魄、东海般“荡荡乎”的胸襟。

“知耻”思想也是孔子廉政思想中的一个重要范畴。知耻是自尊的重要表现。所谓知耻，即知道羞愧和荣辱。孔子曾以“行己有耻”来表达士人之行，认为个人要通过自我内心的省察产生羞耻感，以羞耻之心来约束自己的行为。自己认为羞耻的事就不要去做，这是对君子的基本道德约束。在《论语·里仁》中，孔子进一步指出，“富与贵，是人之所欲也，不以其道得之，不处也；贫与贱，是人之所恶也，不以其道得之，不去也。”意思就是说，富裕和尊贵人人都想得到，贫穷与低贱人人都厌恶，但必须采用正当的方法去追求富贵和摆脱贫贱。孔子的这些思想，对于执政官员保持清正廉洁是有益的提醒。

孟子

孟子（约前372年—前289年），名轲，字子舆，邹国（今山东邹城东南）人。战国时期哲学家、思想家、政治家、教育家，儒家学派的代表人物之一，与孔子并称“孔孟”。

孟子进一步阐述了孔子的“知耻”思想，明确把为官者的腐败与廉洁联系起来考察，指出“可以取，可以无取，取伤廉”。他认为，为官者不取不义之财，就是廉洁，反之则伤害了廉洁。其后果小则身败名裂，大则国亡族灭。如果人人都“怀利以相接”“为人臣者怀利以事其君，为人子者怀利以事其父，为人弟者怀利以事其兄”，就会不顾廉耻，互相倾轧，天下大乱。这些关于吏治清明重要性的思想，对防范官吏的腐败起到了重要的警示作用。

孟子明确反对见利忘义或后义而先利，强调做官者要以廉为先，戒绝私情。如果不符合道义的准则要求，那么即使一根小草也不能随便交给人或随便从别人那里取得。孟子“以义制利”的原则，为官员们指明了廉洁的价值取向。

在如何识别人才方面，孟子向齐宣王提出了这样的主张：“左右皆曰贤，未可也。诸大夫皆曰贤，未可也。国人皆曰贤，然后察之；见贤焉，然后用之。”意思是说，国君左右亲近之人都说某人好，不可轻信；众位大夫都说某人好，也不可轻信；要全国的人都说某人好，然后去了解；发现他有真才实学，才可任用他。孟子认为，治理国家必须“贵德而尊士，贤者在位，能者在职”。这种“选贤任能”的用人思想，对于统治者确立正确的用人导向，特别是在选拔任用人才上，具有重要借鉴意义。

墨子

墨子（约前476—约前390年），名翟，春秋末期战国初期宋国人，一说鲁阳人，一说滕国人。墨家学派创始人和主要代表人物，我国古代思想家、教育家、科学家、军事家。

与道家相比，墨家对政治领域的权力监察更为在意。墨子对人性中的负面意识有着清醒的认识。

墨子将人才的使用视为治乱兴衰的根本国策，认为“尚贤者，政之本也”，强调选官的唯一标准就是选贤。凡“厚乎德行，辩乎言谈，博乎道术者”，就应量才而用，量功分禄。

墨子认为，身为天子，就必须肩负维持社会秩序的政治任务。但天子个人能力毕竟有限，所以必须依赖三公构成的统治集团来进行有效治理。不仅如此，三公之下还有诸侯国、乡长、里长，共同确保整个社会有序、和谐。但自里长以至天子的统治集团，其实都存在滥用权力的可能性。所以，墨子提出“天”“鬼”的思想，试图以“天”与“鬼”作为公平与正义的守护者和监管者，将整个统治集团（包括天子）都置于严密的监管之下。如果统治者为非作歹，则无法逃脱无所不能的“天”与“鬼”的监督与惩罚。《墨子·辞过》中指出：“俭节则昌，淫佚则亡。”意思是说，皇帝勤俭节约，国家就能繁荣昌盛；皇帝要是每天过着淫乱奢侈的生活，国家就会灭亡。他通过这种方式警告统治者，必须戒奢从俭、廉俭为政。

管仲

管仲（约前723年一前645年），春秋时期极具影响力的政治家、思想家和改革家，“齐法家”的杰出代表人物，周穆王的后代。

管仲的著述总集《管子》，从监察目的等多个方面论述了其监察思想。管仲的监察思想内涵相当丰富，在当时的时代背景下极具进步性。他提出“礼义廉耻、国之四维”“四维不张、国乃灭亡”，把“廉”列为国家的四大支柱之一，这在我国的廉政思想史上是第一次。

管仲主张建立专门的监察机构。因为君主自行监察力不足，仅仅依靠行政系统的官吏之间相互监督显然是不够的，所以职务相联但利益相异的专职监察官体制是非常有必要建立起来的。《管子》一书中也有多处提到应当设置监察官。《管子·君臣上》中说，是故有道之君，“下有五横以揆其官，则有司不敢离法而使矣”。而选择监察官员的标准就在于“廉以摽（监）人”，也就是说，只有廉洁奉公的人才能担任监察官员来监督他人。

管仲提出，要加强君权、制臣治官，过去“刑不上大夫”的旧观念必须打破，取消贵族特权，应“不别亲疏，不殊贵贱，一断于法”，将所有人的行为交由法律来判决。《管子·七臣七主说》中提出：“法律政令者，吏民规矩绳墨也。”在《管子·任法》中，他更是进一步指出：“君臣上下贵贱皆从法。”认为即便是法律的制定者也必须受到法律的制约。这一理论，与封建领主的世袭特权严重对立，为封建地主阶级以法治吏的监察制度奠定了基础。

管仲将臣分为法臣、饰臣、侵臣、谄臣、愚臣、乱臣、奸臣七种。其中只有法臣称得上是治国之吏，其他六者皆为害国之臣，即“社鼠”。如果不能控制百官的枉法行为，“而求上之毋危，下之毋乱，不可得也。”管仲认为，以法治吏是关系国家与君主生死存亡的重要方面。

秦穆公

秦穆公（？—前621年），一作秦缪公，嬴姓，赵氏，名任好，春秋时期秦国国君，在位三十九年（前659—前621年），谥号穆。秦穆公是秦国历史上一位具有雄才大略的贤君。

秦穆公奉行“以俭得之，以奢失之”的为政理念，勤俭治国，为秦国的强大以至后来统一中国打下了坚实的基础。在他的治理下，秦国从一个偏居西部的落后小国一跃成为春秋五霸之一。

秦穆公的用人之道是令秦国走向强盛的重要原因之一。当时，各诸侯国在用人方面大多数依旧沿袭周朝的世卿世禄制，宗法制度、等级观念非常严重，政权几乎全部把持在世袭的贵族卿大夫手中，出身低微者很难跻身其中，秦穆公却勇敢地打破了这个传统。他在位期间，广纳贤士，大胆起用出身卑贱的人才，对于非本国的人才也敢于大胆任用，开创了秦国任用客卿制度的先河。在他的感召下，百里奚、伯乐及九方皋等能人纷纷拜入其门下。秦穆公在位期间，整个广阔的西部地区均被秦国掌控。

齐威王

齐威王（前378年—前320年），齐桓公之子，战国时期齐国第四代国君，因善于纳谏用能、励志图强而青史留名。

齐威王九年（前348年），齐威王听从姬妾虞姬的谏言，开始励精图治。经过调查，齐威王召集七十二名地方官到朝廷，用烹刑处死了那些毫无政绩、只知贿赂的大夫及收受贿赂的官员，对于在朝廷内饱受毁谤但政绩优秀的即墨大夫，齐威王奖励给他一万户的封邑。自此，齐国大臣都认真办事，诚实做人，再也不敢文过饰非。

齐威王视人才为国宝。齐威王二十四年，齐威王在与魏惠王“比宝”的谈话中，将大臣檀子、田肦、黔夫、种首比作“国宝”。他一方面从宗室中选拔有作为的人为官，如起用田忌做将军；另一方面对大批出身寒门的人士委以重任，比如出身赘婿、受过髡刑且相貌丑陋的淳于髡、平民出身的邹忌、残疾人孙膑等。齐威王十一年（前346年），大夫牟辛因举荐人才不当，被齐威王处死。在邹忌的劝谏下，齐威王悬赏纳谏，下令能当面指出国君过失的，给上赏；上奏章规劝国君的，给中赏；在朝廷或街市中议论国君过失的，给下赏。刚开始，群臣前去进谏，朝廷门口、院子里每天像市场一样热闹。数日之后，进谏者一天天减少。一年之后，由于齐国政治得到彻底改善，人们想提意见却无意见可提了。

商鞅

商鞅（约前395年—前338年），卫国国君后裔，战国时期政治家、改革家、思想家，法家代表人物。

商鞅认为，一个国家在政治上是否腐败很大一部分取决于国君是否“好言”。因为臣子侍奉君主通常都会投其所好，如果君主爱好言谈，臣子自然会用言谈来讨好他，那么巧言善辩的人就会出现在他身边。国君被花言巧语迷惑，官吏被政治上的邪说迷惑，奸臣就会得志，有功之人反而得不到重用。而通过巧言善辩得到的官爵，同时也为权钱交易提供了可能。所以，君主应该“以功授官予爵”，把爵禄给予有功的人，不然就会危害国家，导致政事繁乱。这一主张也成为后世考核官员、防治腐败的重要原则。

商鞅认为，君主对官吏进行管理、防止政治腐败的一个根本措施就是要建立和运用法制。要通过法令制度明确包括官吏在内的所有社会成员的行为界限和范围。除此之外，商鞅还提出了“利异相监”的监察思想，认为有着同样利害关系的两个人不能互相监督，只有利害关系不同甚至矛盾的两个人之间才能实现监督。同时，商鞅尤其强调重刑、重赏对于“止奸”的积极作用。对于执法的官吏来说，不依法办事，不但要处死，还要加罪于三族。他身边的官吏，如果知晓他的罪行并向上级揭发，既可以免罪，也可以接替犯罪者的官爵、土地和俸禄。

韩非子

韩非（约前280—前233年），又称韩非子，中国古代思想家、哲学家和散文家，法家学派代表人物。韩非子是中国思想史上系统阐述君臣之间利益关系的第一人。他认为，君臣关系的实质是“君臣异利”，根本原因在于“君臣异心”，各自追求利益最大化。

韩非子指出，周天子治国的政治教训就在于未能有效控制大臣权力，最终被臣下利用，所以加强君主权力是十分重要的。另外，韩非子也对其他诸侯治国的失败教训进行了总结，认为导致那些弑君事件发生的根本原因也在于君主缺乏有效的监管措施，使得臣子掌握了太大的权力。在他看来，人性好利，尤其在政治领域，因为涉及利益与权力，更是无法例外。要解决这一问题，只有加强监督这个唯一途径。所以，韩非子主张要完善监察机制，认为这样既能满足臣子的利益需求，又能有效控制他们的权力滥用，实现君臣互利。此外，要判断一个臣子是否守法，还应该充分运用“术治”。依据现在的规则体系，结合其实际行为，最终判定其功过赏罚。韩非子反对有法不依、执法不严的情况，认为必罚明威才能消除杜绝作奸犯科者的侥幸心理。

韩非子监察理论的特征在于以权力约束权力，主张制度化的他律来确保官员的公正廉洁。但是，韩非子更多侧重于对群臣百官的监察，在如何防范和约束君主权力方面，除了儒家式的苦口婆心的劝诫之外，并无良法。

吕不韦

吕不韦（？—前235年），秦国丞相，战国末年商人、思想家、政治家。他整合先秦诸子百家各派学说，主持编纂了《吕氏春秋》（又名《吕览》），囊括八览、六论、十二纪，“兼儒墨，合名法”，史称“杂家”。

吕不韦是一个极有见识的政治家。他借鉴历史，提出了一整套治国理政的思想主张。吕不韦认为，身为君主应顺应自然，秉公行政、对人对己一视同仁，切实做到“身善”“人善”“百官已治”“万民已利”。君主不该随意干涉臣子的具体行政工作，应高瞻远瞩、执掌全局，以旁观、公正的立场，对臣子进行指导、监察、纠偏，以使他们尽职尽能，避免无所适从或自我猜疑。同时，臣子应明确自己的身份和职责，各守其职，各尽其责，管理好自己管辖范围内的事务，不要有任何偏差错失。国之兴亡不只取决于君主的勤政，还要靠贤臣的辅佐，臣子应为人正派，清正廉洁，直而不阿，贤而不奸，忠于君主、忠于国家、忠于理义、忠于原则。

同时，吕不韦提出，对官员委以重任后一定要赏罚分明。赏罚与否不能看关系亲疏、个人好恶，而应考其政绩，因功授爵。尽管在现实中他也没有真正做到事事赏罚分明，但他提出的这些主张，对于整顿秦国吏治，促进秦国国力的进一步增强起到了非常积极的作用。

屈原

屈原（约前340—前278年），战国时期政治家、伟大的爱国诗人，中国浪漫主义文学的奠基人，楚辞的创立者和代表作家。

屈原的廉政思想非常丰富。在志向上，屈原秉性无私，为国奉献，摆正了国家利益与个人利益的关系，终其一生，始终以国家利益为重，完全将个人利益置之度外。无论身居高位，还是辗转草野，都无意于一己之私，立志为国家的事业奋斗终生。他在《离骚》中提到，“奔走以先后兮，及前王之踵武”。希望楚王能效仿前代君王，重现楚国往昔之辉煌。在道德方面，屈原严以修身，清正廉洁，不断提高个人道德素养。在《渔父》篇中，屈原说：“举世皆浊我独清，众人皆醉我独醒，是以见放……安能以身之察察，受物之汶汶者乎？”这段话正是屈原追求清廉的内心独白。在朝堂上，屈原从不结朋营党，始终保持独立不迁的品格。对于楚国善于拉帮结派的人，屈原斥其为“党人”，视为斗争对象。出于对国家存亡和君主安危的担忧，屈原行使监察监督的责任时不惧犯危，多次对楚王的错误决策进行直谏。可以说，屈原创作《离骚》等篇的主要目的，也在于规谏楚王。

监察律典

《禹刑》

《左传》记载："夏有乱政，而作禹刑。"《禹刑》是我国夏朝刑法的总称，因夏朝的开国君主禹而得此名，是古代法典"刑起于兵"的传统。《禹刑》的基本内容以制裁违法犯罪行为的刑事法律性质的习惯法为主。我国古代法律产生之初均是以刑罚为主要表现形式，并且早期的刑罚尤为残酷。由于年代久远，《禹刑》的具体内容已无从查考。据说《禹刑》中的法条有三千条，《唐律疏议》引《尚书大传》的记载说："夏刑三千条。"《禹刑》初步确立了大辟、劓、宫、刖、墨这五种以习惯法为主体的刑名。其中的"墨"，即指贪污腐败，相当于现代刑法中的贪污罪。由于缺乏原始史料，后世很难详细了解夏朝的具体法律制度，只能依据一些古书上的记载进行分析。《左传·昭公十四年》引《夏书》说："昏、墨、贼，杀，皋陶之刑也，请从之。"其中，"恶而掠美为昏"，即怀着恶意抢夺他人的美名；"贪以败官为墨"，意思是贪得无厌，败坏官纪；"杀人不忌为贼"，即肆无忌惮地杀人。这说明夏朝已经有了强盗罪、贪污罪和杀人罪的罪名，根据夏代皋陶的刑法，凡属上述三者均应判处死刑。

《政典》

据《尚书·胤征》记载，《政典》是记载我国夏朝国家体制和治国方略的典籍，是我国最早出现的国家典章制度。《孔传》中也有记载："政典，夏后为政之典籍"。传说中，《政典》里规定了夏朝王室和贵族享有的社会地位和权力，制定了农业历法，规定了土地分配和赋税缴纳办法，并建立了有别于原始社会的官吏体制。《政典》里明确规定“先时者杀无赦，不逮时者杀无赦”，要求一切官吏在执行任务时必须严格遵守命令或制度，这也是我国历史上有关官吏职务犯罪最早的记载。

《汤刑》

《左传·昭公六年》中记载：“商有乱政，而作汤刑。”《汤刑》是商代法律的总称，以商朝建立者成汤的名字命名。此命名效仿《禹刑》，同样蕴含了对王权世袭制的肯定。商朝后期曾对《汤刑》进行修订。《竹书纪年》中提到，“祖甲二十五年，重作汤刑”。周朝初期曾沿用过《汤刑》。荀况也主张“刑名从商”。汤刑的主要形式是习惯法，据考证已有不公开的成文刑书，刑罚延用夏五刑而有所损益，但其详细内容已难于考定。

《盘庚》

由于夏商时期成文法典尚未成熟，所以“王命”也常常被视作法律法规。《尚书·盘庚中》记载：“……颠越不恭……我乃劓殄灭之”。意思是，如果狂妄放肆，违法乱纪，不服从国王的命令，就处以死刑，并灭绝其全家。另外，“……暂遇奸宄……我乃劓殄灭之。”意思是，诈伪、奸邪、犯法作乱者，处以死刑，并灭绝其全家。这两条王命都是针对官吏的。

《官刑》

商朝制定的警戒、惩治百官的刑法。战国时期的文献《墨子·非乐》记载《官刑》是“先王之书，汤之官刑有之”。从这里可以看出，商汤的时候我国已经制定了严格约束统治集团成员的行政法律规范。此处的“官刑”即指商代惩治国家官吏犯罪、违纪与失职行为的法律。此法专门用于监督官员，带有行政法律的性质，但却采取刑事制裁的方式加以处理。

相传商王太甲在位时，丞相伊尹“制官刑，儆于有位”，即制定了监督官员的法律，来惩戒违法的官员。《尚书·伊训》中讲道，“敢有恒舞于宫，酣歌于室，时（是）谓‘巫风’；敢有徇于货、色，恒于游畋，时谓‘淫风’；敢有侮圣言，逆忠直，远耆德，比顽童，时谓‘乱风’。惟兹‘三风十衍’，卿士有一于身，家必丧；邦君有一于身，国必亡。臣下不匡，其刑墨，具训于蒙士”。意思是，成汤说，胆敢在宫廷里经常纵情歌舞，在内室里饮酒作乐，这叫巫觋的风气；胆敢贪求财物女色，经常迷恋打猎游乐的，这叫淫秽的风气；胆敢侮辱圣贤的言论，背逆忠直的规劝，疏远年高有规律的人，和同于顽愚幼稚的人，这叫荒乱的风气。以上这三种风气十种过错，卿士如果沾染上一种，家庭必然丧灭；诸侯邦君如果沾染上一种，邦国必然会灭亡。臣下如果不能纠正，就将遭受墨刑，要将这些规定教导幼小的学生们。这就是商朝制定的官刑，要求官吏们从童稚时就开始受教育，从而防止腐化堕落。

《九刑》

《九刑》又称“刑书九篇”，是西周制定的成文刑书，有“周有乱政而作九刑”之说。到了西周，阶级矛盾更加尖锐，刑法制度更为发展，罪名和刑名更多了。在刑罚上，除沿用夏商时期的“墨、劓、剕、宫、大辟”五刑以外，西周还增加了四种刑罚，分别是“流、赎、鞭、扑”。“流”指流放，“赎”指用铜赎刑，“鞭”指用鞭子打，“扑”指用木板打。

《九刑》一改刑典命名的政治风格，完全以简单的章节数目命名，汉代延续了西周的这一做法，故汉法或称为“三章之法”，或称为“九章律”，或统称为“汉律六十篇”。

《周官》

《周官》相传为周公所作。西周时期，奴隶主贵族在监察立法上进行了首次尝试，在行政吏典《周官》中纳入了许多监察法规。《周官》是西周统治者为确立对诸侯的永久统属权及保持统治制度的稳固和持久，而将有关制度进行汇纂公布的我国最早的成文行政法。它虽然不是一种单独的监察法典，但首设了我国最早的专职监察官员；又以典明责，确认和建立了专职监察官员的监察职责以及履行监察职责的措施。毫无疑问，《周官》是我国最早的监察法规。

《吕刑》

西周中期，由于周穆王好大喜功，四处征伐、游玩，耗尽了周朝初期几十年的积蓄。为了掠夺财富，穆王任命地方诸侯吕侯为司寇“度时作刑”，在修订九刑的基础上制作“吕刑”，以“命”和“刑”重新整顿行政和法律。“度时”表面上是指昭王之际的地方乱政，但实质上则是基于对当时天子和诸侯之间新关系的考虑。《吕刑》规定可以用黄铜赎五种刑罚。赎刑的制定，给中国古代刑罚制度增添了新的内容，但只是贵族的一种特权。

《吕刑》中的刑罚并没有因袭《周礼》。《周礼·秋官·司刑》载：“墨罪五百，劓罪五百，宫罪五百，刖罪五百，杀罪五百。”《吕刑》则规定：“墨罚之属千，劓罚之属千，剕罚之属五百，宫罚之属三百，大辟之罚，其属二百，五刑之属三千。”虽然都是自夏代以来的三千种“五刑”，但轻重刑之间的安排有了变化。《周礼》按照均等化的种类配置“五刑”，而《吕刑》则分别缩减了作为重刑的宫与大辟的种类，轻重有别的刑罚体系确立。《尚书·吕刑》中明确指出：“五过之疵：惟官、惟反、惟内，惟货、惟来。其罪惟均。”意思是说，一切枉法行为，不外下面五种情况：官官相护、报恩报仇、人事关系、收受贿赂、人情请托。不论是哪一种失职枉法，一律惩处。

《铸刑书》

据《左传·昭公六年》记载，前536年，子产铸大鼎，将国家的刑法条文铸在上边，公布于世，史称“铸刑鼎”。

子产铸刑鼎在我国具有重大的历史意义。在这之前，法律是不向百姓公布的。上层贵族主张“刑不可知，则威不可测”，认为刑律越秘密越好，绝不能让百姓知晓，这样既能随意处置百姓，又能增加专制的恐怖与神秘。子产打破了这种蒙昧状态，在原有法律基础上修订了三部新的法律，并以刑鼎的方式公之于众，让百姓和官员都清楚地知道自己的行为界限在哪里，怎样做才能不越轨，不扰乱社会秩序。这是我国历史上第一次公布成文法，开创了古代公布法律的先河，对营造宽松的法制氛围，提升民众的法制意识十分有利。

《法经》

春秋战国之交各国都推行变法，变法的一个重要内容就是加强法治力度。魏国的李悝集各国法典之大成，编制了我国历史上第一部较为完整的法典——《法经》。《法经》共分六篇，内容分别是“盗、贼、囚、捕、杂、具”。《法经》中创设的刑法原则，如“王者之政，莫急于盗贼”“不别亲疏，不殊贵贱，一断于法”等，成为我国封建社会刑事立法乃至刑法学的基本原则。《法经》中提到了“六禁”，其中的“金禁”是关于受贿的，明确规定“丞相受金，左右伏诛；犀首以下受金则诛”。另外还有“淫侈逾制”的规定，专门针对生活腐化，如果消费水平高于自己的身份，就要接受制裁。

监察制度

啬夫

早在夏商周三代的国家事务中，就出现了治官之法，监察因素及监察活动也开始萌芽。夏朝时期设立了监察之官“啬夫”，用来检束群吏或百姓。《管子·君臣上》中记载：“吏啬夫任事，人啬夫任教。”但是这个阶段的监察活动还比较单一，专职的监察机构还未产生，真正意义上的监察人员及监察制度也没有完全建立起来。

明台制度

《尚书·夏书》中有关于上古设官分职过程的概述，有“赋纳以言，明试以功，车服以庸”等记载。《管子·桓公问》中记述：“黄帝立明台之议者，上观于贤者也。”黄帝特意在有熊国设立“明台”，即议政之所，建立咨议制度，招揽天下有名望的贤者，让他们参政议政，对国家和国君等提出批评或建议，虚心听取他们的意见。明台制度为黄帝招揽了大量人才，获得了广泛的支持。后来，帝尧也设置谏言之鼓，让天下百姓尽其言；立诽谤之木，让天下百姓攻击他的过错。

巡视制度

巡视制度是古代统治者采取的一种明察暗访的监察活动，其目的是维护自身利益。巡视制度最早可以追溯到先秦时期，其形式主要是天子亲自到各氏族、部落巡视，监督各氏族、部落首领按原始的习惯和全体氏族成员的意愿管理好公共事务。这是我国最古老的权力监察方式，由舜帝首创，沿袭至今。舜帝一上任，就开始巡行四方。《史记·五帝本纪》中记载：

“岁二月，东巡狩……五月，南巡狩……八月，西巡狩；十一月，北巡狩。”后来，舜帝进一步确立了五年一巡视的制度，促使帝王巡视变得制度化、规范化。巡视制度是中央加强对地方及官员的控制和监督的有效途径，同时也是帝王获取地方真实情况、作出决策的重要依据，是中央决策系统的一个重要组成部分。

五刑制度

“五刑”是指我国古代官府对犯罪者实施的五种主要刑罚的统称，由舜帝创立，是我国最早的刑法体系。史书记载：“舜命皋陶作士，定五刑。”先秦以前的五刑包括墨、劓、剕、宫、大辟。其中的“墨”，即指贪得无厌、败坏官纪的行为。由此可见，惩治贪腐的法律制度在舜帝时期已经建立。

三载考绩

早在尧舜时代，尧就对舜提到了为政之道，其中专门有一项针对官员的考核，即“三载考绩，三考黜陟幽明”。根据这个原则，每三年对官员进行一次考核，昏愚的官员予以黜退，贤明的官员得以晋升。这种考评和升降的机制是最直接的督察方法，后来一直被历代王朝所沿袭。官员任职一段时间后，上级或专门的人员及机构就会从政绩、功过、德行等各方面对其进行考核，分出等级加以奖惩黜陟。

直书

夏商周时期的政治家们设计出一套监督君王行政的制度，直书制度就是其中之一。史官们通过“直书”的方式，随时记载君王的言行。无论善恶，君举必书，在朝廷上公布于众，由大臣们裁制，并将这些材料作为历史档案保存起来，留昭后人。通过这样的方式，让君王们不敢胡作非为。

关于直书制度，先秦两汉的文献中均有不少记载。《汉书·艺文志》中说：“古之王者世有史官，君举必书，所以慎言行，昭法式也。左史记言，右史记事，事为《春秋》，言为《尚书》，帝王靡不同之。”

方伯

夏、商、周三代的地方机构中设有监察官吏，称为“方伯”。“千里之外设方伯”，“受命于王，以监察一方者，谓之伯”。

六计

到了西周，考中鉴绩成为监察制度的重要内容。西周的考绩有月考和岁考，除此之外，还有“三岁则犬计群吏之治而诛赏”，更加明确了监察官员的工作职责，有效提高了监察的效率。从内容上看，西周的考绩主要从六个方面展开：“以听官府之六计，弊群吏之治：一曰廉善、二曰廉能、三曰廉敬、四曰廉正、五曰廉法、六曰廉辨”。其中，“善”指善于做事，“能”即能行政令，“敬”指尽职尽责，“正”指品行方正，“法”即执法不移，“辨”指明察秋毫。这“六计”既是西周考核制度的重要内容，也是当时监察官员的职责所在。

三监之制

西周时有“三监”之制。周武王灭商后非常担心商朝余部造反，于是封商纣王的儿子武庚为殷主，派自己的三个弟弟——管叔、蔡叔和霍叔分别去靠近商朝旧都的三块领地上对其进行监视，史称“三监”。后来周公摄政时也曾派兄弟监督殷地。此后，“三监”就形成了一种制度，朝廷对称臣纳贡的异姓诸侯和分封的同姓诸侯，都会派大夫辅政监督。但是，“监”在周朝并不是专职的监察官，而是以地方行政官和军事镇守代行监察权。“三监之制”后来就发展成了秦汉时的监察御史和刺史制度。

小宰

西周在天官冢宰和春官宗伯之下设“小宰”，为天官冢宰的属下，中大夫爵。小宰是西周专职的监察官员，集司法、监察于一身，相当于秦汉时期的御史中丞。据《周札·天官冢宰》载，小宰“掌建邦之官刑，以治王官之政令，凡宫之纠禁”。

小宰掌握宫廷内执法纠禁的权力，掌管国家法典规则和职责条文副本，考核各级官府政务，平均各诸侯国贡赋以节财用；按爵秩尊卑制定百官朝位、职掌、俸禄；依照治、教、礼、政、刑、事六种职司来划分各官府职能；祭祀时辅佐太宰助王行礼事；月终时考核各官府呈报政绩，年终时辅佐冢宰考核所有官吏政绩。到了汉代，小宰一职依然存在，演变为县宰，即县邑的长官，相当于今天的县长。

官正

在西周，对宫廷官吏进行监察的还有官正，《周礼·天官冢宰》上记载，官正“掌王官之戒令纠禁……辨外内而时禁，稽其功绪纠其德行”。意思是说，官正通过法纪监察，判断宫廷官员是否遵守戒令，以督促他们遵守王宫的规章制度。

宰夫

宰夫“掌治朝之法，以正王及三公六卿大夫群吏之位。掌其禁令，叙群吏之治”。意思是说，身为天官冢宰的另一属下，宰夫通过掌管治朝之法实施法律监察，来维护周王的第一权威及三公六卿大夫群吏的地位，保证奴隶主统治阶级的等级制度；通过掌管的禁令监察法纪，规范百官的履职行为，报告、宣布百官的工作情况和政绩。

纠禁令

“禁”是西周礼器，作于周武王灭商之后。纠禁令是我国历史上第一篇禁酒令，被收录在《尚书·酒诰》中。据记载，西周建国后，总结前朝的经验教训，认为商朝灭亡的原因之一就是官吏饮酒误国。为了维护长期统治，西周政府坚决禁止周人酗酒，出台了一项严格限制官员饮酒的法令。为了使这项法令得到贯彻落实，辅政大臣周公旦亲自向执法官员发出了命令：“群饮。汝勿佚。尽执拘以归于周，予其杀。”意思就是，如果有人聚众饮酒，一定不能放纵，要全部逮捕送到周京，我将杀掉他们。

司寇

司寇作为一种官名，最早出现在西周，其地位相当于六卿，次于三公，职能相当于后来秦、汉、魏、晋时期的司隶校尉，宋、明、清时期的刑部尚书，辅佐君王全面处理法律、司法事务，负责司律、刑法、监狱、纠察、治安等，直接掌有生杀大权。后各诸侯国也纷纷效仿设置此官职。

保氏

周朝的保氏也行使监察的职责。《周礼·地官·保氏》中记载，“保氏掌谏王恶”。意思是说，保氏负责劝谏王的过失。

巡狩制度

周天子采取分封诸侯国的办法，对地方实行分区管理，历经数百年不变。由此可见，西周的国家体制其实是各诸侯国家组成的联盟。天子是盟主，各诸侯在各自的封国内有一定的权威。在这种体制下，天子为了维护其盟主的地位和国家的统一，建立了“巡狩”制度。《孟子》引晏婴的话说：“天子适诸侯曰巡狩，巡狩者，巡所守也。”另据《周礼·王制》记述，天子每五年要出巡一次。天子“巡狩”的主要目的是对诸侯的行为进行监督，对违背制度、荒芜政事、图谋不轨者予以处罚。

御使监国制度

周朝针对诸侯国的离心倾向采取了一项非常措施，即向地方派遣监国使臣。这些监国使臣出身地位比较低，这有利于中央王朝的调遣和控制。这种初创的御使监国制度，在当时对地方诸侯起到了较好的监督作用。

六官制度

西周时，中央和地方政权机构要比商代复杂和完善些。《周礼》提出“惟王建国，辨方正位，体国经野，设官分职，以为民极”的置官目的，设天官冢宰、地官司徒、春官宗伯、夏官司马、秋官司寇、冬官司空分掌邦国之政，称为“六官”或“六卿”。

巡行(行县)制度

东周时期，周天子失去了盟主的地位，无权到各国去“巡狩”，但这一制度仍得以承袭。到了战国时期，各国在对地方官吏实行年终考绩的同时，还有一套自上而下的视察和监察地方行政的制度。国王、相国、郡守都必须经常到所属的县巡视和考察，叫作“行县”——国王、相国和郡守到所属的县巡视和考察，具有考核地方行政业绩和了解民情的作用。

采诗

周代设有采诗之官。每年春天，采诗摇着木铎深入民间收集民间歌谣，把能够反映人民欢乐疾苦的作品，整理后交给太师（负责音乐之官）谱曲，演唱给天子听，作为施政的参考。

御史

战国时期地方监察制度发生了演变，其主要表现是专职监察官——御史的产生。实际上，“御史”一职在西周的官职中就已经出现，《周礼·春官宗伯》中说，御史“掌邦国都鄙及万民之治令，以赞冢宰，凡治者受灋令焉，掌赞书，凡数从政者。”意思是，御史掌管有关各诸侯国、采邑以及民众治理方面命令的文书，以协助冢宰工作。负有督促诸侯、百官遵纪守法之责，并通过文字记载来监察从政者的税收执行情况等。但最早的御史，并不专司监察，而是指在各诸侯国中掌文书簿记的人员，有如秘书官。御史因常侍于国君左右，很容易成为国君的“耳目”。西周时，设立了负责向国人征询意见的小司寇、乡大夫等官职。

到了战国时期，各诸侯国为了控制所辖之地，国君纷纷把原在自己身边的御史派往各郡县，监督各级官吏。此时，御史不再是秘书，而是兼司监察之职。《商君书·禁史篇》说：“今恃多官众吏，官立丞监。夫欲置丞立监者，且以禁人之为利也。”监者，即指国君派往各地监督官吏的监御使。久之，御史逐渐演变成监察官。战国时期，国君对地方的“巡行”及派御史到各地监察还是两种平行的制度，对地方的监察还未形成一套完整的制度，还未设置专门的机构和人员。

上计制度

上计制度是我国周代产生的一种会计报告的呈送和审理方式，也是我国古代皇帝考核地方官吏政绩的方法。每年岁终，司会在对各部门会计报告审核的基础上，编制出一个总的岁入、岁出报告，报给冢宰，由冢宰协助皇帝考核，并将结果呈送皇帝过目，由皇帝决定奖惩。这种由皇帝“受会”“受计”之举，为后世帝王所仿效，而且还有进一步发展，逐步演变成一种固定的制度。

五官制

春秋战国时期，齐国设相，相下置五官。《管子·侈靡》中记载：“官礼之司，昭穆之离，先后功器，事之治，尊鬼而守故。战事之任，高功而下死。本事，食功而省利。劝臣，上义而不能与小利，五官者，人争其职，然后君闻。”“五官”包括行、将、田、理、谏，分别负责国家的外交、军事、农商、司法和监察事宜。其中的“大谏”即为监察官，行使监督权。

廉政清芬

终古

终古，夏朝史官，是我国历史上第一位留名的史官。夏朝末年，君主夏桀执迷不悟，越发暴虐荒淫。百姓痛恨夏桀的暴政，天下诸侯也渐渐不再来朝贺。太史令终古看到天下民不聊生，夏朝政权摇摇欲坠，拿出法典，抱着痛哭。他来到王宫，哭着对夏桀进谏：“古往今来的帝王都是勤政爱民，才能得到人民的拥护。陛下如此奢侈，把天下人的血汗仅供自己一人娱乐，这样下去必将亡国。”夏桀听了非但不耐烦，还斥责终古多管闲事，终古看出夏桀已无可救药，又看到各部落都拥护商汤，他坚信仁义的商汤终将取代夏朝，于是抱着典籍投奔了商汤。见到终古，商汤高兴地对诸侯说：“夏王无道，听信谗言，侮辱功臣，轻慢贤人，残害百姓，逼迫父兄，普天之下都痛恨他。如今，就连替他掌管法典的臣子也离开他归顺了我们。夏桀的末日到了！”商汤率军击溃了夏军，征服天下施行仁政，百姓们无不拥戴，其他诸侯纷纷归顺。

伊尹

伊尹，夏末商初政治家、思想家，辅助商汤击败夏桀，为商朝的建立做出不朽功勋，是商朝的开国元勋。他洞察民心国情，积极整顿吏治，推动经济繁荣、政治清明，为商朝的富强兴盛立下了汗马功劳。

在政治上，伊尹主张“居上克明，为下克忠”。做君主的要“惟亲厥德，终始维一，时乃日新”，即始终如一地注意自身道德修养，不断更新道德意识，使自己“时乃日新”，时时追求新的状态。他主张效法尧舜以仁爱治国，提倡“居上克明，居下克忠，与人不求备，检身若不及”的德政教育思想。伊尹还强调“任官惟贤材，左右惟其人”，主张尊贤、用贤，合理用人，认为做臣子的上要对天子负责，下要保百姓安定。在伊尹的治理下，商朝得以在建立后迅速恢复经济和国力。太甲即位后的前三年，暴虐无道，不以德施政还违背商汤留下的法制，伊尹就将其放逐到了桐宫。此后，伊尹代太甲执政三年，治理商朝。而太甲在被放逐的三年里，不断改过自新，成为了真正的明君。伊尹便亲自迎接太甲回宫，又把大权交还给了他。太甲重新执政后，开始实施德政，百姓安居乐业，各诸侯国也纷纷归顺。

李离

李离，春秋时晋国理官，是当时著名的断案能手。李离在审理一桩案子时，因为听信一面之词，冤杀了一人。后来李离查明真相，深感不安和惭愧，要求以死赎罪。国君晋文公知道李离是个好官，有意保护他，便说：“官有贵贱之分，罚有轻重之别，此案主要错在你的手下传达了错误的信息，并不是你导致的。”但李离回答说：“我平常没有跟手下人一起担任这个官职，也没有与手下一起分享俸禄。如今我辨析案情不明而错杀无辜，却要把过错推脱给手下，这种道理我从未听过。”晋文公问道：“你认定自己有罪，那么我用人失察也要承担罪责吗？”李离说：“法官断案自有法规，错判刑罚就要亲自接受刑罚，错判死罪就要以死偿命。您认为我能细心探查蛛丝马迹，决断疑难案件，才让我担任法官。现在我判决有误而错杀无辜，理应接受死刑啊。”李离坚决不接受晋文公的赦令，自刎而死。李离誓死捍卫法律的尊严，因为错判案子而敢于以身“殉法”承担责任，在我国的法治史上写下了精彩的一笔。对于李离的殉法，《史记》评价其“李离伏剑，为法而然”。

曹刿

曹刿，春秋时期鲁国人，周文王第六子曹叔振铎的后人，杰出的军事理论家。

春秋战国时期，齐国军队攻打鲁国。在鲁庄公迎战之前，曹刿前去觐见，与鲁庄公探讨作战事宜。曹刿问：“您认为自己为百姓办了哪些好事，能让百姓与您同心同德去迎战敌人呢？”鲁庄公回答说：“我不贪婪，衣食一类的生活资料，我得到后从来不敢独占，一定会分给身边的大臣。”曹刿说：“这种小恩小惠虽然能让身边人分享，但是不能遍及百姓，所以百姓不会顺从您的统治。”鲁庄公又说：“我守诚信，祭祀祖先的牲畜和玉器等祭品从来不敢虚报数目。”曹刿继续摇头，说：“这点小小的信用，不足以取得神灵的信任，是不会让您得到保佑的。”鲁庄公又说：“即便很忙，但是大大小小的诉讼案件，我虽然不能逐一查明情况，但是一定会根据实情合理裁定。”曹刿这才满意地回答道：“这才算是尽了职责，凭借这个条件，可以依托百姓和军队跟齐军打一仗了。”曹刿认为，取信于民是作战的先决条件，得到庶民百姓的拥护、支持，才是战争取胜的重要保证。在曹刿的帮助下，鲁庄公于长勺大败齐军。

齐太史令

崔杼，春秋时任齐国大夫，齐丁公的后代，在齐国执政长达二十余年。齐灵公时期，曾率军征伐郑、鲁、秦、莒等国。崔杼非常骄横，在朝野中肆意杀戮，导致齐国政局动荡不安。前548年，他的妻子棠姜与齐庄公私通，还将赐予自己的帽子送给他人，崔杼联合棠无咎杀庄公。齐庄公登上高台请求饶其一死，崔杼拒绝。齐庄公再请求结盟或自尽于太庙，崔杼仍拒绝。最后，齐庄公跳墙，大腿中箭落地被杀。随后，崔杼拥立其弟景公为君，自己任右相。

崔杼的弑君行为被当时的齐太史令如实记录了下来。崔杼知道后勃然大怒，立刻下令处死齐太史令，让这个太史令的弟弟继承其兄的职位，重新编写史料档案。出乎意料的是，新任太史令仍然秉笔直书其弑君行为。崔杼再将他杀害，命其幼弟继承太史令。但是，新上任的太史令还是照实记录。这一回，色厉内荏的崔杼终于被三兄弟的执着震慑住了，他任由太史令如实记录了自己的丑行。齐太史令们的勇气，被人们视作忠于职守的典范，也为他们赢来了千古美名。

子罕

乐喜，子姓，乐氏，名喜，字子罕，春秋著名思想家、政治家。春秋时期宋国（今河南商丘）人，宋国贤臣。宋平公时任司城，位列六卿。

当时，宋国有人得到了一块美玉，想把它献给国相子罕。子罕拒绝接受。献玉的人说：“我已经给加工玉石的工匠看过了，工匠说这玉是个宝贝，所以才拿来献给你。”子罕说：“你视玉为宝贝，而我视不贪财的品质为宝贝。如果我接受你的玉，那我们都会失去自己的宝贝，莫不如各自留着自己的宝贝。”献玉者长跪不起，对子罕说：“小人带着这个宝贝，是没法安全回到乡里的，把它送给您，我才能免遭杀身之祸，平安归家。”子罕听了，就把献玉的人安置下来，请一位工匠替他雕琢成美玉，待他富有后再让他返回家乡。

邹忌

邹忌（约前 385—前 319 年），战国时期齐国人。他主张革新政治，修订法律，选拔人才，奖励贤臣，处罚奸吏，并选荐得力大臣坚守四境，使得齐国日渐强盛。前 360 年前后，齐威王起用邹忌实行改革，“谨修法律而督奸吏”。

有一天，邹忌询问自己的妻子、小妾和门客自己与徐公相比谁更美，诸人都回答邹忌更美。但邹忌见到徐公后自愧不如。经过一番深思后，他向齐威王上奏说：“我确实不如徐公美。但是我的妻子偏爱我，我的小妾惧怕我，我的门客有求于我，所以都说我比徐公美。现在我们齐国方圆千里，城池一百二十座，满宫的王后、嫔妃、亲信、侍从，没有哪个不偏爱您；满朝的大臣，没有哪个不害怕您；所有的国人，没有谁不有求于您。所以说，大王您遭受的蒙蔽太严重了。”

齐威王认为邹忌说得有道理，于是发布命令：“所有的大臣、官吏和百姓，敢当面指出我的过错的，给上等封赏；敢上书劝诫我的，给中等封赏；敢在公共场所议论指责我并让我听到的，给下等封赏。”命令下达后，一时间大臣们都来进谏，王宫里如集市一般人来人往；几个月以后，偶尔有人进言；一年以后，已经没有人再有什么可以进谏的了。

燕、赵、韩、魏四国得知这件事，都来齐国朝见，向齐威王表示敬意。就这样，齐国靠内政修明征服了其他四国。

晏子

晏子（前578—前500年），名婴，字平仲。春秋时齐国夷维（今山东高密）人，齐国大夫。他是一位重要的政治家、思想家、外交家。

齐景公在位时，有一次，大雪连着下了几天也没放晴。景公身披白色狐皮大衣，坐在朝堂旁边的台阶上。晏子去朝见景公。站了一会儿后，景公说："这雪下了几天，却一点都不冷。真是奇怪啊！"晏子回答："真的是天气不冷吗？臣听说，古代的先贤君王，自己吃饱了会想别人是否在挨饿，自己温暖时会想别人是否正受冻，自己安逸时会想别人是否疾苦，而您却没有这样做。"景公听后深有感触，下旨给挨饿受冻的穷人们发放皮衣和粮食。还有一次，景公发动许多百姓来建一座高台。高台好不容易建成了，齐景公又想造钟。晏子进谏道："您身为国君，不应该用百姓的辛劳换取自己的快乐。您不想办法克制自己的欲望，刚建了高台，现在又要造钟，这对百姓来说负担太重了，他们一定不高兴。为了让自己快乐而加重百姓的负担，这种行为不正确，更不是治理国家的好手段。"齐景公听了，便下令停止造钟。

昏暴贪佞

周幽王

周幽王（前 795 年—前 771 年），西周第十二任君主，前 782 年至前 771 年间在位。周幽王是一个贪婪腐败的统治者，整日沉湎酒色，不理国事。他在位时废太子，宠褒姒，任用虢石父为卿士，执掌政事。虢石父为人奸佞乖巧，善于奉承，贪图财利，但周幽王却很重用他，根本不顾及百姓的感受，导致民众饥寒交迫、四处流亡。周朝国人怨声载道，社会剧烈动荡。也正是虢石父向幽王进言，命令士兵点燃烽火，戏弄赶来的诸侯，以博取冷艳的王后褒姒一笑，史称“烽火戏诸侯”。当西方的犬戎进攻幽王的国都时，幽王点燃烽火向诸侯求救，诸侯以为幽王又是戏弄他们，没有人愿意去，于是西周被犬戎所灭。后世常以此事为鉴，从中体会为官治国的道理。

商纣王

帝辛（约前 1105 年—前 1046 年），商朝末代君主，世称殷纣王、商纣王。

商纣王刚继承王位的时候，并无荒淫的迹象，大家都认为他是个明主。可是有一天，朝堂上议事完毕，他忽然拿出一双象牙筷子，请大臣们观看。大臣们看后，都觉得筷子做得精致大方，雕花镂云，颇为美观。然而，有一位大臣看了这双筷子后，却吓得半天说不出话来。众人问他怎么回事，只见他牙颤口抖，就是说不出话。这个大臣就是商纣王的叔父箕子。

退朝之后，有些同箕子要好的大臣便去问他缘由。他说：“我看到这双象牙筷子，就担心纣王会变坏呀！”众臣不解，堂堂一个君主，怎么会因为一双象牙筷子变坏呢？ 箕子说：“列位想想看，这样好的筷子，纣王肯定不会把它放在土制的碗罐上，那会显得难看，也太委屈了这象牙筷子。 它该配上一些玉制的碗碟，才显得好看。 有了象牙筷、玉碗碟、玉杯，吃什么呢？ 用这些精美的器具盛些粗糙的食物来吃，恐怕纣王也不会乐意，必然要在这样的碗碟里装上精致的美食来吃才感到有味。 而有了这些后，他肯定不会再愿意穿粗布短衣站在茅屋草棚下吃，就会要人费时织衣，费人盖房，而锦衣广厦了。 这样长久下去，人们就会对他不满而进行斥骂，他就会对不满者镇压，必然变得残暴。 那时候，你我还能站在这朝堂上吗？”大臣们听了，都不以为然地大笑起来。

不出箕子所料，不到五年，纣王就沉湎于酒色，大兴土木，为所欲为，最终深陷周武王重兵团围，自焚于鹿台而亡天下。

羊舌鲋

羊舌鲋，复姓羊舌，名鲋，羊舌职之子，羊舌四族之一，春秋时晋国大夫，是我国有史书记载以来，第一个因贪污而受到惩罚的官员。

前 529 年，韩宣子为提高晋国的霸主地位，彰显晋国的强大实力，决定召集各诸侯国到平丘举行盟会。 羊舌鲋代理司马掌管军权，率军前往东方邹国的南部训练。 途经卫国时，羊舌鲋指挥军队在卫国境内停下，要求国君赠予贵重礼品。 对于这种无理要求，起初卫国国君并没有理会，谁知羊舌鲋恼羞成怒，竟纵容士兵打着割草喂马的旗号，在卫国境内胡乱砍伐，导致卫国民不聊生，百姓叫苦连天。 卫国只好忍气吞声地将一箱精美的锦缎送给羊舌鲋，请他离开。

前 528 年，羊舌鲋代理理官，处理一桩诉讼多年却没能解决的土地纠纷案。 案子的两个当事人，一个叫刑侯，一个叫雍子，在晋国都很有地位。为了打赢官司，雍子主动将自己貌美如花的女儿嫁给了羊舌鲋。 羊舌鲋娶了雍子的女儿后，不问是非曲直，就宣判雍子无罪，刑侯有罪，强行把刑侯的田产判给了雍子。 见羊舌鲋有意错判，刑侯一怒之下，挥剑便将羊舌鲋和雍子都杀了。

羊舌鲋身为理官，非但不能以身护法，反而以贪坏法，卖法纵贪，被定罪为“墨”，“贪墨”一词也正是来源于此。 从此以后，他的名字就被牢牢钉在了贪官污吏的耻辱柱上。

伯嚭

伯嚭，楚国名臣伯州犁之孙，楚王左尹伯郄宛之子，春秋晚期人，吴王夫差时任太宰，又称太宰嚭、太宰否。

伯嚭为人，好大喜功，贪财好色。为一己私利而不顾国家安危，内残忠臣，外通敌国，完全丧失了其祖辈的优良品质。吴国击败越国时，文种带着美女珍宝，偷偷献给伯嚭。起初伯嚭听说是文种求见，并没放在心上。可是当他听随从禀告文种携带厚礼前来，便立即下令召见。在收受贿赂后伯嚭竭力劝说夫差受降："我听说古代讨伐敌国的，也不过迫使敌国臣服而已。现在越国已经臣服，我们还有什么可苛求的呢？"伯嚭的话令本就志骄气傲的夫差接受了越国的求和，也令勾践免于一死，让吴国在吴越争雄中占有绝对优势的条件下，丧失了最有利的时机，逐渐走向衰败。伯嚭后又陷害伍子胥，令伍子胥被迫自刎而死。越灭吴后，伯嚭被越王勾践所杀，也有说法认为他做了越国的太宰。

郭开

郭开，战国末年晋阳人，历仕赵悼襄王、赵幽缪王两代君主，赵幽缪王的宠臣，拜为相国，封为建信君。他谗言陷害廉颇和李牧两位名将，加速了赵国的灭亡。

廉颇是赵国的一员大将，曾和蔺相如一道为捍卫赵国的尊严和利益立下了汗马功劳。嫉恶如仇的廉颇曾在一次宴会上当面斥责郭开只知吹牛拍马，令郭开怀恨在心，一直寻找机会报复。赵悼襄王即位后，郭开颇受宠幸。此时，廉颇率军攻打魏国已经攻占了魏国黄河以北的繁阳，正准备继续向前，夺取更多的城市和土地。郭开担心廉颇继续立功，便构陷廉颇居功自傲，有不臣之举，建议赵悼襄王罢免其兵权，以绝后患。赵悼襄王本就对廉颇无甚好感，听了郭开的话，立刻罢免了廉颇的兵权。

赵幽缪王七年春天，秦国趁赵国连年灾害人心慌乱，向赵国发动了大规模的侵略战争。秦王嬴政派大夫王敖用一万两黄金收买了郭开。郭开得到黄金后，便全然不顾赵国的生死存亡了。他入朝面见赵幽缪王，诬陷李牧私通秦国，预谋叛赵，并声称自己的门人已经从咸阳偷回了李牧谋反的证据。随后，他将伪造的李牧写给秦王的书简交给赵幽缪王。赵幽缪王大怒，不问青红皂白，立刻下令罢免李牧的兵权，让将军赵葱代替李牧任赵军主帅。就这样，赵国两位历史名将都被郭开陷害，加速了国家的灭亡。

名文名篇

尚书·夏书·五子之歌

太康尸位，以逸豫灭厥德，黎民咸贰，乃盘游无度，畋于有洛之表，十旬弗反。有穷后羿因民弗忍，距于河，厥弟五人御其母以従，徯于洛之汭。五子咸怨，述大禹之戒以作歌。

其一曰：“皇祖有训，民可近，不可下。民惟邦本，本固邦宁。予视天下愚夫愚妇，一能胜予，一人三失，怨岂在明，不见是图。予临兆民，懔乎若朽索之驭六马，为人上者，奈何不敬？”

其二曰：“训有之，内作色荒，外作禽荒。甘酒嗜音，峻宇雕墙。有一于此，未或不亡。”

其三曰：“惟彼陶唐，有此冀方。今失厥道，乱其纪纲，乃厎灭亡。”

其四曰：“明明我祖，万邦之君。有典有则，贻厥子孙。关石和钧，王府则有。荒坠厥绪，覆宗绝祀！”

其五曰：“呜乎曷归？予怀之悲。万姓仇予，予将畴依？郁陶乎予心，颜厚有忸怩。弗慎厥德，虽悔可追？”

【译文】

太康身处尊位却不理政事，喜好安乐，丢失君德，百姓们都怀着二心；盘乐游猎竟然也没有节制，去洛水之南打猎，百日还不返还。有穷国的领袖羿，为了人民不再忍受，在河北抵御太康，不准他回国。太康的五个弟弟，伺候他们的母亲跟随太康，在洛水湾等着他。五人都埋怨太康，所以将大禹的教导记述下来写成了歌。

第一首说：大禹有过训导，老百姓可以亲近，不可以轻视。人民是国家之本，本固了国家才能安宁。

第二首说：大禹有过训导，在内不可贪图女色，在外不可打猎玩乐、嗜酒，享受豪华的住宅。但凡贪图其中一项，就会导致亡国。

第三首说：陶唐氏部落本来拥有冀州这个地方，现在由于失德，纲常败坏，导致了亡国。

第四首说：我辉煌的祖父，明明是万国之君，制定了典章和法度，传给了子孙，征赋和计量平均，王家府库丰盈，现在太康废弃典法，导致宗庙祭祀灭绝。

第五首说：唉！哪里能够回归？我的心情悲伤！百姓都仇恨我们，我们将依靠谁？我的心思郁闷，我的颜面羞愧。不能慎行祖德，即使改悔又如何能挽回？

【名句】

民可近，不可下。民惟邦本，本固邦宁。

【精析】

老百姓可以亲近，不可以轻视。人民是国家之本，本固了国家才能安宁。这一思想反映了其时统治者的民本思想。

尚书·旅獒

西旅献獒，太保作《旅獒》。

惟克商，遂通道于九夷八蛮。西旅底贡厥獒，太保乃作《旅獒》，用训于王。曰："呜呼！明王慎德，西夷咸宾。无有远迩，毕献方物，惟服食器用。王乃昭德之致于异姓之邦，无替厥服；分宝玉于伯叔之国，时庸展亲。人不易物，惟德其物！德盛不狎侮。狎侮君子，罔以尽人心；狎侮小人，罔以尽其力。不役耳目，百度惟贞。玩人丧德，玩物丧志。志以道宁，言以道接。不作无益害有益，功乃成；不贵异物贱用物，民乃足。犬马非其土性不畜，珍禽奇兽不育于国，不宝远物，则远人格；所宝惟贤，则迩人安。呜呼！夙夜罔或不勤，不矜细行，终累大德。为山九仞，功亏一篑。允迪兹，生民保厥居，惟乃世王。”

【译文】

周武王灭商后，天下安定，八方来朝。西蕃进献了一只名犬给他，召公奭恐怕周武王玩物丧志，便写了一篇题为《旅獒》的文章进行劝谏。

武王克商以后，便向周围众多民族国家开通了道路。西方旅国来贡献獒犬，太保召公于是写了《旅獒》，用来劝谏武王。召公说：“啊！圣明的王您敬重德行，所以周围的国家都来归顺。不管远近，都献上各自的物产，都是些可供衣食器用的东西。明王于是昭示这些贡品给异姓的国家，使他们不要荒废职事；分赐宝玉给同姓的国家，用这些东西展示亲爱之情。人们并不轻视那些物品，只以德意看待那些物品。德盛的人不轻易侮慢。轻易侮慢官员，就不可以使人尽心；轻易侮慢百姓，就不可以使人尽力。不被歌舞女色所役使，百事的处理就会适当。戏弄人就丧德，戏弄物就丧志。自己的意志，要依靠道来安定；别人的言论，要依靠道来接受。不做无益的事来妨害有益的事，事就能成；不重视珍奇物品，百姓的用物就能充足。犬马不是土生土长的不养，珍禽奇兽不收养于国。不宝爱远方的物品，远人就会来；所重的是贤才，近人就安了。啊！早晚不可有不勤的时候。不注重细行，终究会损害大德，比如筑九仞高的土山，工作未完只在于一筐土。真能做到这些，则人民就安其居，而周室就可以世代为王了。”

【名句】

不矜细行，终累大德。

【精析】

不注意小事小节方面的修养，到头来就会伤害大节，酿成终生的遗憾。我们应该牢记“不矜细行，终累大德”的古训，从我做起、从小事做起，紧紧盯住作风领域出现的新变化新问题，及时跟进相应的对策措施，做到掌握情况不迟钝、解决问题不拖延、化解矛盾不积压，谁以身试法就要坚决纠正和查处。

论语·泰伯章（节选）

曾子曰："士不可以不弘毅，任重而道远。仁以为己任，不亦重乎？死而后已，不亦远乎？"

【译文】

曾子说："一个士人，一个君子，不可以不弘大刚强而有毅力，必须要有宽广、坚韧的品质，因为责任重大，道路遥远。把实现仁作为自己的责任，这责任难道不重大吗？奋斗终生，死而后已，这路程难道不遥远吗？"

【名句】

士不可以不弘毅，任重而道远。

【精析】

我们应该学习先贤志士，有远大的抱负和坚强的意志，对社会负责。要勇敢地挑起重担，义无反顾地走下去；要敢于严格要求自己，从自身出发做好每项工作；要严格遵守各项规章制度，遵纪守法、廉洁从政、公事公办、秉公用权；要为了心中的信念，尽力到生命的最后一刻。

孤　愤(节选)

韩非子

智术之士，必远见而明察，不明察，不能烛私；能法之士，必强毅而劲直，不劲直，不能矫奸。人臣循令而从事，案法而治官，非谓重人也。重人也者，无令而擅为，亏法以利私，耗国以便家，力能得其君，此所为重人也。智术之士明察，听用，且烛重人之阴情；能法之直到劲直，听用，矫重人之奸行。故智术能法之士用，则贵重之臣必在绳之外矣。是智法之士与当涂之人，不可两存之仇也。

当涂之人擅事要，则外内为之用矣。是以诸侯不因，则事不应，故敌国为之讼；百官不因，则业不进，故群臣为之用；郎中不因，则不得近主，故左右为之匿；学士不因，则养禄薄礼卑，故学士为之谈也。此四助者，邪臣之所以自饰也。重人不能忠主而进其仇，人主不能越四助而烛察其臣，故人主愈弊而大臣愈重。

【译文】

通晓统治策略的人，必然见识高远并明察秋毫；不明察秋毫，就不能发现隐私。能够推行法治的人，必须坚决果断并刚强正直；不刚强正直，就不能矫正邪恶。臣子遵循法令办理公事，按照法律履行职责，不叫“重臣”。所谓重臣，就是无视法令而独断专行，破坏法律来为私家牟利，损害国家来便利自家，势力能够控制君主，这才叫做重臣。懂得统治策略的人明察秋毫，他们的主张若被采纳，自身若被任用，将会洞察重臣的阴谋诡计；能够推行法治的人刚强正直，他们的主张若被采纳，自身若被任用，将会矫正重臣的邪恶行为。因此，懂得策略和善用法治的人若被任用，那么位尊权重之臣必定为法律准绳所不容。这样说来，懂法依法的人与当权的重臣，是不可并存的仇敌。

当权的重臣独揽大权，那么外交和内政就要被他利用了。正因如此，列国诸侯不依靠他，事情就得不到照应，所以实力相当的国家会给他唱颂歌；各级官吏不依靠他，成绩就得不到上报，所以各种官吏会为他出力；君主的侍从官员不依靠他，就不能接近君主，所以他们为他隐瞒罪行；学士不依靠他，就会俸禄薄而待遇低，所以学士为他说好话。这四种帮凶是奸邪之臣用来掩饰自己的基础。重臣不能忠于君主而推荐自己的政敌，君主不能越过四种帮凶来洞察他的臣下，所以君主越来越受蒙蔽，而重臣的权势越来越大。

【名句】

智术之士，必远见而明察，不明察，不能烛私；能法之士，必强毅而劲直，不劲直，不能矫奸。

【精析】

《孤愤》是法家思想的集大成者韩非所著的书篇名。《史记·老子韩非列传》中记载“（韩非）悲廉直不容于邪枉之臣，观往者得失之变，故作《孤愤》。”司马贞索隐：“孤愤，愤孤直不容于时也。”所谓孤愤，即孤独与愤慨，本节中韩非着重议论了智术之士与能法之士这两种人，这两种人是很能干的人。我们有必要向这两种人学习，为国富民强而努力。

格言警句

廉者，政之本也，民之惠也；贪者，政之腐也，民之贼也。

【注释】出自《晏子春秋·内篇》。意思是说，廉洁清正是从政的根本，是对老百姓的惠爱；贪污受贿是政治上的腐败，是民众的盗贼。

小廉不修于国，而求百姓之行大廉，不可得也。

【注释】出自《管子·权修》。意思是说，小的邪恶是大的邪恶滋生的根源。不制止小的邪恶却想要大的邪恶别危害国家，是做不到的。

昧天下之利，受天下之患；昧一国之利者，受一国之祸。

【注释】出自《黄帝四经·法经·亡论》。意思是说，贪图天下的财富，就会使天下人承受祸患，贪图一个国家的财富，就会使这个国家的人承受祸患。

黄金珠玉藏积，怨之本也：女乐玩好燔材，乱之基也。守怨之本，养乱之基，虽有圣人，不能为谋。

【注释】出自《黄帝四经·法经·四度》。意思是说，官吏无节制地聚敛财富，或过着声色犬马的奢侈生活，是导致天怒、人怨、国家祸乱的根源，这样的国家就算有圣人出手，也没救了。

不知王术者，驱骋驰猎则禽荒，饮食喜乐而湎康，玩好嬛好则惑心。

【注释】出自《称经》。意思是说，那些不懂得御国之术的人，整日沉迷于声色犬马、山珍海味的奢靡人生，既荒废了正业，又无益于身体健康，更迷乱了心智。

诸侯之宝三：土地、人民、政事。宝珠玉者，殃必及身。

【注释】出自《孟子·尽心下》。诸侯有三个宝贝：土地、人民和政事。如果把珍珠美玉当作宝贝，灾祸一定会降临在他身上。

国家之败，由官邪也。官之失德，宠赂章也。

【注释】出自《左传·桓公二年》。意思是说，国家的衰败，来源于官吏的邪恶；而官吏丢失道德，都源于受宠而贿赂公行。

欲虽不可去，求可节也。

【注释】出自《荀子·正名》。意思是说，人的欲望虽然无法消灭，但可以克制对欲望的追求。

胜法之务莫急于去奸，去奸之本莫深于严刑。

【注释】出自《商君书·开塞》。意思是说，执法的任务莫急于杜绝奸邪，杜绝奸邪的根本莫过于严刑峻法。

背法而治，此任重道远而无马、牛，济大川而无舡、楫也。

【注释】出自《商君书·弱民》。意思是说，违背法律来治理国家，这好比是负重远行而没有马牛，又好比想渡过大河却没有船只和划船的工具。

胜而不骄，败而不怨。

【注释】出自《商君书·战法》。意思是说，能够打胜仗的军队，胜利了也不骄傲，失败了也不埋怨。

国危主忧，说者成伍，无益于安危也。

【注释】出自《商君书·农战》。意思是说，在国家危亡、君主忧虑的时候，巧言善辩的空谈之士成群，对国家的安危没有任何益处。

所谓廉者，必生死之命也，轻恬资财也。所谓直者，义必公正，心不偏党也。

【注释】出自《韩非子·解老》。意思是说，廉洁，是为官之本，要做到不贪恋资财。所谓正直，必须做到公正，内心不偏向私人关系。

法不阿贵，绳不挠曲。

【注释】出自《韩非子·有度》。意思是说，法令不迎合有权势的人，就像墨绳不迁就弯曲之木一样。

故布衣、人臣之行，洁白清廉中绳，愈穷愈荣，虽死，天下愈高之，所不足也。

【注释】出自《吕氏春秋·离俗》。意思是说，所以平民、臣子的品行，应该纯洁清廉，合乎法度，越穷困越感到荣耀，即使死了，天下的人也越发尊崇他们，这是因为社会上这种品行不足啊。

故治天下之要，存乎除奸；除奸之要，存乎治官；治官之要，存乎治道；治道之要，存乎治性命。

【注释】出自《吕氏春秋·知度》。意思是说，所以，治理天下的要务是除掉奸邪；除掉奸邪的根本是整治官吏；治理好官吏的根本是研究方法；研究方法的关键是懂得生命的天性。

至忠逆于耳，倒于心。

【注释】出自《吕氏春秋·至忠》。意思是说，忠诚正直的话，听起来不顺耳，和自己的心意相反。

诗词曲赋

国风·魏风·硕鼠

硕鼠硕鼠，无食我黍！三岁贯女，莫我肯顾。逝将去女，适彼乐土。乐土乐土，爰得我所。

硕鼠硕鼠，无食我麦！三岁贯女，莫我肯德。逝将去女，适彼乐国。乐国乐国，爰得我直？

硕鼠硕鼠，无食我苗！三岁贯女，莫我肯劳。逝将去女，适彼乐郊。乐郊乐郊，谁之永号？

【译文】

大田鼠呀大田鼠，你不许吃我种的黍！这么多年辛苦地伺候你，你却不肯关照我。我发誓一定要摆脱你，去那乐土享幸福。乐土啊乐土，那里才是我的好去处！

大田鼠呀大田鼠，你不许吃我种的麦！这么多年辛苦地伺候你，你却不肯优待我。我发誓一定要摆脱你，去那有仁爱的乐国。乐国啊乐国，那才是我的好所在！

大田鼠呀大田鼠，你不许吃我种的苗！这么多年辛苦地伺候你，你却不肯慰劳我！我发誓一定要摆脱你，去那有欢声笑语的乐郊。到了乐郊啊乐郊，谁还会悲叹长呼号！

国风·鄘风·相鼠

相鼠有皮，人而无仪；人而无仪，不死何为？
相鼠有齿，人而无止；人而无止，不死何俟？
相鼠有体，人而无礼；人而无礼，胡不遄死？

【译文】

看那老鼠都有皮毛，做人却无威仪。做人要是无威仪，不如早早就死去。

看那老鼠都有牙齿，做人却无节制。做人要是无节制，还等什么不去死？

看那老鼠都有肢体，做人却不守礼。做人要是不守礼，快快去死别迟疑。

大雅·假乐

假乐君子，显显令德。宜民宜人，受禄于天。保右命之，自天申之。
千禄百福，子孙千亿。穆穆皇皇，宜君宜王。不愆不忘，率由旧章。
威仪抑抑，德音秩秩。无怨无恶，率由群匹。受福无疆，四方之纲。
之纲之纪，燕及朋友。百辟卿士，媚于天子。不解于位，民之攸塈。

【译文】

丰度翩翩而又快乐的周王，您的美好政德万众敬仰。您既顺应百姓又顺应贵族，上天自然会赐给您数不尽的福禄。上天保佑您任命您，更多的福禄都由上天增设。

您有数以千百计的福禄，您繁衍出千亿个子孙。您的形象庄严优雅，做诸侯或君王都适宜。您从不违法乱纪、胆大妄为，任何事都严格遵守祖制规章。

您的仪表形象威严无比，您严谨的政声声名远扬。您从不与人结怨也不交恶，凡事都与大臣们一起商量。您配享上天赐予的福禄，您堪为天下诸侯的楷模。

您贵为天子，担得起天下纲纪，您身边的大小臣工都得享安逸。天下诸侯并大小臣工及士子，也都热烈拥戴您这位天子。因为您勤于政事从不懈怠，才令天下百姓得以休养生息。

小雅·小旻

旻天疾威，敷于下土。谋犹回遹，何日斯沮？谋臧不从，不臧覆用。我视谋犹，亦孔之邛。

潝潝訿訿，亦孔之哀。谋之其臧，则具是违。谋之不臧，则具是依。我视谋犹，伊于胡底。

我龟既厌，不我告犹。谋夫孔多，是用不集。发言盈庭，谁敢执其咎？如匪行迈谋，是用不得于道。

哀哉为犹，匪先民是程，匪大犹是经。维迩言是听，维迩言是争。如彼筑室于道谋，是用不溃于成。

国虽靡止，或圣或否。民虽靡膴，或哲或谋，或肃或艾。如彼泉流，无沦胥以败。

不敢暴虎，不敢冯河。人知其一，莫知其他。战战兢兢，如临深渊，如履薄冰。

【译文】

苍天在上太暴虐，灾难降临我国界。朝廷策谋真邪僻，不知何时可停歇。善谋良策难听从，邪门歪道反不绝。我看朝廷的谋划，弊病确实太多了。

小人聒噪排异己，不辨是非我悲哀。不管什么好谋略，朝廷全都不采纳。不管什么坏计策，朝廷统统都同意。我看朝廷的谋划，真不知会落得如何境地。

占卜灵龟都厌倦，谋划再不向我谈。谋臣策士确实多，就是没有好意见。朝堂上议论纷纷，却有谁还敢指出弊病？就像计划去远行，到了路上没效验。

如此谋划我悲痛，古圣先贤不效法，常规大道不遵从。近僻之言王爱听，肤浅之见纷聚讼。就像宫室建路上，当然不会获成功。

国家虽然没法度，人有聪明有糊涂。人民虽然不富足，还有明哲有善谋，有能治国有严肃。就像长流那泉水，不让衰败与陈腐。

不敢空手打虎去，不敢徒步过河行。人们只知这危险，不知其他灾祸临。面对政局我战兢，就如同面临深渊，就如同脚踏薄冰。

小说传奇

《山海经》

《山海经》是中国志怪古籍，应该是战国中后期到汉代初中期的楚国或巴蜀人所作。《山海经》记载了一只公认的最正义的神兽，名叫獬豸。书中描述，獬豸的身形大的有牛那么大，小的只有羊的大小，长相大体上和麒麟很像，全身长有浓密黝黑的毛，双眼明亮，炯炯有神，额头上长有一只独角。据传角断了就会马上死去。也有人见过獬豸长有双翼，但大多数是没有翅膀的。獬豸听得懂人说话，也通晓人性。它怒目圆睁，便能分清是非曲直，辨识忠奸善恶。一旦发现奸佞官员，就用头上的角把他抵倒，吃进肚子里。当人们起冲突或产生纠纷的时候，獬豸就会将角指向理亏的一方，并将罪该万死者用角抵死，让犯法者不寒而栗。

成语俗语

明扬侧陋

【注释】明察荐举出身微贱而德才兼备的人。源自《尚书·尧典》：“明明扬侧陋。”

改过不吝

【注释】改正错误态度坚决，不犹豫。源自《尚书·仲虺之诰》：“用人惟己，改过不吝。”

考绩幽明

【注释】考绩：考核官吏政绩。幽：昏暗。明：清白。指考核官吏政绩得失。源自《尚书·尧典》：“三载考绩，三考黜陟幽明。”

从善如流

【注释】乐于听取正确的意见，接受善意的规劝，像流水那样快而自然。比喻能很快地接受别人好的意见，虚心听取他人的批评和建议。源自《左传·成公八年》：“君子曰：‘从善如流，宜哉’。”

积羽成舟

【注释】羽毛虽小，积多了也能把船压沉。比喻小小的坏事积累起来就会造成严重的后果。源自《战国策·魏策一》：“臣闻积羽沉舟，群轻折轴。”

矜功不立

【注释】自以为能立大功而大功必不成。源自《战国策·齐策四》：“故曰：‘矜功不立，虚愿不至。’”

因噎废食

【注释】原意是说，有人因为吃饭噎住了，索性连饭也不吃了。比喻要做的事情由于出了点小毛病或怕出问题就索性不去干。源自《吕氏春秋·荡兵》：“有以噎死者，欲禁天下之食，悖。”

远交近攻

【注释】联络距离远的国家，进攻邻近的国家。这是战国时秦国采取的一种外交策略，后也指待人处世的一种手段。源自《战国策·秦策三》：“王不如远交而近攻，得寸则王之寸，得尺亦王之尺也。”

图穷匕见

【注释】地图铺开完毕后，匕首显露出来了。比喻事情发展到最后，真相或本意显露了出来。源自《战国策·燕策三》：“秦王谓轲曰：‘起，取舞阳所持图。’轲既取图奉之。发图，图穷而匕首见。”

第二篇

秦朝廉政文化经典

廉政思想

秦始皇

嬴政（前259年—前210年），嬴姓，赵氏，名政（一说名“正”），也称赵政、祖龙等，秦庄襄王与赵姬之子。我国古代伟大的政治家、战略家、改革家，首次完成我国的统一，是我国历史上第一个称皇帝的君主。

秦始皇尊崇法家“明主治吏不治民”的政治主张，特别看重官吏的作用，坚信国君只要把官吏管理好了，百姓就也能管理好。他制定了严格的任官标准和考核制度，实行一年一考、三年一次的官吏评定方法。除了每年定期的地方对中央的上计制度，还有对官吏结合具体职司进行的定期和不定期的考核，并按照考核的结果，给予奖赏或惩罚。此外，秦始皇还规定了一系列渎职罪，要求官吏一定要学透自身职责范围内的法规法条。“凡明法律令”者，即为“良吏”，反之即为恶吏。继续执行已经废除的法律要被治罪；未能及时发现所辖区域犯罪行径的即为不胜任；知而不敢处理则为“不廉”；本应论罪却故意不论罪，或减轻案情，故意使犯人低于犯罪标准而判其无罪的，为纵囚罪；司法官吏因过失量刑不当，即为失刑。官吏贪污受贿一钱者，即处黥城旦[①]；管理粮食的官吏，其主管的粮仓内如发现三个以上鼠穴罚赀一盾。秦始皇同样非常重视法律的作用，认为“事统上法”。在他看来，人们的一切生活、生产、言论、行为皆应遵循法律。他严格监督臣下和百姓。为了更好地督查地方郡县和中央文武百官，秦始皇率先提出建立御史监察制，设立了三公九卿，督查百官，共同对皇帝负责。

① 城旦是针对男犯人的处罚，其意思是“治城”，即筑城。

李斯

李斯（前 284—前 208 年），字通古，秦朝著名的政治家、文学家、书法家，在秦灭六国进程中做出了重大的贡献。秦朝统一天下后，李斯官拜丞相，其政治主张的实施，帮助秦始皇成功建构起了帝国的统治大厦，也奠定了我国两千多年封建专制的基本格局。

崇法尚刑、轻罪重刑一直是法家思想的重要内容，李斯对这种思想极为认同，加以极端化的发挥及进一步的改造后广泛应用于自己的政治实践中。他主张以法为教、以吏为师，要求各级官吏都修习法律，并将法律作为官员政绩考核的重要工具。至于学人，则要“以吏为师”。

李斯极为推崇“督责之术”，将其视为君主治国理政的重要方法，主张必须用烦苛的刑罚来监督臣民，才能彻底使人们因为害怕受罚而避免犯罪。君主只要娴熟地运用此法，就能够“独制于天下而无所制也”。

监察律典

《六律》

商鞅相秦，改《法经》六篇为《六律》，是为秦律。“六律”包括吏律、户律、礼律、兵律、刑律、工律。其中吏律是针对官吏违反职责所作的惩罚规定，户律是针对违反税收、田地房屋、婚姻家庭继承、契约等管理秩序的惩罚规定，礼律是针对违反礼仪或祭祀制度的惩罚规定，兵律是针对违反国家边防、军政、邮政制度的惩罚规定，刑律是针对贼盗、杀人、斗殴、奸淫、诈伪等一般刑事犯罪及违反诉讼程序的惩罚规定，工律是针对违反国家工程营造及水利管理等方面制度的惩罚规定。

《为吏之道》

秦代主张“以吏为师”，希望各级官吏在德行与才干等各方面起到表率作用，以此重建地方基层的秩序。《为吏之道》是秦代官方发布的要求官吏必须遵守的道德规范及行为准则，对官吏的品行、才干和政治态度都提出了明确要求，并将其概括为“五善”，即忠信敬上、清廉毋谤、举事审当、喜为善行、恭敬多让，“五者毕至，必有大赏”。

《秦律·传食律》

《秦律·传食律》是秦朝针对不同等级的官吏出差时驿站供给饭食的不同标准而制订的法律规定。御史的卒人出差，每餐粺米半斗，酱四分之一升，有菜羹，并供给韭葱。如系有爵的人，爵为大夫、官大夫以上的，按其爵级规定供应饭食。出差者的随从，每餐粝米半斗；驾车的仆，粝米三分之一斗。爵为不更到谋人的，每餐粺米半升，有菜羹，并供应刍稾各半石。

宦者与不更同例。爵为上造以下到官府中没有爵的佐、史，以及卜、史、司御、侍、府等，每餐粝米一斗，有菜羹，并供应盐 1/11 升。

《语书》

《语书》是睡虎地出土的一件秦代南郡守腾对当地官员颁发的教戒文告，用来告诫各级官吏严守秦法，引导民俗。《语书》共分两部分，前一部分是关于公布和执行法律的文书，后一部分是关于对官吏要求的文书，将“明法律令”与否视为区分“良吏”和“恶吏”的标准之一。官吏本身只有首先熟知法律，才能更好地教导百姓守法，官民皆知什么行为合法、什么行为非法，犯罪的可能性就会减少。

《仓律》

《仓律》是秦朝关于粮草仓的法律，总计 26 条，主要内容包括粮草的入仓、发放登记和管理规定，极其繁琐、严格。其中规定：整个过程中主事的官吏不能换人，需要向县廷上报出入状况，若有疑问，要在县廷派来的官员监督下重新清点并作记录、上报。外出洽公领取食粮的官吏，回来后要扣除已领取的部分。此外，关于传马的喂食、城旦舂、隶臣妾等刑徒发粮的标准、赎隶臣妾的原则，都有严格的规定。

《效律》

《效律》是秦朝关于核验官府物资财产的法律，详细规定了核验县和都官物资账目的一系列制度。其中规定了合理的误差度，如果超过限度，就要加以处罚。从《效律》来看，秦朝对国家资产的监督、管理和保护有着完备的法律依据，如果因个人疏忽而造成国家财产的损失，必须接受相应的惩罚。

监察制度

御史大夫

为了监督百官，振肃纲纪，秦朝进一步发展了先秦时期的各种监察机制和制度，完善了行政体系的政治监控和行政监察职能，建置了以御史大夫为首的从中央到地方的监察机关。御史大夫位列三公，身居副相，在权力关系上仅受皇帝的制约和法令的规范，不受包括宰相在内的其他官僚的管束。在历朝历代的御史监察制度中，秦汉时期御史大夫的地位是最高的，上可谏君王，下可监百官，在整个权力体系中的位置举足轻重。其主要职能为统帅监察官员，对丞相、太尉乃至一般官员及所有政府机关的违法失职行为进行纠举弹劾，谏诤得失，监督宰执，弹劾不法，纠举失职，维系纲纪，整饬吏治。在实施监督、监察的各种主要方式和手段中，参与决策，规谏君主，封驳诏书等，具有立法、决策监督的功能；审核奏章，纠弹失职，检举不法等，具有行政监察的功能；平抑冤狱，采集民意等，具有司法监督的功能。

监郡御史

秦朝在中央设置了御史大夫这一职位，而在地方上设置了监郡御史，简称“监御史”，主要负责对地方的监督和管理。地方各郡的监御史，可根据法律，“令人案行之，举劾不从令者，到以律，论及令、丞。有（又）且课县官，独多犯令，而令、丞弗得者，以令、丞闻”。意思就是，郡守派遣监御史至各县巡察，监察不守法令的官吏，并依法律论处，可论及县令与丞官。同时又考察官民多有不法行为，其令、丞亦未认真察处的，就将令、丞上报朝廷治罪。《汉书·百官公卿表》中记载：“监御史，秦官，掌监郡。”由此可见，监御史是模仿中央的御史大夫而在地方建立的一个监督机构。

谏议大夫

官名，秦代置，专掌议论，为郎中令之属官。秦代的监察制度包括弹劾与谏劾两部分，纠察方面由御史系统负责，谏驳则由谏官负责。西汉时沿用秦制，汉武帝元狩五年（前118年）置谏大夫，无定员，掌议论；东汉改称谏议大夫；魏晋时称散骑常侍；隋唐仍置谏议大夫，有左、右谏议大夫，各四人，分属门下省与中书省，另设补阙和拾遗；宋初沿其制，后置谏院，谏院下设鼓院，以左、右谏议大夫为之长；辽代的门下省和中书省分别设左谏院和右谏院，延置谏议大夫等职，但有名无实；金代有谏院，设左、右谏议大夫、司谏；元朝搁置不设；明初洪武期间置谏议大夫及左右司谏，不久废除。

考课制度

秦朝的统一，为官吏考核制度的确立和广泛推广提供了有利条件。秦朝施行统一的郡县制，将考课制度贯彻于地方政府。《史记·萧相国世家》中记载：“（萧）何乃给泗水卒史，事第一（索隐曰：谓课最居第一），秦御史欲入言征何”。就是当时考课制度已下达郡吏的最好证明。睡虎地秦简中的《为吏之道》更详细地呈现了秦国考核官吏职业规范的基本标准——“五善”“五失”：“为吏之道，必精洁正直，慎谨坚固，审悉无私，微密纤察，安静毋苛，审当赏罚。”“凡治事，敢为固，谒私图，画局陈以为楷。肖人聶心，不敢徒语恐见恶。凡戾人，表以身，民将望表以戾真。表若不正，民心将移乃难亲。”强调官吏应廉洁自律，严格遵照法律行事，不为人情阻碍，不徇私情。身为官吏，要正直正派，为民众之表率。秦朝的官吏日常要接受来自内史或监御史的监督，每年正月要接受考课，评上“最”等级的为优，可以得到提拔；评上“殿”等级的为劣，要接受处罚。

上计制度

上计制度古已有之。秦朝统一六国后，除了从自身思想上要求官吏必须遵守“五善”，摒弃“五失”以外，还从政绩上对官吏进行考核，即为上计制度：由县上计于郡，再由郡上计于朝廷。每年各县令按要求将辖区内户口增减、赋税多少、徭役征派、刑狱灾害和治安好坏等情况上报郡守、丞相，最后由皇帝根据考核结果采取奖惩措施，初步形成从地方到中央的层层考核体系。上计的具体内容包括治民、劝功、诀讼、检奸、劝民农桑、赈救乏绝等，较之战国时期更为全面、丰富。

廉政清芬

李斯

李斯(前284—前208年)，字通古，汝南上蔡(今河南省上蔡县芦冈乡李斯楼村)人。秦朝著名政治家、文学家和书法家。

秦王嬴政准备统一六国时，韩国深恐会被秦国灭掉，于是派水工郑国到秦国游说秦王修建水渠，这就是“疲秦计划”，目的是削弱秦国的人力和物力，牵制秦灭六国的步伐。后来，郑国的目的被发觉了。宗室大臣们对外来的客卿意见很大，纷纷对秦王说：“这些来秦国的人，大都是为了本国利益来搞破坏的，请您下令把他们都驱逐出秦国。”秦王听信了他们的进言，于是下令驱逐客卿。李斯也在被逐之列。

李斯给秦王写了一封信，劝他不要驱逐客卿，这就是著名的《谏逐客书》。他列举了自秦穆公以来秦国因客卿越来越强盛的史实，向秦王证明秦朝的强大离不开客卿的辅助；然后又通过各种女乐珠玉虽非秦地所产却被喜爱，让秦王明白不应重物轻人。全文从一统天下的高度，正反论证，利害并举，强调客卿强国的重要性。秦王看了，深受感动，果断采纳了李斯的建议，立即取消了逐客令。李斯依然受到重用，被封为廷尉。

冯劫

冯劫（？—前208年），秦朝人，秦始皇在位期间任御史大夫，秦二世时任大将军。

冯劫为人刚直不阿，对于朝廷滥杀无辜及赋税太重等问题一直坚决反对。秦二世元年，陈胜、吴广发动起义，各地纷纷响应，起义不断。宦官赵高为了把持朝政，哄骗秦二世说：“先帝在位统治的时间久，所以大臣们不敢做坏事，不敢进谗言。现在您年少继位，怎么能在朝堂上跟公卿们决定大事呢？要是说错了，就向他们暴露了您的短处。您可是天子，根本不用听他人的意见。”秦二世觉得赵高说得很有道理，从此很长一段时间都只待在深宫，很少上朝，各种大事只与赵高商议，再由赵高向群臣转达。

后来，各地起义起伏不断，对朝廷的打击越来越大。冯劫担心国家的命运，与右丞相冯去疾、左丞相李斯一起去劝谏秦二世：“关东成郡的盗贼一块儿起来造反，朝廷已经出兵杀死了很多起义军，可是起义并没有被平息。起义之所以这样多，都是因为各种繁杂的差役使百姓生活太苦了，赋税也太过沉重。请您停止兴建阿房宫，减少四方边境的屯戍和运输任务吧。”秦二世听不进去，认为自己身为皇帝，身份尊贵，执掌天下，就应该随心所欲，只要以法制震慑，让臣民们不敢胡作非为，就能统治天下。秦二世把冯劫三人治罪并交给狱吏囚禁，并审查追究他们的其他罪行。冯去疾和冯劫不愿受辱，说：“将相不能身受侮辱。”说罢，自杀死去。

昏暴贪佞

秦二世

胡亥（前230或前221—前207年），嬴姓，名胡亥，秦始皇第十八子，公子扶苏之弟，秦朝第二位皇帝，即秦二世。

秦二世是一个享乐主义者。他认为当了皇帝，就有无上的权力，可以尽情玩乐，处理政事都是臣子的事情。秦二世只喜欢听好消息，对那些不听话的文武大臣们大开杀戒，首当其冲受害的就是蒙恬兄弟俩。开始胡亥想继续重用他们兄弟，但赵高害怕他们对自己构成威胁，就向胡亥造谣说，秦始皇原来曾想立胡亥做太子，但蒙恬的兄弟蒙毅极力阻止，秦始皇这才打消了立他做太子的念头。胡亥信以为真，不但没有释放蒙恬，还将蒙毅也囚禁在代郡（现在河北省蔚县东北）的监狱中。后来，胡亥派使者逼蒙毅自尽，然后又派人到阳周的监狱中逼蒙恬自杀。蒙恬开始不肯，声辩说要见胡亥，请他收回诏命。使者不许，蒙恬见生还无望，只得服毒自尽。官员上报陈胜、吴广的起义，胡亥非常恼火，认为绝不可能，当即就把上报的人一并处罚了。从此以后，再有关于陈胜、吴广的事，就一律改成了“一群鸡鸣狗盗之徒”的说法。秦国的臣子都以赵高为尊，朝野上下结党营私，以权谋私。而秦二世只知道自己享乐，对赵高的这些阴谋动作毫无防备，最终死在了赵高之手。

赵高

赵高(?—前207年)，嬴姓，赵氏。秦二世时的秦朝丞相，是沙丘政变的主谋，也是毁灭秦帝国的主要人物，我国历史上第一个著名宦官。

赵高精通狱法，熟悉许多案例，还写得一手漂亮的篆字，加上他为人小心谨慎，精于见风使舵、左右逢源，在秦宫中很受欢迎，被秦始皇“举以为中车府令”。秦始皇对赵高很放心，常让他接触一些朝廷机密，并对他委以重任。赵高察言观色，逢迎献媚，很快就博得了秦始皇的赏识和信任。有一次，他犯了不可饶恕的重罪，蒙毅按秦法判处他死刑，秦始皇却将其赦免并官复原职。

秦始皇死后，赵高扶持胡亥做傀儡皇帝，想要趁机夺取政权。为了铲除异己，赵高设计陷害了很多忠臣。胡亥的一系列残酷统治，与赵高的挑唆不无关系。为了测试朝廷中哪些大臣有忤逆自己的意愿，赵高特地给胡亥呈上一只鹿，说这是一匹马。胡亥不信，赵高便趁此机会问各位大臣。不敢违抗赵高意愿的大臣都说是马，而反对赵高的人则说是鹿。后来，赵高用各种手段将说是鹿的大臣都害死了。“指鹿为马”的故事就这样流传了下来。直到今天，人们常用“指鹿为马”来形容一个人黑白颠倒，不明是非。

名文名篇

谏逐客书(节选)

秦·李斯

臣闻地广者粟多,国大者人众,兵强则士勇。是以泰山不让土壤,故能成其大;河海不择细流,故能就其深;王者不却众庶,故能明其德。是以地无四方,民无异国,四时充美,鬼神降福,此五帝三王之所以无敌也。今乃弃黔首以资敌国,却宾客以业诸侯,使天下之士退而不敢西向,裹足不入秦,此所谓“借寇兵而赍盗粮”者也。夫物不产于秦,可宝者多;士不产于秦,而愿忠者众。今逐客以资敌国,损民以益仇,内自虚而外树怨于诸侯,求国无危,不可得也。

【译文】

我听说田地广就粮食多,国家大就人口众,武器精良将士就骁勇。因此,泰山不拒绝泥土,所以能成就它的高大;江河湖海不舍弃细流,所以能成就它的深邃;有志建立王业的人不嫌弃民众,所以能彰显他的德行。因此,土地不分东西南北,百姓不论异国它邦,那样便会一年四季富裕美好,天地鬼神降赐福运,这就是五帝、三王无可匹敌的缘故。抛弃百姓使之去帮助敌国,拒绝宾客使之去事奉诸侯,使天下的贤士退却而不敢西进,裹足止步不入秦国,这就叫做“借武器给敌寇,送粮食给盗贼”啊。

物品中不出产在秦国,而宝贵的却很多;贤士中不出生于秦,愿意效忠的很多。如今驱逐宾客来资助敌国,减损百姓来充实对手,内部自己造成空虚而外部在诸侯中构筑怨恨,那要谋求国家没有危难,是不可能的啊。

【名句】

泰山不让土壤，故能成其大；河海不择细流，故能就其深；王者不却众庶，故能明其德。

【精析】

劝谏国君，必须懂得国君的心理需求。当时，秦王最大的心愿就是“跨海内、制诸侯”。秦国的宗室大臣奏请秦王下逐客令，其出发点是维护自身的私利，而不是为了秦国的长远利益。李斯的这篇上书高瞻远瞩，完全抛开个人的去留问题，也不陈述自己的无辜和冤屈，而是从秦王梦寐以求的称雄大业出发，抓住秦统一六国这个战略问题剖明利害得失，达到了预定的目的。这种巧妙的沟通艺术，值得每一位党员干部学习。

第三篇

两汉廉政文化经典

廉政思想

汉高祖

汉高祖刘邦（前256或247—前195年），汉朝开国皇帝，我国历史上杰出的政治家、战略家、军事指挥家。刘邦是汉民族和汉文化的伟大开拓者之一，对汉族的发展和中国的统一作出了突出贡献。

建立汉朝后，刘邦以儒家思想为主，法家思想为辅，昭告天下，访求贤才。他提倡“德主刑辅”，废除了连坐法及夷三族等秦朝严峻的刑罚，以教化为主，刑罚为辅，以求宽柔相济、严松相当之效。对于关东六国的后裔，刘邦采纳了娄敬“强干弱枝”的提议，将他们的强宗大族、豪杰名家、名门望族约十几万人全部迁至关中，处于中央控制之下，消除了后顾之忧。他还用加官的方法提倡忠君的政治品格，让天下人都明白为臣之道。楚将季布曾多次侮辱刘邦，但刘邦打败项羽后，非但没有杀他，反因敬重他对项羽的忠诚而释放了他，还召拜其为郎中。对于那些为君主尽忠而死去的臣子，刘邦规定其家属和继承人可以得到升迁封赏。

汉文帝

汉文帝刘恒（前203年—前157年），西汉第五位皇帝。汉文帝在汉初“无为而治”的施政基础上，安定朝政、选贤任能、省除酷刑，为文景之治奠定了坚实的基础。

汉文帝高度重视为政廉洁。《史记》中记载他“即位二十三年，宫室、苑囿、狗马、服御无所增益”。汉文帝即位时，有人前来进献千里马，他坚决拒绝并下诏书宣布“朕不受献也，其令四方毋求来献。”直到死前，汉文帝还在遗诏中痛斥厚葬陋俗，要求死后丧事从简。在汉文帝看来，节俭不只是个人的事，同时也是一门统治的艺术。只有示天下以节俭，才能号召百官，避免民众的反抗。他明确提出“廉吏，民之表也”，规定官吏禁止大吃大喝，否则“以饮食免”。汉文帝十二年，文帝从国家实情出发，诏令全国，将“孝悌”“力田”与“廉吏”并举，并下诏：“吏受赃枉法，……皆弃市。”此举标志着汉代察举制度的正式建立。

在汉文帝称帝前，汉朝的法律中有一条“诽谤妖言之罪”，议论朝政的人往往会被定罪。汉文帝继位后，认为这条法律会“使众臣不敢尽情，而上无由闻过失”，给国家带来巨大损失。于是，他以帝尧设进善之旌、舜帝立诽谤之木为鉴，废除了这条法律，鼓励臣民们大胆进谏。

汉景帝

汉景帝刘启（前188—前141年），文帝嫡长子，西汉第六位皇帝。景帝在位期间，继续奉行“与民休息”的政策，勤俭治国，发展生产、减轻赋税。他继承和发展了父亲文帝的事业，与父亲共同创下了“文景之治”，并为其子刘彻的“汉武盛世”奠定了基础。

汉朝治国重治吏，要求官员做到惜民力、勤治事、尚节俭。汉景帝对贪赃枉法的犯罪行为严惩不贷，更明令禁止官吏利用职权参与经济活动和受贿。他曾先后三次下诏书痛斥吏治腐败，规定“若买故贱，卖故贵，皆坐臧为盗，没入臧县官。吏迁徙免罢，受其故官属所将监治送财物，夺爵为士伍，免之。无爵，罚金二斤，令没入所受。有能捕告，畀其所受臧”。官吏若敢收受贿赂，就会被没收财物并治罪，参与投机经营的也一律按贪赃枉法处理。

汉武帝

汉武帝刘彻（前156—前87年），西汉第七位皇帝，著名政治家、文学家。在思想上，汉武帝听从董仲舒“罢黜百家，独尊儒术”的建议，但同时他并不限制其他思想的发展。在宣扬儒学的同时，汉武帝大力提倡儒法并用，主张采用法规和刑法来巩固政府的权威，显示皇权的地位，即以儒为主以法为辅，内法外儒。对广大百姓宣扬儒道以示政府的怀柔，而对政府内部则施以严酷的刑法来约束大臣。

汉武帝创建了刺史制度。武帝把全国划分为十三州部，每州为一个监察区，设置刺史一人，负责监察所在州部的郡国。《汉书》卷六《武帝纪》载：“（元封五年）初置刺史部十三州。”为了进一步加强君主权力，汉武帝采取了派遣御史的方式来对地方的豪强、官吏进行监督。

汉武帝用人唯才是举。他曾分别于元光元年及元封五年两次颁布求贤诏书，求取举贤良方正，敢于直言极谏的人士入朝做官。此外，汉武帝把“孝”和“廉”作为常设科目，颁布诏令，“初令郡国举孝廉各一人”，即要求各郡国每年都要选举出在当地享有孝顺名声和行为清廉名声的人士，推举到中央以备担任官职。这一举措开启了汉朝举孝廉用人的先河。

汉光武帝

东汉光武帝刘秀（前 5—57 年），字文叔，东汉王朝建立者，汉高祖刘邦九世孙。

汉光武帝在秦、西汉的基础上，不仅完善、加强了监察制度，而且对行政系统实行有效的监督。鉴于西汉后期吏治败坏、官僚奢侈腐化的积弊，汉光武帝即位以后，改革官制，整饬官风吏治，精简机构，躬行节俭，奖励廉洁，选拔贤能作为地方官吏，并对其严格要求，赏罚从严。经过整顿之后，官场风气为之一变。有“内外匪懈，百姓宽息”之誉。汉光武帝曾下诏书强调选举出来的官吏应当“皆有孝弟廉公之行”。

此外，汉光武帝还恢复和完善了刺史制度。刺史可以督察从地方到中央的各级官吏。他们每年八月出巡所辖区域，按朝廷规定的六条标准查访各地，平反冤狱，对地方官吏的政绩进行全面考察，每年年底向朝廷汇报。朝廷对地方官的升降、赏罚均取决于刺史的汇报。汉光武帝把赏罚之权划归刺史，并规定刺史每年必须举茂才一人，进一步加强了对地方的控制。

监察律典

《监御史九条》

又称《御史九法》，颁布于汉惠帝三年，是汉朝初期三辅地区关于惩治不法、整顿吏治的规定，是我国历史上最早的、性质明确的地方监察法规。惠帝三年（前 192 年），相国奏遣御史监三辅不法事：词讼、盗贼、铸伪钱、狱不直、徭赋不平、吏不廉、吏苛刻、逾侈及弩力十石以上、作非所当服，凡九条。

《六条问事》

《六条问事》是刺史监察地方和官员的依据准则，始于汉武帝。汉武帝明确规定了刺史的监察职责，叫“六条问事”，分别为：一条，强宗豪右，田宅逾制，以强凌弱，以众暴寡。二条，二千石不奉诏书，遵承典制，倍公向私，旁诏守利，侵渔百姓，聚敛为奸。三条，二千石不恤疑狱，风厉杀人，怒则任刑，喜则任赏，烦扰苛暴，剥戮黎元，为百姓所疾，山崩石裂，妖祥讹言。四条，二千石选置不平，苟阿所爱，蔽贤宠顽。五条，二千石子弟恃怙荣势，请托所监。六条，二千石违公下比，阿附豪强。通行货赂，割损政令。

《六条问事》集中体现了汉朝监察制度的特点，严格规定了监察官的权限：“以六条问事，非条所问，即不省”，即作为监察官的刺史在行使监察权的过程中必须严格执行“六条”内容，权限明确，超出此范围的事项则“不省”。安邦先安首，督吏先督王，“六条问事”中除了第一条外，其他五条都是针对俸禄“两千石的官员”，即当时手握重权的官吏。此外，高官子女也属监察对象。《六条问事》第五条规定，二千石子弟倚仗权势，任性摆阔，干预公务，向主管人员请托的也要受到惩处。在监察法规中直接把官员子女的行为作风定为监察事项，可见汉朝对官员家风家教的注重。此外，历史学家范文澜在《中国通史简编》中说："六条外还有不成文的一条，就是考察国王有罪状便奏闻。不法的国王因此受到惩罚。"

《沈命法》

汉武帝末年，由于地方官员管理不善，盗贼团伙蜂起。据《汉书·刑法志》记载，武帝时"征发烦数，百姓贫耗"，盗贼蜂起。"散卒失亡，复聚党阻山林，往往而群，无可奈何。于是作沈命法，日'群盗起不发觉，发觉而弗捕满品者，二千石以下至小吏主者皆死'。"《沈命法》是汉武帝时颁布的法令，目的是以严刑督责和惩治捕盗不力的官吏。具体内容是，郡守以下各级地方官不得隐匿盗贼，要及时发觉并追捕归案，如未发觉或未全部捕获，依《沈命法》，有关郡守以下官吏皆处死刑。

《二年律令》

《二年律令》为吕后二年（前 186 年）所颁行的律令。

官吏的不廉行为主要是赃罪，《二年律令》号召官吏谨守廉洁之德，对各种类型的赃罪严惩不贷。

严惩官吏受贿。《二年律令·盗律》云："受赇以枉法，及行赇者，皆坐其臧（赃）为盗。罪重于盗者，以重者论之。"《二年律令·具律》云："……其受赇者，驾（加）其罪二等。所予臧（赃）罪重，以重者论之，亦驾（加）罪二等。其非故也，而失不审者，以其赎论之。"赇，行贿。受赇，受贿。受贿者通常为官吏，加罪二等，从重处罚。

重裁官员违反伦理的犯罪。《二年律令·杂律》中规定："诸与人妻和奸，及其所与皆完为城旦舂。其吏也，以强奸论之。"官吏有通奸行为，按强奸罪论处，而普通老百姓与人通奸只是被处以城旦舂的刑法。即官吏犯通奸罪，处罚较普通人严重。

矫正司法腐败和失职渎职行为。《二年律令·具律》规定："鞫狱放纵，不直，及诊、报、辟故弗穷审者，死罪，斩左止为城旦，它各以其罪论之。”官吏如果不秉公执法，出入人罪，定罪量刑不当，造成冤假错案，以及对案件不究查到底者将受到法律的严惩。

《二年律令·置吏律》明确规定：“有任人以为吏，其所任不廉、不胜任以免，亦免任者。”即推荐他人做官，如果被推荐的人贪污腐化、不能胜任，推荐人也会被去职。

同时，对官吏职权范围内的责任、义务，《二年律令》也有细密严格的规定。《二年律令·具律》中规定：“事当治论者，其令、长、丞或行乡官视它事，不存，及病，而非出县道界也，及诸都官令、长、丞行离官有它事，而皆其官之事也，及病，非之官在所县道界也，其守丞及令、长、丞不存及病者皆共坐之，如身断治论及存者之罪。唯谒属所二千石官者，乃勿令坐。”意思是令、长、丞等官员因为请事假、病假暂时离开工作岗位，如果代替他行使职责、主持工作的人有失职行为，原令、长、丞也必须承担责任，不得推脱。

《上计律》

所谓上计，即由地方行政长官定期向上级递呈上计文书，报告地方治理状况。县令长于年终将该县租赋、刑狱、选举等，编制为计簿（也叫“集簿”），呈送郡国。根据属县的计簿，郡守国相再编制郡的计簿，上报朝廷。朝廷则根据考核结果，对官吏予以升、降、赏、罚。《上计律》中规定：“其一，凡上报不及时者治罪。其二，凡计簿中期谩不实者治罪。”《上计律》使上计制度得以以国家法律条文的形式进入国家大法。

两汉时，郡国守、相每年年终都要遣吏赴京师上计。《上计律》就是专门用于处置上计事务的律条。西汉时从郡中派到中央去上计的人为丞或长史，东汉时有专职的上计掾、史。汉代州刺史每年也须向中央上计。各县于岁末向守、相上计簿，其性质和郡国向京师上计相似。乘计吏送计书到京城之便，地方上把向朝廷申报的其他簿籍或贡奉物品也一并带去，郡国向中央推举的孝廉之类人才，也可相随而行，这种办法称为“计偕”。

监察制度

御史制度

西汉初年，在继承秦代政治制度的基础上设立了御史大夫。御史大夫地位低于丞相，为副丞相，但他的实际任务并不是在丞相领导下协助处理行政杂务，而是责在监察，实际为最高监察官。御史大夫的职责是“典正法度，以职相参，总领百官，上下相监临”，从历史记载看，御史大夫单独开府办公，与皇权的关系较丞相更密切。西汉的诏书往往是御史大夫起草并下发丞相，再由丞相下达地方，重大案件也往往由御史大夫出面组织处理。因此，御史大夫的副丞相之位实际是监督、监察丞相，制约、制衡丞相。

御史大夫下设两丞，其中以御史中丞为主。御史中丞的职责是“受公卿章奏，举劾按章”“纠察百僚”。其统领的侍御史或监御史则是具体任务的执行者。由于汉初推行郡国并行体制，中央权力被各诸侯国严重分割，从监察体制实际作用来说，还主要限于中央直辖的地区，不能覆盖全国。

西汉晚期御史大夫被改为大司空，不再承担监察职责，由属官御史中丞出任御史府的最高长官，最高监察机关的级别降低。

刺史制度

刺史制度是汉代监察制度的重要组成部分，产生于汉武帝时期，是汉武帝为了加强中央集权的产物。“刺”即刺举，也就是侦查不法，“史”指皇帝派出的使者。元封五年（前 106 年），汉武帝将全国分为十三个监察区，每区为一部，每部派出一名刺史，其中中央刺史为司隶校尉，其他十二个州的统称刺史。刺史凌驾于郡守之上，负有监督、制约郡守职责。刺史制度所察内容有六条，其中五条是专对二千石高官的吏治。

课计制

汉承秦制，两汉时的官吏考核制度主要是课计制，即考课和上计。考课是指上级有关机构根据上计的政绩对下级官吏进行考核。考课和上计是考核系统中同时进行的方向相反的两个流程。两汉时期的考核在程序化、规范化等方面较秦朝都有所发展，并形成了一定的规模。考核的内容和组织机构也更加严密，成为一项重要的官吏管理制度。此时人事考核理论得到较大发展。如思想家王充在其《论衡》、王符在其《潜夫论》中，对官吏的重要性及考核的原则、方法、重点等提出了独到见解，对后世考核制度的建设，尤其对中国古代人事考核理论的完备具有重要影响。这样，秦及西汉丞相考课制、秦汉郡国考课制、东汉三公考课制，构成了秦汉人事考核制度的主要框架。汉元帝时，《考课课吏法》正式颁发，可视为中国古代官吏考核制度最终确立的标志，我国古代官吏的考核制度也在此时基本确立了。

言诤制度

言官诤谏制度是对皇帝或中央政府决策的直言规劝，是自上而下监督皇权的制度。在中国古代政治制度中，除了监察百官之官的御史外，还有更早出现的颇具特色的诤官制度，即监察皇帝的制度。秦朝有人曾设言谏之官，由给事中与谏议大夫担任。但由于秦朝统治者的专政残暴，言谏之路在秦朝基本行不通。汉高祖刘邦注重吸取秦亡的教训，广开言路，博采众议，使言诤制度在汉代得到继承与发展。

郡国并行

西汉初年，在地方上继承秦朝的郡县制，同时又分封同姓诸侯国，实行郡国并行制，让郡和国互相进行监督，没有设置监御史。汉惠帝时，继承秦朝的监督机制，开始恢复设置监御史，并对其职责作出明确规定，《唐六典·御史台·侍御史》记载："惠帝三年，相国奏遣御史监三辅不法事，有：辞讼者，盗贼者，铸伪钱者，狱不直者，繇赋不平者，吏不廉者，吏苛刻者，逾侈及弩力十石以上者，非所当服者，凡九条。监者每二岁一更，常十一月奏事，三月还监焉。”其后恢复了向各郡国派驻监御史。

丞相监理监察

汉初对地方监察力度的弱化很快就不能适应中央集权和社会经济发展的需要。文景之治时期，皇帝一再命令最高行政长官丞相分出精力兼理监察，具体做法是丞相的属吏丞相司直接出刺（监察）地方，诏令要求丞相特别关注郡县吏治。

司隶校尉

司隶校尉是汉代至魏晋时监督京师（中央）和周边地方的监察官。汉武帝征和四年（前 89 年）设司隶校尉，监察除三公之外的中央、京师及京师附近的百官。其监察对象“无尊卑”。汉成帝元延四年（前 9 年）曾省去，汉哀帝时复置，省去校尉而称司隶。东汉时复称司隶校尉。

西汉时司隶校尉秩为二千石，东汉时改为比二千石，属官有从事、假佐等，又率领由 1200 名中都官徒隶所组成的武装队伍，司隶校尉得名于此。一直到三国魏晋时期，司隶校尉都是监督京师和京城周边地方的秘密监察官。

丞相司直

汉武帝元狩五年（前 118 年），在丞相府中设丞相司直，官秩比二千石，辅佐丞相纠举不法，是特设于最高行政长官机构中的专职监察官，有权监察包括三公在内的中央各级官僚。丞相司直是丞相的属官，实际上也起着监察丞相的作用。东汉丞相（大司徒）司直不再监察中央百官，也基本不设。

从北魏到唐朝，司直一直是廷尉或大理寺的属官，从六品上，主管出使推按。唐代在太子属官中也有司直，正七品上，察纠弹劾东宫的官员，相当于朝廷中侍御史的地位。宋朝以后，废除司直。

督邮监察制

汉代完善郡对县的监察。各郡亦分部，作为监察区，每部设一名督邮负责监察。东汉时又在县设廷掾一职，负责对乡级吏员的监察。郡对县的督邮监察制，是对县令长权力的有力监督制约。

皇帝遣使巡行

汉武帝时期，社会相对稳定，对于道德教化的要求越来越高，于是恢复上古遣使巡行“观风览俗”的制度。皇帝或由其委派的特使会不定期对地方巡视监察。这种巡察包括最高监察机关御史府的不定期巡视监察、郡太守对属县的定期巡视监察以及县令长对辖境的巡视监察。遣使巡行的主要目的在于督课农事，赈灾济困和督课吏治。其中最主要的目的就是督课地方吏治。被派遣的使者会督查郡守的治绩，询问民间的疾苦，然后上报朝廷，作为黜陟郡国守吏的依据。遣使巡行制度中的“访察冤狱失职，督禁苛暴之吏”，就是在行使对地方治绩的督查职能。

察举孝廉

察举孝廉是汉代推举选拔人才为官的制度。通过察举孝廉来教化官吏应具备孝、廉之德行，正式开始于汉文帝时期。汉武帝采纳董仲舒的“举贤良对策”，于元光元年“初令郡国举孝廉各一人”。此后，孝廉就成了汉代选拔人才的常设科目。通过“不孝入律”，严惩不孝之官吏，从反面教化官吏必须践行孝亲之德。西汉大力提拔有孝亲之德的官吏，东汉也大力褒奖孝亲大臣，历代皇帝多次下诏选取孝廉之士，表现出了对官吏孝廉之德的重视。

察廉一直贯穿于汉代统治时期，也称廉吏科，即年选廉洁的优秀属吏予以升迁。这一科所选拔的对象大致限于斗食至六百石的官吏，一般会根据品秩直接迁补，并且在一次察举之后，还可以再次察举，有一定的考课性质。官吏如果被指责不孝，就会受到免职或法律处罚。

廉政清芬

张敞

张敞（？—前 48 年），字子高，河东平阳人，汉宣帝时任冀州刺史。

当时的冀州人员构成复杂，社会治安混乱。张敞到任后，经过周密的调查，发现扰乱社会治安的线索全部指向广川王。于是，他亲自率领郡国吏，领兵搜查广川王宫，果然在那里逮捕了一些案犯。张敞果断地将这些人枭首。回朝后，张敞即上奏弹劾广川王，历数其不法行径，广川王被削减封户。

张敞任职期间严刑峻法，取得了良好政绩。因为治法严苛，他得罪了不少同僚。但张敞的作为正符合当时法治的需要。因为汉宣帝时，国家财力匮乏，百姓生活困苦，盗贼横行，整个社会动荡不安，官吏有必要采取强硬手段加强社会治理，以维护国家安定，为百姓休养生息提供良好治安环境。张敞未能位列三公，但一直深受君王的支持信任。

鲍宣

鲍宣（前 30 年—3 年），西汉大夫，渤海高城（今河北盐山东南）人。汉哀帝时任谏大夫，以敢于上书直言、抨击时政闻名。

《汉书·鲍宣传》记载，鲍宣忠于职守，敢于执法不屑苟谀。一次丞相孔光出视辕陵，随从官史不行旁道，驱车在中央驰道乱跑。这在当时是犯法的，正巧被鲍宣遇见，他即命左右将孔光从史拘捕，车马充公。孔光恨鲍宣不顾情面，由此耿耿于怀，千方百计排挤鲍宣。宠信孔光的汉哀帝便不问是非，派人到司隶府抓人，鲍宣闭门拒命。这下触怒了皇帝，便被以“无人臣礼，大不敬之道”的罪名逮捕下狱，定为死罪。后被免去死罪，改罚髡钳刑，流放上党。

王莽篡汉后，想要让大臣们服从于自己的统治，极力排除打击不附已之“汉忠直臣”。公元3年，鲍宣与大司空何武同被下狱致死。公元25年，光武帝刘秀登基，大赦天下，下诏褒扬鲍宣并准荫其子孙“至大官”。

羊续

羊续（142—189年），字兴祖，兖州泰山郡平阳县（今山东新泰）人。东汉大臣、廉吏，西晋名将羊祜的祖父，历任扬州庐江郡太守、荆州南阳郡太守。

羊续在南阳任上，厉行勤俭，治理有方。《后汉书·羊续传》记载：“时，权豪之家多尚奢丽，（羊）续深疾之，常敝衣薄食，车马羸败。”在当时奢侈腐化的时代背景下，羊续并未随波逐流。他穿布衣，吃粗粮，出门时乘坐的也是瘦马破车。有一次，府丞焦俭向他进献一条生鱼，羊续收下后将鱼悬挂在庭院之上。没过多久，焦俭再次献上一尾鲤鱼，羊续便出示悬挂的生鱼，希望以此断绝焦俭的心意。羊续悬鱼的故事一直为后人所称道。

当时，为搜刮民脂民膏，汉灵帝公然卖官鬻爵，甚至每个官职都明码标价。后来，汉灵帝打算任用羊续作太尉，派亲信找到他要求先进献礼金。羊续向来人展示自己的破衣烂袄，亲信看后如实汇报，汉灵帝十分不悦，于是将羊续调任为太常。

羊续晚年病重，自知将死。当时两千石品阶的官员，朝廷都会赐予“官赙百万”的丧事补助。羊续临终之前拒绝了朝廷的抚恤，并叮嘱家人：“吾有马一匹，卖以买棺；牛车一乘，载丧归，勿受郡送。”汉灵帝听说后大为感动，下诏予以褒扬。就连焦俭也在羊续的影响下改过自新，主持葬礼期间拒绝了一切官私馈赠。

杨震

杨震（？—124年），字伯起，弘农华阴（今陕西华阴东）人。东汉名臣。

大将军邓骘听说杨震贤明，就派人征召他，推举他为秀才。杨震多次升迁，官至荆州刺史、东莱太守。杨震赴郡途中，经过昌邑，他从前举荐的荆州秀才王密担任昌邑县令，前来拜见。到了夜里，王密怀揣十斤银子来送给杨震。杨震说："我了解你，你不了解我，为什么这么做呢？"王密说："夜里没有人知道。"杨震说："上天知道，神明知道，我知道，你知道。怎么说没有人知道呢！"王密拿着银子羞愧地出去了。后来杨震调动到涿郡任太守。他本性公正廉洁，不肯接受私下的拜见。他的子孙常吃蔬菜，步行出门。杨震的老朋友中有年长的人劝他为子孙置办一些产业，杨震不答应，说："让后代被称作清官的子孙，把这个馈赠给他们，不也很优厚吗？"

刘宠

刘宠，生卒年不详，字祖荣，山东牟平县人，东汉时期宗室、大臣，官至司徒、太尉。

刘宠在任会稽郡（今浙江绍兴市）太守时，政绩卓著，操守廉洁，朝廷调他为将作大匠（主管工程建设的官员）。离任前，会稽郡山阴县若耶山谷五六位鬓发斑白的老人各带了一百文钱，想送给他，可刘宠不肯接受。老人们流着泪对刘宠说："我们是山谷小民。前任郡守屡屡扰民，夜晚也不放过，有时狗竟然整夜叫吠不止，民不得安。可自从您上任以来，夜晚狗都不叫吠了，官吏也不抓捕老百姓了。现在我们听说您要离任了，故奉送这点儿小钱，聊表心意。"刘宠说："我的政绩远远不及几位老者说的那样好，倒是辛苦父老了！"老人们一定要他收下，盛情难却，刘宠只好收下几位老人各一文钱。他出了山阴县界，就把钱投到了江里。后人将该江改名为"钱清江"（在今绍兴市境内），还建了"一钱亭""一钱太守庙"。从此，"一钱太守"的美称便在当地传开了。

昏暴贪佞

王温舒

王温舒，阳陵（今陕西咸阳市东）人，汉代酷吏。王温舒年轻时游手好闲，不务正业。后来当了小官，因善于处理案件慢慢升为御史。他以杀立威，督捕盗贼，杀死了很多人，逐渐升迁为广平都尉，后又升任河内太守。王温舒敛财手段分贪污和纳贿两种。王温舒主要贪污被收没的财产。仅在广平、河内、京师，王温舒就杀了几万人，被籍没的人家也有成百上千。所有籍没入官的财产，他统统染指。史载，王温舒任中尉以后，“数岁，其吏多以权贵富。”王温舒的爪牙尚且因权贵贿赂而暴富。几年后，王温舒被人告发，最重要罪行即为“受员骑钱”及其他“好利事”。按汉朝法律，此罪当诛灭全族。王温舒知道末日降临，于是自杀身死，同时被诛灭五族。

淳于长

淳于长，字子鸿，西汉魏郡元城（今河北省大名）人，我国西汉时期有名的贪官奸佞。

淳于长父族虽无权势，但母族十分显赫：姨娘王政君，是汉元帝刘奭的皇后，成帝刘骜的皇太后；大舅王凤任大司马、大将军；二舅、三舅、四舅、五舅和六舅，在同一天分别被封为平阿侯、成都侯、红阳侯、曲阳侯和商平侯，素有“五侯”的盛名。在这样的家世背景下，淳于长20多岁就当上了黄门郎，可以随意出入于宫廷，往来于显贵之间。他竭尽阿谀奉承之能事，千方百计接近和讨好汉成帝，取得了成帝的信任，很快升为卫尉，成为九卿之一。

淳于长利用自己是皇帝宠臣的身份，将权势待价而沽。对于地方官员们的贿赂，淳于长来者不拒。短时间里，光是地方官的贿赂加上皇帝的赏赐就累计“巨万”，加剧了政治的黑暗腐败。

梁冀

梁冀（98—159年），字伯卓，安定郡乌氏县（今甘肃泾川）人。东汉时期外戚、权臣。出身世家大族，为大将军梁商之子，他的妹妹为汉顺帝皇后。

梁冀掌权二十多年，横行宫廷内外，百官不敢正视他，没有人敢违抗他的命令。他胡作非为，公开勒索，全不把皇帝放在眼里。汉顺帝死后，继位者冲帝是个两岁的娃娃，过了半年也死了。梁冀就在皇族中找了一个8岁的孩子接替，就是汉质帝。汉质帝看不惯梁冀的蛮横，在朝堂上当着文武百官的面指责梁冀是“跋扈将军”。事后，梁冀暗暗把毒药放在煎饼里，送给质帝吃。梁冀害死汉质帝后，又重新选了一个年轻的傀儡皇帝汉桓帝。桓帝大权旁落，对梁冀专擅朝政久已不满，遂与宦官单超、具瑗、唐衡、左倌、徐璜等五人密谋诛除梁冀，并将其灭族。梁冀死后，从他家里抄出的财货斥卖折合“三十余万万两”，也就是30多亿两，相当于当时国家税收的一半。

董卓

董卓（？—192年），字仲颖，东汉末年献帝时军阀、权臣，官至太师，封郿侯。汉桓帝末年，董卓被征召为羽林郎，后为中郎将张奂军司马，讨伐汉阳羌人。董卓作战粗猛有谋，屡建战功。又先后参与镇压黄巾起义、凉州之乱等战役，受大将军何进、司隶校尉袁绍所召，率军进京讨伐十常侍。不久令其弟董旻联合吴匡杀上司何苗，又招揽吕布杀丁原。随后董卓废少帝，立汉献帝刘协，不久弑少帝及何太后，专断朝政。董卓在朝野内外都广布亲信，僭用近似天子的服饰及车驾，呼召三台。司徒王允设反间计，成功挑拨董卓大将吕布杀死董卓。

名文名篇

非有先生论（节选）

西汉·东方朔

吴王曰："可以谈矣，寡人将竦意而听焉。"先生曰："于戏！可乎哉？可乎哉？谈何容易！夫谈者有悖于目、拂于耳、谬于心而便于身者；或有说于目、顺于耳、快于心而毁于行者，非有明王圣主，孰能听之矣？"吴王曰："何为其然也？中人以上可以语上也。先生试言，寡人将听焉。"先生对曰："昔者关龙逢深谏于桀，而王子比干直言于纣。此二臣者，皆极虑尽忠，闵主泽不下流，而万民骚动，故直言其失，切谏其邪者，将以为君之荣，除主之祸也。今则不然，反以为诽谤君之行，无人臣之礼，果纷然伤于身，蒙不辜之名，戮及先人，为天下笑。故曰：谈何容易！是以辅弼之臣瓦解，而邪谄之人并进，遂及飞廉、恶来革等。二人皆诈伪，巧言利口，以进其身；阴奉雕琢刻镂之好，以纳其心。务快耳目之欲，以苟容为度。遂往不戒，身没被戮，宗庙崩弛，国家为虚。放戮贤臣，亲近谗夫。《诗》不云乎？'谗人罔极，交乱四国'，此之谓也。故卑身贱体，说色微辞，愉愉呴呴终无益于主上之治，即志士仁人不忍为也。将俨然作矜庄之色，深言直谏，上以拂人主之邪，下以损百姓之害；则忤于邪主之心，历于衰世之法。故养寿命之士莫肯进也，遂居深山之间，积土为室，编蓬为户，弹琴其中，以咏先王之风，亦可以乐而忘死矣。是以伯夷、叔齐避周，饿于首阳之下，后世称其仁。如是，邪主之行，固足畏也。故曰：谈何容易！"

【译文】

吴王说："可以谈谈，我将怀着敬意来听。"先生说："啊，那行吗？行吗？谈何容易。那议论有看着不顺，听着刺耳，心中以为谬误，然实际上对自身有便利的，也有的看着高兴，听着顺耳，合乎心意，但往往对行为有毁伤，所以不是有贤明的君王，有谁能听出其正谬？"吴王说："怎么会这样呢？《论语·雍也》说：'中品以上的人，就可以与他谈论高深的道理。'您不妨试着谈谈，我将听听。"先生说："从前关龙逢的谏言切中夏王桀的要害，王叔比干对殷王纣直言不讳。这两个人，想的完全是如何尽忠，忧虑着君王的德泽不流布下方，而造成百姓骚动，所以直截了当地谈君王的过失，恳切地指出君王的错误，拿这一点想增添君王的荣誉，除去君王身边的祸害。现在就不是这样了，反而认为那是诽谤君王的言行，没有尽到做臣子的礼节。终于有许多人遭到迫害，遭到枉加的罪名，这种羞辱还牵累到祖先，被天下人讥笑。所以说谈何容易！因此，能辅助国政的大臣们都被分离，而阿谀奉承之辈全被提拔，便有蜚廉、恶来革之流的人。蜚廉、恶来草二人都是狡诈虚伪，凭花言巧语能言善辩追求提升，私下靠送雕刻的金玉器物以表达其心意。而君王只是注重让听的看的适合自己的心愿，以无原则地附和作为处事的准则。不以过去的事物为戒，那么最终会落到自身被杀，王朝崩溃，国家沦为废墟，贤臣遭放逐杀戮。《诗经》上不是这样说么，'小人是不讲原则，以谗言制造周边地区的矛盾'，讲的就是这种情况。所以卑躬屈膝，面带笑容，说话婉转而巧妙，和颜悦色，那终究对君王的治国没什么帮助，凡有志之士，有仁义之心的人都不忍心这样做，而是将很郑重地表现出一种端庄严肃的形象，坦率地进谏一些重大的本质问题，对皇上来说纠正君王的过错，对下而言要除去有害于百姓的东西。这样作就会违逆昏邪之主的心意，触犯末世时代的法网。所以那些希望保命的人，没有谁肯向前行一步，于是就隐居在深山中，筑土墙作为居室，编蓬草作门，在其中弹琴，并咏诵前朝的歌谣，这样也可以感到十分快乐而忘却死之将至。所以伯夷、叔齐为了避开周，宁可饿死于首阳山下，后代赞扬他们仁义。就是像这样，昏君的行为当然足以让人感到惊惧，所以说，谈何容易！"

【名句】

谗人罔极，交乱四国。

【精析】

领导干部要明辨是非，恪守正道，保持定力、严守规矩，不人云亦云、盲目跟风，牢记不能把政治权力市场化，不能搞利益交换，主动亲近忠诚踏实之人，远离投机钻营的小人。

盐铁论·刺议（节选）

西汉·桓宽

丞相史曰：山陵不让椒跬，以成其崇。君子不辞负薪之言，以广其名。故多见者博，多闻者知，距谏者塞，专己者孤。故谋及下者无失策，举及众者无顿功。《诗》云：“询于刍荛。”故布衣皆得风议，何况公卿之史乎？《春秋》士不载文，而书咺者，以为宰士也。孔子曰：“虽不吾以，吾其与闻诸。”仆虽不敏，亦尝倾耳下风，摄齐句指，受业径于君子之涂矣。使文学言之而是，仆之言有何害？使文学言之而非，虽微丞相史，孰不非也？

【译文】

丞相史说：山陵不排斥山巅的小丘，才成为其高大。君子不拒绝普通人的意见，以便名声远扬。所以，看得多的人知识渊博，听得多的人聪明智慧，不接受别人规劝的人耳目闭塞，独断专行的人必然孤立。所以，遇事能和下面商量的人不会失策，和众人一起办事的人不会不成功。《诗经》上说：“向砍柴的人征求意见。”百姓都可以议论政事，何况是公卿的下属呢？《春秋》上是不记载士人的言行的，但写了宰咺的事情，因为他是宰相的属官的缘故。孔子说：“即使现在不任用我，我还是知道很多朝政的事情。”我们虽然不聪明，也曾倾听过下面的意见，恭恭敬敬地接受君子之途的教育。假使文学说的话是对的，我们说话又有什么害处呢？如果文学说的话不对，即使没有丞相史，谁还不可以批评呢？

【名句】

距谏者塞，专己者孤。

【精析】

《盐铁论》是西汉时期的一本政论性散文集，由桓宽根据著名的“盐铁会议”记录整理撰写而成。此书以对话体为体裁，生动地记载了当时对汉昭帝时期的政治、经济、军事、外交、文化的一场大辩论。是研究我国经济思想史、特别是西汉经济思想史的一部重要著作。《盐铁论》所反映的整场会议可以看作是对国家所实施的一系列重大内、外政策进行全面的评估和考量。盐铁大会有其历史必然性和现实急需性。“问民间所疾苦”可以说是会议的目的和中心议题，也是会议以辩论为形式的具体要求。站在执政者的角度，所谓的“问”，其绝不止是对“民间疾苦”“打听式”的简单了解，而是想了解造成“民间疾苦”的政策原因，尤其是对反映强烈的民众赋税加重造成的原因进行多方面意见听取，以便在治国理政政策上进行调整和完善。而这一切首先要求执政者要虚心纳谏。因为“拒谏者塞，专己者孤”，拒绝忠言直谏的人就会闭塞，一意孤行的人就会孤立。治国安邦的人要认真听取别人的意见，绝不能拒纳谏言，一意孤行。

申鉴·政体（节选）

东汉·荀悦

善禁者，先禁其身而后人；不善禁者，先禁人而后身。善禁之，至于不禁，令亦如之。若乃肆情于身，而绳欲于众，行诈于官，而矜实于民。求己之所有余，夺下之所不足，舍己之所易，责人之所难，怨之本也。

【译文】

善于用禁令治理社会的人，首先会按禁令要求自己，然后才去要求别人；不善于用禁令治理社会的人，首先会要求别人按照禁令去做，然后才要求自己。

【名句】

善禁者，先禁其身而后人；不善禁者，先禁人而后身。

【精析】

打铁还需自身硬，正人先正己。工作作风上的问题绝对不是小事，无论是贯彻落实八项规定，还是坚决反对“四风”，各级领导干部都必须以身作则、率先垂范，发挥表率和带动作用。如果只表态不表率，拿着手电筒只照别人、不照自己，任由不良风气发展下去，就会像一座无形的墙把党和人民群众隔开，党就会失去根基、失去血脉、失去力量。领导干部越是严格要求自己，越能产生模范带动的辐射作用，释放出以上率下的正能量。

格言警句

国尔忘家，公尔忘私，利不苟就，害不苟去。

【注释】出自贾谊《治安策》。意思是说，为了国家而忘掉自己的家，为了公众利益而忘掉私利，遇到好处不随便追求，遇到祸害不随便躲开。

欲而不知足，失其所以欲；有而不知止，失其所以有。

【注释】出自《史记·范雎蔡泽列传》。意思是说，有欲望而不知满足，最后会什么欲望也不能满足；占有了还不知停止，最终会失去占有的一切。

不受曰廉，不污曰洁。

【注释】出自《楚辞章句》。意思是说，不接受别人馈赠的钱财礼物，不让自己清白的人品受到污染，就是廉洁。

英雄者，国之干；庶民者，国之本。

【注释】出自《三略·上略》。意思是说，英雄是国家的骨干，人民是国家的根本。

省其交友，观其任廉。

【注释】出自《大戴礼记·文王官人》。意思是说，通过观察交往的朋友来看是否清正廉洁。

善为政者，弊则补之，决则塞之。

【注释】出自《盐铁论·申韩》。意思是说，善于治理国家的人，发现了弊端就会立即补救，看到了漏洞，就会马上堵塞。

不为近重施，不为远遗恩。

【注释】出自《盐铁论·地广》。意思是说，不因为与自己亲近就给以重赏；也不因为与自己疏远就忘掉给人恩惠。

在官惟明，莅事惟平，立身惟清。

【注释】出自《忠经·守宰章》。意思是说，为官要明察秋毫，办事要公平公正，立身要清正廉洁。

欲影正者端其表，欲下廉者先己身。

【注释】出自《盐铁论·疾贪》。意思是说，想要影子正，就必须端正投下影子的标杆；想要下面的人廉洁，首先自身要做到廉洁。

尊贤任能，信忠纳谏，所以为安也。

【注释】出自《潜夫论·思贤》。意思是说，尊重贤明，使用能人，相信忠义之士，接受忠义之谏，因此国家安定。

智者不为非其事，廉者不为非其有。

【注释】出自《韩诗外传》卷一。意思是说，聪明的人不去做并不是没有事做，而是知那事不能做；廉洁的人不去贪占并不是他有财物，而是知道不应去贪占。

臣门若市，臣心是水。

【注释】出自《汉书》。意思是说，当官的门前象集市一样热闹，当官的心要像水一样清澈。

诗词曲赋

讽谏诗

西汉·韦孟

肃肃我祖，国自豕韦，黼衣朱绂，四牡龙旂。彤弓斯征，抚宁遐荒，总齐群邦，以翼大商，迭披大彭，勋绩惟光。至于有周，历世会同。王赧听谮，实绝我邦。我邦既绝，厥政斯逸，赏罚之行，非由王室。庶尹群后，靡扶靡卫，五服崩离，宗周以队。我祖斯微，迁于彭城，在予小子，勤诶厥生，厄此嫚秦，耒耜以耕。悠悠嫚秦，上天不宁，乃眷南顾，授汉于京。

于赫有汉，四方是征，靡适不怀，万国逌平。乃命厥弟，建侯于楚，俾我小臣，惟傅是辅。兢兢元王，恭俭净一，惠此黎民，纳彼辅弼。飨国渐世，垂烈于后，乃及夷王，克奉厥绪。咨命不永，唯王统祀，左右陪臣，此惟皇士。

如何我王，不思守保，不惟履冰，以继祖考！邦事是废，逸游是娱，犬马繇繇，是放是驱。务彼鸟兽，忽此稼苗，烝民以匮，我王以愉。所弘非德，所亲非俊，唯囿是恢，唯谀是信。睮々谄夫，咢咢黄发，如何我王，曾不是察！既藐下臣，追欲从逸，嫚彼显祖，轻兹削黜。

嗟嗟我王，汉之睦亲，曾不夙夜，以休令闻！穆穆天子，临尔下土，明明群司，执宪靡顾。正遐由近，殆其怙兹，嗟嗟我王，曷不此思！

非思非鉴，嗣其罔则，弥弥其失，岌岌其国。致冰匪霜，致队靡嫚，瞻惟我王，昔靡不练。兴国救颠，孰违悔过，追思黄发，秦缪以霸。岁月其徂，年其逮耇，于昔君子，庶显于后。我王如何，曾不斯觉！黄发不近，胡不时监！

【译文】

庄严伟大的我们的祖先，从豕韦氏开始建国，穿戴着饰有斧形图案的黼衣和饰有“亚”字图案的朱绂，驾驭着四匹雄马拉的战车，上插龙旂。被赐给彤弓，专司征伐；安抚边远地的人民，总管众多邦国，来辅佐大商朝。后来又有大彭，也是功勋卓著。到了周朝的时候，我们楚国几代位列诸侯，参与会盟。后来周赧王听信谗言，削夺了我们楚国的爵位。我们楚国既与周朝断绝关系，周朝的政令更不再在楚国施行。赏功罚罪的事也不再由周王朝决定。朝廷大臣和诸侯王，都不再辅佐、护卫周朝；京城周围五服的地区，都分崩离析，宗周便这样瓦解了。我们的祖先也衰微了，迁徙到彭城居住。到了我们这一辈，那生活真是勤苦之极啊。遭遇了强秦欺侮的灾祸，先王只好亲自到田野中耕种土地。轻慢傲横的秦国，上天不保佑他们。上天垂青、赐福给南方，把秦朝的京城授给汉朝。

汉朝建立真伟大，四面八方去征伐；所到地方都投降，千邦万国都安畅。任命他的小弟弟，建侯封国在楚地；让我们这些小臣子，辅佐楚王要仔细。兢兢业业是元王，恭敬勤俭持续长；赐福万民乐安康，任用辅弼纳贤良。在位将近三十载，基业遗留给后代；后来继位是夷王，能承继遗风。可叹夷王命不长，登基继位是戊王；左右身边诸臣子，正人君子皆栋梁。

为什么我们的大王，却不考虑保守祖宗基业；为什么不想着如履薄冰的艰难，从而继承发扬祖业！国家大事废弛不问，整日游荡娱乐无垠；猎犬骏马漂亮雄壮，东奔西跑前驱后放。一心一意喜兽爱鸟，轻忽农事忘记稼苗。百姓因此而匮乏，大王以此为乐。所弘扬的不是德行，所亲近的不是俊才。只是扩建苑囿，只是亲近小人。阿谀逢迎的谄媚之人，刚正不阿的正人君子；为什么大王对此不予明察分辨！藐视轻慢你的臣子，又一味纵欲放逸。侮辱了你那圣明的祖先，把被削国废黜看得那么轻。

可叹我们大王是汉朝近亲，却不能日夜勤劳以扬祖先美名，肃穆庄严的天子，统治着天下国土；公正贤明的官员，执法严明没有顾虑。端正远方的人要从自己身边开始做起，只凭恃自己是汉室宗亲肆意横行是十分危险的。哎呀我们的大王，为什么不考虑这些。

不思考不鉴戒，就会使后代没法则可循；失误如此重大，使国家岌岌可危。

坚冰形成于微霜，国家崩溃起于懈怠轻慢；看看想想我们的先王，没有不考虑周到的。挽救振兴危亡的国家，最好的方法是王者善于悔过，谁又能违背这一规律；想想以往秦穆公向黄发老人求教，最后终于称霸。岁月流逝，年岁将老；哎！过去那些君子，善于悔过自新，有幸能扬名于后世。大王您怎么样呢，竟然看不到这些！不亲近黄发智者，你为什么不借鉴以往的事例。

临终诗

东汉・孔融

言多令事败，器漏苦不密。
河溃蚁孔端，山坏由猿穴。
涓涓江汉流，天窗通冥室。
谗邪害公正，浮云翳白日。
靡辞无忠诚，华繁竟不实。
人有两三心，安能合为一。
三人成市虎，浸渍解胶漆。
生存多所虑，长寝万事毕。

【译文】

言语多了会导致事情失败，容器漏水是由于它不严密。
河堤溃决从蚂蚁在堤上筑巢开始，山陵崩坏从猿猴逃散可以看出。
缓缓细流可汇成长江、汉水，明亮的天窗可把幽深的暗室照亮。
说坏话和不正派会危害公正，漂浮的云彩能遮蔽住天空的太阳。
华丽的言辞不会有丝毫的诚意，外表华丽纷繁不会有实际的内容。
几个人有几条心，又怎能把它们合在一起。

三个人谎报市上有虎，听者也就信以为真；胶漆长期浸泡在水里，也会解脱掉的。

一个人活在世上，所忧虑的事情实在太多；只有长眠不醒，才会对万事毫无知觉。

小说传奇

《风俗演义》

《风俗通义》，汉唐人多引作《风俗通》，东汉泰山太守应劭著。汉代民俗著作。原书三十卷、附录一卷，今仅存十卷。该书考论典礼类《白虎通》，纠正流俗类《论衡》，记录了大量的神话异闻，但作者加上了自己的评议，从而成为研究汉代风俗和鬼神崇拜的重要文献。

《风俗通义》以考证历代名物制度、风俗、传闻为主，对两汉民间的风俗迷信、奇闻怪谈多有驳正。《隋书》经籍志入杂家类。今本每篇为一卷，各卷皆有篇名，篇下有条目。条目下先陈述其事，再加案语以辨证得失。其考证掌故与《白虎通义》类似，辨谬正俗一如《论衡》。如正失篇“宋均令虎渡江”一条，先征引俗说，谓九江郡多虎，及宋均任太守，施德政，则群虎渡江，虎患遂绝。应劭对此提出质疑：“云悉东渡，谁指见者？”然后进一步反驳，说如果宋均做了三公，德被四海，老虎岂不是要扶老携幼，跑到殊方绝域去吗？又如东方朔一条，俗说东方朔是太白金星所化，在黄帝时为风后，在周朝为老子，在越国为范蠡，变化无常，能兴王霸业。应劭援引汉书，明辨东方朔实乃凡人，并不干预国家政事。因其滑稽诙谐，能言善辩，尤为武帝宠幸，所以名过其实。最后指出：“后之好事者，因取奇言怪语附着之耳，安在能神圣历世为辅佐哉？”

《西京杂记》

《西京杂记》是古代历史笔记小说集，其中的“西京”指的是西汉的首都长安。原二卷，今本作六卷。该书写的既有历史也有西汉的许多遗闻轶事。以笔记形式，记载西汉京都长安之事，反映出当时的政治、经济、文化、社会、民俗各方面情况。汉代刘歆著，东晋葛洪辑抄。《西京杂记》中最丰富的内容是对西汉宫廷生活的记叙，对现代人研究和认识西汉社会历史状况有极其珍贵的参考价值。书中浓墨重彩地描绘了西汉宫殿园林的富丽堂皇，并细致深入地展示了西汉皇族生活用度的奢靡成风。文字平实质朴，叙述生动具体，颇具文史价值。其独特的文学价值，对后世的诗词、戏曲、小说的创作都产生过一定影响。

成语俗语

约法三章

【注释】原指事先约好或明确规定的事，泛指订立简单的条款，以资遵守。源自《史记·高祖本纪》：“与父老约，法三章耳：杀人者死，伤人及盗抵罪。”

网开一面

【注释】把捕禽的网撤去三面，只留一面。比喻采取宽大态度，给人一条出路。源自《史记·殷本纪》：“汤出，见野张网四面，祝曰：‘自天下四方，皆入吾网。’汤曰：‘嘻，尽之矣！’乃去其三面。祝曰：‘欲左，左；欲右，右。不用命，乃入吾网。’”

因时施宜

【注释】根据不同时期的具体情况，采取适当的措施。源自《汉书·韦贤传论》：“汉承亡秦绝学之后，祖宗之制因时施宜。”

见微知著

【注释】有能力的人看见事物很细微的开端，就能够预见到发展的最终结果。源自《越绝书·德序外传记》：“故圣人见微知著，睹始知终。”

讽一劝百

【注释】形容规讽正道的言辞远远及不上劝诱奢靡的言辞。意在使人警戒，但结果却适得其反。源自《史记·司马相如列传》：“扬雄以为靡丽之赋，劝百风一，犹驰骋郑卫之声，曲终而奏雅，不已亏乎？”

不食周粟

【注释】原指伯夷、叔齐于商亡后不吃周粟而死。形容清白守节。源自《史记·伯夷列传》：“武王已平殷乱，天下宗周，而伯夷、叔齐耻之，义不食周粟，隐于首阳山，采薇而食之。”

不名一钱

【注释】一个钱也没有。形容极其贫穷。源自《史记·佞幸列传》：“长公主赐邓通，吏辄随没入之，一簪不得著身。于是长公主乃令假衣食。竟不得名一钱，寄死人家。”

倒行逆施

【注释】指违反常规、违背情理的行为。一般指违反社会道德准则和时代进步方向的行为。源自《史记·伍子胥列传》：“吾日莫途远，吾故倒行而逆施之。”

负荆请罪

【注释】背着荆条向对方请罪。表示主动向人认错赔罪，请求责罚。源自《史记·廉颇蔺相如列传》：“廉颇闻之，肉袒负荆，因宾客至蔺相如门谢罪。”

奉公守法

【注释】奉行公事，遵守国家规定的法令制度，不违法徇私。形容行为端庄、规矩。源自《史记·廉颇蔺相如列传》：“以君之贵，奉公如法则上下平。”

利令智昏

【注释】神志不清楚。形容因贪图私利使人头脑发昏，甚至失去理智。源自《史记·平原君虞卿列传赞》：“鄙语曰：‘利令智昏。’平原君贪冯亭邪说，使赵陷长平四十余万众，邯郸几亡。”

第四篇

三国廉政文化经典

廉政思想

曹操

曹操（155—220 年），字孟德，沛国谯（今安徽亳县）人氏，三国时政治家、军事家、诗人，曹魏政权的奠基者。

曹操在其治国理政中，提出了许多关于监察工作不可缺的廉政思想。一是砥砺修身、推崇圣贤。他曾说，世人赞美伯夷，是为了倡导廉洁的风尚，奢侈是最大的罪恶，俭朴是共同的美德。二是尚法但不苛政。曹操在军队和吏治中规定了严格的监察惩罚制度，有功则奖，有过则罚，赏罚分明。他不仅做到严格自律，还通过建章立制让下属把切实的自我监督形成常态。三是结合实际、创设制度。为了适应“军旅勤苦，民心不安，乃有小事，不可不查”的具体环境，他设置了校事刺奸等新的监察职位。四是知人善察。曹操主张察人举官，唯才是举，要求其下属“各举新知，勿有新遗”，不拘一格选人才。他曾颁布《求贤令》《求言令》以及《举贤不拘品行令》等政令，鲜明地表达了自己求贤若渴的政治主张。五是整肃政风，源头根治。曹操主张澄清吏治要坚持抓住要害部门不放松、抓住主政官员不放松、抓住惩防并举和赏罚并用不放松。六是坚持教育引导。褒奖廉能恪职官吏，树立风清气正典型。坚持奖惩并行：廉者赏，贪者罚，能者进，庸者退，确保队伍的纯洁性，提高担责的自觉性。七是提倡批评监督之风，补执政偏缺之失。

刘备

刘备（161—223 年），字玄德，幽州涿郡涿县（今河北省保定市涿州市）人，蜀汉开国皇帝。刘备为人谦和，礼贤下士，宽以待人，志向远大，知人善用，素以仁德为世人称赞。

刘备治国提倡法、礼并用，威、德并行，强调“训章明法”“劝善黜恶”，即以法为体，公平客观；以德为用，着重教化。刘备崇尚法制监察，与诸葛亮一道，制定了《蜀科》，澄清吏治。刘备对刘表、刘璋的大赦制度持批判态度。他认为，以小恩小惠拉拢人会僭越法度，积重难返；应树立起法律的威严，同时以爵位管理百姓；只有荣誉和恩典并行，上下才会进退有序，也才能治理好国家。刘备初入川时，百废待兴，于是任命熟悉典制、旧法的许慈、胡潜、孟光、来敏典掌旧文、草创制度。平定益州后，便着手制定典律。史料记载，蜀汉虽然执法严峻，但公正公平，百姓无怨，生产效率明显提高，吏治也日益清明。

孙权

孙权（182—252 年），字仲谋，吴郡富春（今浙江富阳）人，生于下邳（今江苏徐州市邳州），三国时代东吴的建立者。东汉末，继其兄孙策据有江东六郡。建安十三年和刘备联合，大败曹操于赤壁。后在吴蜀彝陵之战中，大败刘备。孙权于黄龙元年称帝于武昌（今湖北鄂城），旋即迁都建业（今江苏南京）。

孙权推崇法术之治，其监察廉政的思想以法家的重刑主义为主。孙权认为，施行法律的目的是“遏恶防邪，儆戒未然”，要是刑罚太过轻缓，则无法对犯罪起到威慑作用。在他看来，曹魏政权在曹操当政时最好，之后一代不如一代，其原因就在于曹操施行了法术之治。所以，孙权十分推崇法律的作用，将法律当作禁邪止奸、维护统治权威的重要手段。孙权坚持重刑治国，强调用严刑峻法来强化统治。孙权的重刑主义在东吴统治中占据主导地位，但东吴政权内部也有不同意见，他们主张宽刑慎罚，对孙吴政权的立法和司法也产生了一定的影响。

诸葛亮

诸葛亮（181—234 年），字孔明，琅琊阳都（今山东临沂市沂南县）人，蜀汉丞相，三国时杰出的政治家、战略家、军事家、散文家。他德威并重，辅佐刘备称雄天下、治理国家，为蜀汉政权的建立和巩固做出了不朽的贡献，被封为武乡侯，谥忠武侯。

诸葛亮非常重视官员是否廉洁，他总结了东汉以来那些贪官污吏鱼肉百姓的行为，将他们归结为“五害”，分别是：私结朋党，搞小团体，专爱讥毁、打击有才德的人；在衣服上奢侈、浪费，穿戴与众不同的帽子、服饰，虚荣心重、哗众取宠的人；不切实际地夸大蛊惑民众，制造谣言欺诈视听的人；专门搬弄是非，为了一己私利而兴师动众的人；非常在意自己的个人得失，暗中与敌人勾结在一起的人。诸葛亮提出，对于这“五害”，必须远离，万不可亲近，以防他们成为国家、军队混乱的祸根。

诸葛亮提出了多种考察贤才的办法，同时坚持严正执法，赏罚分明。诸葛亮还十分重视通过教化来预防及根治犯罪，主张“为政以德”、寓德于教，主张通过统治者的德政和百姓个人道德素质的提高来预防犯罪。身居相位的诸葛亮还特别重视以身作则，为百官树立榜样。他说：“上之所为，人之所瞻也。”如果只知训诫别人却放纵自己，就会“上枉下曲，上乱下逆”，因此他提出“理上则下正，理身则人敬”的廉政思想，要求统治者先从正己做起，如此正身率人，才能管理好下层官员。为此，他多次规谏后主刘禅要“咨诹善道”“察纳雅言”，否则“令不从则变乱生”。诸葛亮的廉政思想，对维护蜀汉政权的稳定具有重要而深远的影响。

陆逊

陆逊（183—245 年），本名陆议，字伯言，吴郡吴县（今江苏苏州）人，三国时吴国政治家、军事家。陆逊跟随孙权四十余年，统领吴国军政十余年，深得孙权器重。他深谋远虑，忠诚刚直，被誉为“社稷之臣”。

陆逊的法律思想主要是革除峻法，缓刑慎罚。针对孙权执政中期科法严酷、滥于杀戮的现状，陆逊创造性地结合儒家思想，提出了“民本”“德教”“缓刑”等法家思想，提倡以德教治国，礼制定邦。他公开上书孙权，要求宽赋息调、尚德缓刑，同时对孙权重用奸佞、堵塞言路提出批评。按照陆逊的意见，孙权施政时对各项政策做了部分调整，但由于民本思想与孙权的高压政策有着无法弥合的矛盾，孙权晚年对以陆逊为首的江东大族进行了多方打击。孙权废掉了受陆逊影响也主张德政的太子孙和，然后利用此事件大肆废黜、屠戮江东大臣，还派使者多次前往陆逊府第责问，陆逊悲愤之下病故。

监察律典

《曹魏律》

曹操（155—220 年）在实际掌控汉献帝政权期间，将汉律的量刑标准减半适用，制定了《甲子科》，但当时基本上仍在沿用汉律。曹魏政权建立初期，文帝曹丕也只是颁布了一些“怨毒杀人者减死之令”，始终未能进行新的立法活动。

魏明帝曹睿即位之后，于 229 年命陈群、刘劭等参考汉律，制定新的法律法令。这次大规模的立法活动，共编成《新律》十八篇、《州郡令》四十五篇及《尚书官令》《军中令》等总计一百八十余篇。由于它是对汉律的改革，故当时称为《新律》，是曹魏政权的基本法典，一般通称“魏律”。为了同北朝的魏律相区别，通常称作《曹魏律》。

汉律不仅繁芜，而且杂乱，篇目之间互相重复或抵触的律文甚多。魏律集类为篇，对汉律内容作了更合理的调整，注意保存了有用的条例，同时对法律体例进行了改革。三国时期的刘蜀、孙吴两国法制甚不完备，所颁科令对后世影响也不大，曹魏律是当时最有影响、最具代表性的法典。

《察吏六条》

曹魏政权以汉代的《刺史六条》为基础，由贾逵创立了《察吏六条》，规定了对六种情况进行监察。这六种情况分别是：察民疾苦冤失职者；察墨绶长吏以上居官政状；察盗贼为民之害及大奸滑者；察犯田律四时禁者；察民有孝悌廉洁行修正茂才异等者，察吏不簿入钱谷放散者。所察不得过此。曹魏《察吏六条》与汉《刺史六条》的内容不同，其监察的对象是二千石长吏以下官吏的政绩和德行，含司法冤滥、犯罪等弊。同时，《察吏六条》将察纠违法与荐举人才结合起来，开辟了举劾的先例。

《都官考课七十二法》

《都官考课七十二法》是一部独立的考绩法，由魏明帝时令散骑常侍刘劭作，是都官尚书考察官吏的依据。《三国志·魏书·刘劭传》中记载，刘劭制成《都官考课七十二法》后向魏明帝奏疏，但并没有该法的具体内容的说明，其具体内容已不可知。由于该法内容繁杂，当时就不便执行。西晋杜预曾向晋武帝提出“去密就简，则简而易从”的修正原则，并制定了简明易行的五条课郡县法。

《蜀科》

诸葛亮辅助刘备占领川蜀后，面对益州“德政不举，威刑不肃”的情况，实行了“以法治蜀”的策略，明确提出“教令为先，诛罚为后。”即先公布律令，然后依法以定赏罚。建安二十四年，刘备命诸葛亮、伊籍、法正、刘巴、李严五人共造《蜀科》。蜀科内容未明，但由五位重臣编纂，其重要性显而易见。通过制定《蜀科》和检察官吏守则等，蜀汉严明法令，整饬益州的吏治，打击了豪强，安抚了民心。此外，诸葛亮还亲自起草了包括《八务》《七戒》《六恐》《五惧》等在内各种科条律令共计数十则。

《吴科》

科是孙吴政权最主要的法律形式。黄武五年，孙权诏令有司撰科条，郎中褚逢斋主执，由陆逊、诸葛瑾裁定。嘉禾三年又表定科令。据《三国志·吴志·孙权传》记载，赤乌二年诏令“造三置官吏，皆依四科”。周鲂在诱降扬州牧曹休时称“东主有常科，悔叛还者，皆自原罪”。《吴科》内容十分丰富，但也有单行法令性质的吴科。例如《三国志·吴志·孙权传》所载的盗铸之科、长吏擅去官科、出亡叛科、实广州户口科等。

监察制度

御史台

曹魏政权的御史台彻底摆脱了少府，发展为纯粹、独立的中央监察机构，这是我国古代监察体制的重大变革。从那以后，我国古代监察体系彻底摆脱了行政色彩。三国时期，御史台所掌诸曹和所属人员有所增加，监察职责和层次更加清晰。首先，御史中丞任御史台长官，兼行宫省事。建安末年，曹魏设立了督军御史中丞，但仅为临时性设置，未形成定制。曹丕代汉后，御史大夫改名司空，御史中丞改名宫正，很快又恢复。孙吴曾设御史大夫或左右御史大夫之职。蜀汉无御史大夫，只有御史中丞一职，其职能只是原御史大夫的一小部分。第二，增设治书执法，掌管奏劾之职，地位高于一般御史，扩大了监察的深度和广度。孙吴还设置中执法、左右执法等职位。第三，三台五都侍御史是御史台派到其他机构和特定地方的官员，说明曹魏监察的触角已伸向财政、人事、军事等要害领域，发展了侍御史的组织规模和性能。魏吴政权的御史台制度在维护中央集权、澄清吏治方面发挥了重要作用，但因为当政者过分重用特务型监察官，也影响了御史台作用的充分发挥。

司隶校尉

东汉末年，封建君主开始重用司隶校尉以遏止外戚、宦官的势力。曹操、袁绍等割据一方时都曾做过司隶校尉。曹魏政权建立后，司隶校尉的势力进一步扩大。朝会时，司隶校尉“于端门外坐，在诸卿上，绝席。其入殿，按本品秩，在诸卿下，不绝席。”这是东汉时期司隶校尉作为“三独坐”之一的特殊地位的继续，也是因为其握有监察权的缘故。蜀汉司隶校尉比二千石，但不兼理益州郡事务。司隶校尉统领京师所在州，称为司州，因此其监察对象又包括司州之内的地方官员。东汉时，司隶校尉的属官仅有从事史12名、假佐25名，而到了曹魏时期，司隶校尉的从事史、假佐等属官多达100人。

尚书左丞

尚书过去是少府的属官，主要职责是殿内的文书工作，地位并不高。东汉时，尚书开始协助皇帝处理政务，地位日渐提高，并设立了专门的尚书台机构。曹魏时，尚书台从少府中独立出来，成为了实际上的最高行政中枢。尚书令任尚书台的最高长官，尚书左丞为尚书令的属官。尚书左丞取代了原来丞相司直的职能，其职责是监察尚书台的所有官员，包括尚书令在内，其监察权小于御史中丞和司隶校尉。

校事

校事全称“典校诸官府及州郡文书”，也叫典校、校事吏，是三国时一个独特的监察机构，只存在于曹魏和孙吴两朝。《资治通鉴》中记载：“吴主权置校官，典校诸府及州郡文书，专任以为耳目。”就说明了校事是临时委任的监察官，其目的就是充当最高统治者的耳目。

建安十八年前后，曹操首先设立了校事，作为传统监察机构的补充。校事身兼帝王亲信、监察和军事执法官，能直接向曹操检举不法官员。曹丕称帝后，校事成为正式的监察官，监察对象无所不包，权力进一步加强。魏明帝去世后，豪强世族们纷纷上奏取消校事，司马懿为了得到大族们的支持便接受了这一建议。校事一职在曹魏只存在了三十余年。大约在黄武至黄龙年间，孙权也设置了校事一职。孙吴的校事不仅“上察宫庙，下摄众司”，还是中书的属官，可以查阅官府和各州郡的公文档案，甚至可以对国家的经济制度提出具体措施。

总体来看，三国时期的校事制度在一定程度上维护了当时政权的稳定，弥补了传统朝官监察的不足，但这种特务性质的监察活动，因为没有法律和制度上的约束，导致了政治的腐败和社会的黑暗，而且也在一定程度上加深了统治阶级的内部矛盾。由于世家大族的强烈反对，魏、吴统治者先后罢废了校事。后世封建王朝也有君主借鉴这一制度以巩固专制，如北魏的侯官、南朝的典签、明朝的厂卫特务等制度。

廉政清芬

曹操

曹操（155—220 年）行法术，重廉政，是历史上有名的廉洁的治国能手。史家陈寿曾评价他：“太祖运筹演谋，鞭挞宇内，揽申、商之法术。”

曹操生活朴素。《三国志》记载曹操“雅性节俭，不好华丽”。曹操很早就认识到官员腐败总是从贪图享乐开始的，抓廉政就必须把厉行节俭作为抓手和切入点，主政者必须自身率先做出表率，并且对家人也必须严格要求、严加管束。身为丞相，曹操不怕因节俭而有失身份，无皮帽时则戴平民的缣帛便帽；约束妻妾侍女不穿锦绣不饰杂彩；帷帐屏风补旧使用，被褥不绣花边。嫁女从简，不搞大操大办，连婚房帷帐都用平时的皁黑色而不用五彩，随嫁侍女也不过十人。因曹操的示范，朝廷上下兴起尚廉崇俭的风气，以至于选官用人都把是否节俭作为首要条件。

卢毓

卢毓（183—257 年），字子家，涿郡涿县（河北涿州市）人，三国时曹魏政治家，东汉大儒卢植幼子。

卢毓历经曹操到曹髦五位君主，负责人才的评价和举荐，曾向曹睿建议制定考课法。侍中高堂隆屡次因修建宫室的事情恳切地劝谏魏明帝。明帝很不高兴，卢毓为高堂隆辩护，向明帝进言说：“臣听说‘君明则臣直’，古代圣明的帝王唯恐听不到臣子指出自己的错误，因此有敢谏之鼓。作为近臣就要尽力规劝君王，这正是臣等不如高堂隆的地方啊！高堂隆虽表面上狂直，但陛下还是应该宽容他为是。”明帝听了卢毓的话，怒意渐渐消解。甘露元年，卢毓任司空，晋爵容城侯。次年逝世，谥号为成。

高柔

高柔（174—263年），字文惠。陈留郡圉县（今河南杞县南）人，三国时曹魏大臣，以善于治法闻名。从小吏任起，二十年后官至九卿。任廷尉二十三年后，升任太常。七十二岁时出任司空，随后仕途高升，在高平陵之变时支持司马懿，据曹爽大营，以假节行大将军事。数年后荣升太尉，晋爵安国侯。景元四年卒，享年九十岁，谥号元侯。高柔仕于曹操及曹氏五位皇帝，几乎横跨整个曹魏历史，见证了曹魏政权的兴衰。魏文帝曹丕时因为诽谤言词多，下令要处死说者而赏赐告发者，令很多人互相诬告。高柔建议取消这项法令以免无辜者受害，但曹丕没有听从，而是下令要以诽谤之罪惩处诬告的人，而高柔则审查每一个告发案件，查明虚实，稍稍犯法也轻判罚金了事。明帝时，在禁地宰杀鹿的人都要被处死，财产没收充公，有能够发觉并且告发的人，给予丰厚的赏赐。高柔上疏劝止，百姓们无不欢欣鼓舞。

张昭

张昭（156—236年），字子布，徐州彭城（今江苏徐州）人。张昭性格刚直不阿，敢于直谏，是三国时期孙吴的重臣。有一次，吴王孙权在武昌临钓台饮酒，喝得酩酊大醉。醉后他叫人用水洒席上的大臣，并对大家说："今天饮酒，一定要醉倒在这里不可。"张昭听了，板起脸孔，一言不发地离开酒席，走到外面，坐在自己的车内。孙权派人叫他回去，说："今天只不过是共同饮酒取乐罢了，你为什么要发怒？"张昭回答说："过去纣王造了糟丘酒池，作长夜之饮，也是为了快乐，不认为是坏事。"孙权听了，一句话也不说，脸上露出惭愧的神色，立即撤了宴席。

昏暴贪佞

杨松

杨松是汉中割据势力张鲁的谋士。曹操率军征讨汉中时，因对易守难攻的阳平关无攻下把握，就派人贿赂杨松，使他陷害张鲁手下大将庞德，使其被迫投降。在曹操攻打汉中时，杨松为贪财而协助曹军，令曹军得以制压汉中。他怂恿张鲁出战，结果张鲁战败，而杨松因为收受了曹操的贿赂而闭门，不让张鲁进城。曹操攻取汉中后，张鲁和其部下均得到曹操的厚待，唯独杨松因贪污受贿被斩。

朱褒

朱褒（？—225 年），三国时蜀吏，素有异志。

与孙吴政权一样，在刘蜀政权中，刘备在位及诸葛亮主持朝政期间，都不得不对世族势力采取宽容政策以换取他们的支持。即便是以持法严明著称的诸葛亮，对世族违法行为也不敢随意惩治。如益州部郡从事房曾以监察官身份“行部”，闻徉柯太守朱褒“有异志”，便收系朱褒主簿案问处死，行使其监察官的权力。此事发生后，朱褒大怒，“攻杀房，诬以谋反”。作为地方郡太守的朱褒，擅杀上级监察官员，为法所不容，理应受到严惩。可是，诸葛亮为了防止矛盾激化，“诛（常）房诸子，徒其四弟于越嶲，欲以安之”。这种打击监察官员，纵容不法官吏以换取其支持的办法，不仅收不到安定地方的效果，反而助长了不法豪强和官吏的气焰。朱褒仍不悔改，不久便起兵反叛。

孙皓

孙皓（243—284 年），字元宗，幼名彭祖，又字皓宗，吴郡富春县（今浙江省富阳区）人，东吴末代皇帝。

孙吴统治者中，孙皓在位时间仅次于孙权。不仅如此，孙皓施政也有孙权的风格：大权独揽、专断朝政。孙皓继位后，诛杀权臣，政由己出，从而改变了自孙权去世后孙吴皇权旁落的政治格局。孙皓亲政后，不断强化皇权，其重刑主义倾向比之孙权有过之而无不及。他行法术，张私欲，用佞小，政刑暴虐，赋敛无极，逐步演化为严重的暴政。

名文名篇

诸儿令

三国·曹操

今寿春、汉中、长安先欲使一儿各往督令之，欲择慈孝不违吾命，亦未知用谁也。儿虽小时见爱，而长大能善，必用之，吾非有二言也。不但不私臣吏，儿子亦不欲有所私。

【译文】

现在寿春、汉中、长安三个地方，我打算先各派一个儿子前往督率治理。我想选择慈善孝顺不违背我命令的，也不知道用谁好。儿子们小的时候虽然受到宠爱，长大后是人才，我也一定重用他。我说一不二，不但对部属不徇私情，对儿子也不想有所偏爱。

【名句】

不私臣吏，儿子亦不欲有所私。

【精析】

在《诸儿令》中，曹操明确规定了在战略要地对儿子选任的标准。“不私臣吏，儿子亦不欲有所私”既是曹操对“唯才是举”政策的彻底贯彻，也是对汉末以后任人唯亲、唯近、唯利、唯钱的用人风气所造成的吏治败坏、王纲不振、社会黑暗的一种抵制。

诫子书

三国·诸葛亮

夫君子之行，静以修身，俭以养德。非淡泊无以明志，非宁静无以致远。夫学须静也，才须学也，非学无以广才，非志无以成学。淫慢则不能励精，险躁则不能治性。年与时驰，意与日去，遂成枯落，多不接世，悲守穷庐，将复何及！

【译文】

有道德修养的人，依靠内心安静来修养身心，以俭朴节约财物来培养自己高尚的品德。不恬静寡欲无法明确志向，不排除外来干扰无法达到远大目标。学习必须静心专一，而才干来自勤奋学习。如果不学习就无法增长自己的才干，不明确志向就不能在学习上获得成就。纵欲放荡、消极怠慢就不能勉励心志使精神振作，冒险草率、急躁不安就不能修养性情。年华随时光而飞驰，意志随岁月逐渐消逝。最终枯败零落，大多不接触世事、不为社会所用，只能悲哀地困守在自己穷困的破舍里，到时悔恨又怎么来得及？

【名句】

非淡泊无以明志，非宁静无以致远。

【精析】

《诫子书》是三国时期著名的政治家诸葛亮54岁临终前，写给8岁儿子诸葛瞻的一封家书，它是后世学子修身立志、为官做人的箴言，也是诸葛亮对自己一生为官作人的总结。从这封家书中，我们可以看到一位品格高洁、才学渊博的父亲，对儿子如何做一个好人好官的殷殷教诲。

格言警句

天地间，人为贵。立君牧民，为之轨则。

【注释】出自《度关山》。意思是说，自从造物主凿开混沌，辟出天地，就选定了人作为其间亿万生物中的灵长。

俊乂在官，则治道清；奸佞干政，则祸乱作。

【注释】出自《典语》。意思是说，国家如起用大批的贤能之士，政治就必然会清明；如果政权被奸佞小人所把持，国家就必然陷于祸乱。

敬一贤则众贤悦，诛一恶则众恶惧。

【注释】出自《典语》。意思是说，尊重一位贤士，那么众多的贤士就会感到欣慰；诛杀一个恶人，那么众多的恶人就会感到恐惧。

非成业难，得贤难；非得贤难，用之难；非用之难，任之难。

【注释】出自《三国志·吴书·钟离牧传》。意思是说，成就大业并不难，难的是得到贤才；得到贤才并不难，难的是如何使用贤才；使用贤才不难，难的是如何恰如其分地任用贤才。

夫良药苦口，惟疾者能甘之；忠言逆耳，惟达者能受之。

【注释】出自《三国志·吴书·孙奋传》。意思是说，有效果的药吃起来很痛苦，只有患有疾病的人们，才会香甜地将他们吃下去。忠诚之言虽然听起来很不顺耳，可是贤达之人知道对自己有益处，因此能够接受。

非常之事，何得循旧？

【注释】出自《三国志·吴书》。意思是说，前所未有的事业，怎能沿袭陈规旧律？

墉基不可仓卒而成，威名不可一朝而立。

【注释】出自《三国志·魏书·武文世王公传评》。意思是说，城墙的基础不能匆匆忙忙打成，人的威名不可能一天就建立起来。

致治在于任贤，兴国在于务农。

【注释】出自《三国志·魏书·杨阜传》。意思是说，达到大治在于任用贤才，兴旺国家在于尽力发展农业。

有道之君，以乐乐民，无道之君，以乐乐身。乐民者，其乐弥长，乐身者，不乐而亡。

【注释】出自《三国志·吴书·陆凯传》。意思是说，有道的君主，是用康乐使百姓欢乐；无道的君主，是用康乐使自己快乐。使百姓欢乐的君主，他自己的欢乐更长久；使自己快乐的君主，得不到欢乐就会灭亡。

吏多民烦，俗以之弊。

【注释】出自《三国志·吴书·步骘传》。意思是说，官吏多，烦扰百姓就多，习俗因此产生弊端。

求贤如饥渴，受谏而不厌。

【注释】出自《三国志·吴书·张紘传》。意思是说，求取贤才如饥似渴，接受臣下的劝谏毫不厌烦。

仇雠有善，不得不举；亲戚有恶，不得不诛。

【注释】出自《三国志·吴书·孙奋传》。意思是说，即使仇人，具有善才，也不得不举荐他。即使亲戚，有了恶行，也不得不惩罚他。

贪而弃义，必为祸阶。

【注释】出自《三国志·吴志·鲁肃传》。意思是说，贪求物质利益而背弃了道义，这一定是招致灾祸的阶梯。

勿以恶小而为之，勿以善小而不为。惟贤惟德，能服于人。

【注释】出自《三国志·蜀书·先主传》。意思是说，不要因为坏事微不足道就去做，也不要因为善事微不足道就不去做。只有贤明、品德高尚的人，才能让人信服。

度德而让，古人所贵。

【注释】出自《三国志·魏书·袁绍传》。意思是说，考虑自己的才德，把位置让给胜于自己的人，这是古人所看重的行为。

与民共其乐者，人必忧其忧；与民同其安者，人必拯其危。

【注释】出自《三国志·魏书》。意思是说，与百姓共享快乐的国君，百姓必定能为他分忧；与百姓共享安定的国君，百姓也一定能拯救他的危难。

诗词曲赋

疾邪诗

东汉·赵壹

河清不可恃，人寿不可延。顺风激靡草，富贵者称贤。文籍虽满腹，不如一囊钱。伊优北堂上，肮脏倚门边。

势家多所宜，咳唾自成珠。被褐怀金玉，兰蕙化为刍。贤者虽独悟，所困在群愚。且各守尔分，勿复空驰驱。哀哉复哀哉，此是命矣夫！

【译文】

太平盛世不能等到了，人的生命是有限的，只好看风使舵，顺水推舟吧！谁有权势谁就是贤德之人，满肚子学问比不上一袋子钱更实用。卑躬屈膝就可以成为富贵人家，刚直的人只能依门而立。

豪门势家处处遂心满意，咳出的唾沫都能被当作珍珠。贫苦的人空怀美好的理想和才华，如同芬芳的花卉变成喂牛的干草。有才德的人即使一个人很清醒，也只能被那些愚蠢的人所困。暂且守你的本分吧！不要再白白地奔走，痛苦、悲哀，这就是命运。

度关山

三国·曹操

天地间，人为贵。
立君牧民，为之轨则。
车辙马迹，经纬四极。
黜陟幽明，黎庶繁息。
於铄贤圣，总统邦域。
封建五爵，井田刑狱，
有燔丹书，无普赦赎。
皋陶甫侯，何有失职？
嗟哉后世，改制易律。
劳民为君，役赋其力。
舜漆食器，畔者十国，
不及唐尧，采椽不斫。
世叹伯夷，欲以厉俗。
侈恶之大，俭为共德。
许由推让，岂有讼曲。
兼爱尚同，疏者为戚。

【译文】

万物生于天地，人类高贵无比。
设立君主管理百姓，成为世上正常规矩。
天子车辙国君马迹，畅通天下纵横各地。
决定人才优劣升降，掌握百姓繁衍生息。
我要赞美圣贤君主，他们总管国家疆域。
分封诸侯授给官爵，建立井田颁布法律。
宁烧丹书废除刑罚，也不乱开释罪先例。
舜时皋陶周时甫侯，作为狱官错在哪里？

可惜可叹后代人们，制度办法统统改易。
驱使百姓辛劳奉君，摊派徭役榨取民力。
虞舜下令漆饰食具，激起众国纷纷叛离。
哪如唐尧俭朴实在，用柞做椽且不削齐。
难怪世人赞赏伯夷，盼望搞好社会风气。
奢侈本是最大罪恶，节俭美德不容怀疑。
许由不肯接受天下，难道需要辨出道理？
只要实行兼爱尚同，再疏也会和睦亲密。

小说传奇

《曹瞒传》

《曹瞒传》是三国时期一部别具一格的史传小说，主要记载了曹操的生平事迹。原作全文已经失传，现仅能看到南朝宋裴松之注《三国志》时保留下的部分内容。

此书以曹操的小字阿瞒命名，虽然不比诸如《魏武本纪》之类的叫法充满敬畏之心，却将曹操的人物形象塑造得更为丰满。与正统史传不同，《曹瞒传》的史传性不甚明显和强烈，却在字里行间萌动着杂传的小说化倾向。书中记载了曹操生平的许多逸闻趣事，也不乏一些对于曹操监察思想的描写。例如，书中写到，曹操在担任洛阳北部尉期间，为了根治治安问题，制作了一批“五色棒”，分别悬放在署衙和北部的四个城门上，以示警戒。当时，汉灵帝宠幸的太监蹇硕有一个叔父，仗着侄子的地位，专横跋扈，违犯宵禁。曹操顶住各种压力，将其依律棒杀。至此，“京师敛迹，莫敢犯者”。后来曹操外调任济南相，当地官吏依附贵戚，贪赃枉法，听说曹操前来，害怕受到惩罚，全部逃入其他郡县。《曹瞒传》对于后人了解曹操平生监察活动具有一定的参考价值。

《列异传》

据唐代魏征等人撰写的《隋书·经籍志》记载，《列异传》是魏文帝曹丕所作。但文中记载了正始、甘露年间事，时间均在文帝以后，因此，宋人的《旧唐书》《新唐志》中，都改作张华撰，但无佐证。一般认为，《列异传》出自魏晋人之手是可信的。

《列异传》也有对于现实中贪佞枉法的讽刺。书中有这样一个故事：蒋济当领军将军的时候，他的儿子死了，蒋济的妻子梦见亡儿涕泣说：“我生时为卿相子孙，现在在阴间当个小小的鬼差，憔悴困辱，不可复言。我听说有个叫孙阿的人死后能当掌管阴间鬼魂的泰山令，希望您帮我找他托付一下，给我换个好点的差使。”蒋济妻一下子惊醒，赶紧找到蒋济把事情说了一遍。蒋济说：“做梦罢了，你不必当真。”谁知第二天亡儿又托梦给母亲，说孙阿马上就要死了，把他的住址、长相一一相告，让她一定要赶紧找到他，再晚就来不及了。蒋济妻醒来，催着蒋济必须去找孙阿。蒋济拗不过妻子，只好按照地址去找，真找到了孙阿。孙阿十分高兴，答应蒋济亡儿的托付。蒋济还不放心，“欲速知其验，从领军门至庙下，十步安一人，以传阿消息”。果不其然，这天早晨，孙阿突然心痛，逐渐加剧，还没到中午就死去了。过了一个月，亡儿在梦中叩谢蒋济妻说：“多谢母亲，我已经转做阴间的录事了。”在阳世当官需要走关系，没想到死了变成鬼，到阴间想改善境遇，同样需要走关系，故事的讽刺力度不可谓不大。

成语俗语

求田问舍

【注释】多方购买田地，到处问询屋介。指只知道置产业，谋求个人私利。比喻没有远大的志向。源自《三国志·魏书·陈登传》。

鞠躬尽瘁

【注释】指勤勤恳恳，竭尽心力，到死为止。多用来形容人的伟大。源自诸葛亮的《后出师表》。

淡泊明志

【注释】指不追求名利才能使志趣高洁。源自诸葛亮《诫子书》："非淡泊无以明志，非宁静无以致远。"

俭以养德

【注释】节俭有助于养成质朴勤劳的德操。源自诸葛亮《诫子书》："夫君子之行，静以修身，俭以养德。"

画饼充饥

【注释】画个饼来解除饥饿。比喻用空想来安慰自己。源自《三国志·魏书·卢毓传》："选举莫取有名，名如画地作饼，不可啖也。"

折节下士

【注释】屈己下人，尊重有见识有能力的人。源自《三国志·魏书·袁绍传》："绍有姿貌威容，能折节下士，士多附之。"

博采众议

【注释】广泛采纳群众的建议。源自《三国志·吴志·孙登传》："诚宜与将相大臣详择时宜，博采众议，宽刑轻赋，均息力役，以顺民望。"

唇齿相依

【注释】嘴唇和牙齿互相依靠。比喻双方关系密切，相互依存。源自《三国志·魏志·鲍勋传》：“王师屡征而未有所克者，盖以吴蜀唇齿相依，凭阻山水，有难拔之势故也。”

爱人好士

【注释】爱护、重视人才。源自《三国志·蜀志·先主传》：“圣姿硕茂，神武在躬，仁覆积德，爱人好士，是以四方归心焉。”

迷而知返

【注释】迷路后知道回来。比喻有了过失能够改正。源自《三国志·魏志·袁术传》：“若迷而知反，尚可以免。”

第五篇

两晋十六国廉政文化经典

廉政思想

晋武帝

司马炎（236—290 年），字安世，河内温县（今河南省温县）人，西晋开国皇帝。谥号武皇帝，庙号世祖，史称晋武帝。咸宁五年（279 年），司马炎命杜预、王浚等人分兵伐吴，第二年灭吴，统一了全国。西晋建国后，司马炎制定了一系列经济措施用于发展生产，至太康年间，国家经济一片繁荣，史称“太康之治”。

建国之初，司马炎高度重视廉政反腐建设，泰始元年就颁布了《中正六条举淹滞》，提出选拔官吏的六项标准，其中的第四项“洁身劳廉”强调官员需保持廉洁。泰始四年，司马炎又颁发了针对在职官员的《能否十条》和针对地方主官的《察长吏八条》及《五条律察郡》的廉政条例。西晋灭东吴、统一全国后，司马炎又颁布了《察二千石长吏四条》，针对地方辅佐官吏的腐败行为进行查纠惩处。

司马炎认为，要监察地方官员究竟是贤能清吏还是赃官庸才，必须实地考察。他在泰始四年六月的诏令中提到：对地方官员应通过实地考察实施监察，“田畴辟，生业修，礼教设，禁令行，则长吏之能也。人穷匮，农事荒，奸盗起，刑狱烦，下陵上替，礼义不兴，斯长吏之否也”。

伐灭东吴后，司马炎不再勤于政事，从一个励精图治的明君迅速腐化为骄奢淫逸的昏君。

王导

王导（276－339 年），字茂弘，琅邪临沂（今山东省临沂市）人。王导出身于魏晋世家大族，东晋建国后，先拜骠骑大将军、仪同三司，封武冈侯，又进位侍中、司空、假节、录尚书事，领中书监，与其从兄王敦内外配合，形成了东晋初期政权“王与马，共天下”的格局。王导历仕晋元帝、晋明帝和晋成帝三朝，德高望重，稳定了东晋偏安局面，朝野称他为“仲父”，是晋室中兴时最重要的政治家。

西晋末年，社会动荡，加之天灾，广大人民不得不流徙各地。西晋王朝灭亡后，北方流民涌向江南，北方士族也随之南下。广大士民都盼望得到喘息休养。东晋永嘉元年，王导向刚移镇建康的琅邪王司马睿建议，谦虚待士，注重节俭，清静为政，安抚新旧追随官员。这实际上就是日后王导治理江东的基本方略。其中，“以清静为政”是王导施政的核心指导思想和原则。他反复强调：“为政务在清静”“镇之以静，群情自安”。在这一执政方略的指导下，王导清静为政，政务宽恕，善处兴废，使东晋政局大体上安定了数十年。

谢安

谢安（320—385年），字安石。陈郡阳夏（今河南太康）人，东晋政治家、名士。谢安少以清谈闻名，屡辞辟命，在会稽郡山阴县的东山隐居。后来，谢氏家族在朝堂上任官之辈纷纷逝去，他才东山再起，历任征西大将军司马、吴兴太守、侍中、吏部尚书及中护军等职。

谢安为人闲雅温和，处事公允明断，反对专权树私，更反对居功自傲。他以儒、道互补的理念治国。作为高门士族，谢安能顾全大局，把自己家族的利益排在晋王室利益之后。后人称赞他是“江左风流宰相”“中国历史上有雅量有胆识的大政治家”。

王导去世后，东晋政权爆发了桓温谋篡事件，由于王、谢等世家大族的联合抵制，桓温的野心未能实现。桓温死后，谢安完全继承了王导“以清静为政”的治国思想，和桓温的弟弟桓冲、王彪之等共同辅政，维护了东晋政权的稳定。在淝水之战中，谢安作为东晋一方的总指挥，以八万兵力打败了号称百万的前秦军队，为东晋赢得数十年的和平。战后因功名太盛而被晋孝武帝猜忌，被迫前往广陵避祸。太元十年，谢安病逝，年六十六。

王猛

王猛（325—375 年），十六国时期出色的政治家、军事家，在前秦官至丞相、大将军。

王猛出身寒微，在山中隐居。他知识渊博，好读兵书，最善谋略用兵。后与苻坚一见如故，论废兴大事，异常契合。苻坚即位后，王猛任中书侍郎，官至丞相、中书监、尚书令，封清河郡侯，是苻坚的重要谋臣。

王猛在前秦任职十八年，执法不阿，政绩斐然。他抵制氐、羌权贵，坚持秉公行事，整肃吏治，诛杀违法豪强权贵二十余人，整个朝野为之震肃。

除了主张有罪必罚，王猛还倡导选拔贤明，有才必用。在他看来，要想解决吏治和用人问题，必须从制度上想办法。他帮助苻坚创立了荐举赏罚制度以及考核官吏的新标准，建议苻坚下令挑选得力官员去四方及戎夷地区巡察，惩治地方官长刑罚失当和虐害百姓等劣行，整顿地方各级统治机构。

监察律典

《请赇》

西汉的察举制有利于从民间选拔孝廉之士为官，但到了东汉末年，这一制度的弊端就显露了出来，开始滋生私门请谒求荐的现象。特别是九品中正制实行后，谒送之风日益严重，官吏贪污贿赂的现象比比皆是。为了遏制这种不良风气，魏晋南北朝法典增设《请赇》篇，专门用于惩处官吏的贪污受贿行为。《晋书·刑法志》记载：“刑名所以经略罪法之轻重……其犯盗贼、诈伪、请赇者，则求罪於此。”只可惜，这项制度基本上没有执行下去。

《违制律》

西晋政权制定了《违制律》作为处分各级违反编制及失职官吏的标准，行政法正式成为国家法律的一部分。随后，隋、唐两代又将“违制律”改为“职制律”，从此历代沿袭，内容日益丰富。

《五条课郡县法》

晋武帝注重监察法规的制订，颁布了《五条课郡县法》。这是专门监督郡县级别官员的条规，内容有 5 条，分别是：自身过硬，勤于政务，抚养孤寡，重农抑商，维护治安。以此来考核官员。南朝宋、齐、梁、陈各政权对官员的考课沿袭了晋朝这一制度，只作了一些局部调整，增加了一些经济方面的规定，如市赋、强调农桑等，并制定了专门的殿最条格。

《察长吏八条》

泰始四年（268 年），西晋政权颁布《察长吏八条》。该法为监察地方官吏而制定，将地方官员的官德和政绩纳入了监察范畴，要求郡国的长官据此考察属县的官吏。《察长吏八条》的具体内容分为“能否十条”和“长吏八条”两种。“能否十条”的主要内容是：“田畴辟，生业修，礼教设，禁令行，则长吏之能也。人穷匮，农事荒，奸盗起，刑狱烦，下陵上替，礼义不兴，斯长吏之否也”。《察长吏八条》又分为“廉察四条”和“劣察四条”。“廉察四条”包括为官清廉、没有私心、为人正派、不搞沽名钓誉，“劣察四条”包括贪污索贿、卖身投靠、没有气节、拥有大量的私人财产。前四条是要坚持和提倡的，后四条是要反对和戒除的。

监察制度

御史台

西晋和东晋仍以御史台为中央专职监察机构，其最高长官为御史中丞。西晋御史台监察职权也进一步扩大，晋惠帝时打破了中丞不引“三公”等限制。两晋御史台的御史中丞不下设治书执法。治书侍御史最初设四人，到了太康年间（280—289年）减至两人，侍御史增加到九人，后扩大成为十三曹。东晋初年，又改为十四曹。殿中侍御史方面，西晋时设置四人，东晋减至二人。同时，还有临事设立的禁防御史、检校御史等职。晋武帝泰始四年（268年），由黄沙侍御史管理黄沙诏狱，监察廷尉审理不当的案例。此外，在东晋时，自汉代以来专管京师地区监察的司隶校尉被并入御史台，统一了中央监察权。

考课制度

在魏晋南北朝这样一个大混乱大分裂时期，皇权虽然相对弱小，但考课制度仍然存在。皇帝会不定期下诏考课百官。晋武帝颁布《五条课郡县法》来管理和考核官吏。

九品中正制

九品中正制，又称九品官人法，上承两汉察举制，下启隋唐科举制，是魏晋南北朝时期重要的选官制度。

两晋时期，官场十分腐败，表现之一是用人上存在着不正之风。西晋选拔官吏采用魏曹时的“九品官人法”。九品中正制的主要内容是，由各州郡分别推选在中央任职官员且德名俱高者一人担任大中正，大中正推选小中正。大、小中正产生后，由中央下发人才调查表，在该表中将人才分为上上、上中、上下、中上、中中、中下、下上、下中、下下九个等级，由各地大、小中正凭自己所知将各地流亡人士悉数登记其上，表内详记年籍各项，分别品第，并加评语。小中正襄助大中正审核后将表呈交吏部，吏部凭此决定官吏的升迁与罢黜。

九品中正制为当时的官吏选拔提供了客观标准，一时间吏治澄清，同时也缓解了中央政府与世家大族的紧张关系，为后来隋朝实现全国统一打下了坚实基础。

风闻奏事

中央对地方的监察，始终是两晋时期监察体系中的薄弱环节。为了弥补这一缺点，晋代开始允许风闻奏事。所谓风闻奏事，是指举报人可以根据传闻来弹劾官吏，奏者不必署名，也不需要拿出真凭实据，就算奏事有误，也不用承担任何责任。这一制度始于晋朝，晋宋以后，为防止被揭发人打击报复揭发人，御史台弹劾官吏时，只录其所揭发的事实，而将原揭发人的姓名略去，以“风闻”“访知”代替揭发人。后世官场中正式受理匿名信的举报，即源于此。

廉政清芬

羊祜

羊祜（221—278年），西晋开国元勋。羊祜对子女、弟侄要求甚严，有《诫子书》等留世。

羊祜对孩子的教育之道，主要有以下几个要点。一是“人臣树私则背公，是大惑也”。羊祜的女婿曾劝他置办些产业，以便将来享用。羊祜默不作声，没有答应。他退而对家人说：“人臣树私则背公，是大惑也。”意思是说，人臣建置私产，会背离国家，这是一个人最大的困惑。羊祜此举来自祖训，羊氏素以“清德”闻名。羊祜祖父羊续为官清廉，从不收受贿赂，他临终前留下遗言，要求对自己进行薄葬，不可收受别人送来的奠仪。羊祜继承了祖上遗留下来的清廉俭朴的好家风，“立身清俭，被服率素，禄俸所资，皆以赡给九族，赏赐军士，家无余财。”二是“贤而多财，则损其志；愚而多财，则益其过”。羊祜认为给子侄多留遗产有害无益。羊祜不置私产，表面上看是不够关心子侄，实际上是为他们作更深层、更长远的考虑。三是“恭为德首，慎为行基”。羊祜以自己读书修身的经历训诫子侄，虽然你们在政事上无多大本领，在才艺方面也无独特之处，但在德行方面，却可以进行修养，要懂得“恭为德首，慎为行基”“言则忠信，行则笃敬”。

晋武帝泰始初年，羊祜被封为尚书右仆射、卫将军，当时前朝元老甚多，“祜每让，不处其右”，甘居下位。他为官忠贞无私，嫉恶如仇，简约自重，在军中“常轻裘缓带，身不披甲”。一天夜间，他想独自出营，被军司徐胤手执兵器挡在营门不准出去，对此羊祜不仅没有发怒，反而“改容谢之”，礼辞回帐。

石勒

石勒（274 — 333 年），字世龙，上党武乡（今山西榆社）人，后赵开国皇帝。羯族部落首领周曷朱之子，中国历史上唯一一位奴隶皇帝。

石勒曾准备到襄国的近郊打猎，主簿程琅劝谏他不要去，并举孙策行猎遇刺为戒，认为即使是枯木朽株，也能为害。石勒认为是书生之言，不听。及至猎时，所骑马触木而毙，石勒自己也几乎丧命，因而懊悔未听忠臣之言，立即封程琅为关内侯，赐以朝服锦绢等物。由此，“朝臣谒见，忠言竞进”。

建平二年三月，石勒将营建邺宫，准备迁都于此，而廷尉续咸上书切谏。石勒怒，欲杀之。徐光力救，劝石勒不可因直言而杀列卿。石勒叹息说：“为人君，不得自专如是！岂不识此言之忠乎，向戏之耳！”虽然石勒停建邺宫是暂时的，但他还是赐予续咸绢百匹、稻百斛，以为奖赏。并且借此机会下令公卿百僚，每岁推荐贤良方正、直言秀异、至孝廉等各一人，所考试的答策为上第者拜官为议郎，中第者为中郎，下第者为郎中。并令“其举人得递相荐引，广招贤之路”。石勒去世时，还选拔了太学生五人，担任佐著作郎。

昏暴贪佞

贾充

贾充（217—282 年），字公闾，平阳郡襄陵县（今山西襄汾）人，曹魏豫州刺史贾逵之子。贾充是三国曹魏末期至西晋初期重臣，也是西晋王朝的开国元勋。

贾充曾参与镇压淮南二叛[①]和弑杀魏帝曹髦等重大事件。在灭吴的战争中，贾充深得司马氏信任。其女儿贾褒及贾南风分别嫁与司马炎弟司马攸及次子司马衷。贾充与司马氏结为姻亲，地位显赫。

贾充擅长法理，主持了修订《泰始律》，在法理上首次区分了律、令的概念。但贾充谄谀陋质，结党营私，陷害忠良。在魏朝弑君欺主，在晋朝素“无公方之操，不能正身率下，专以谄媚取”。贾充无德而禄，而且家风不正，以至于祸延子孙甚至导致一国皆乱。

石崇

石崇(249－300 年)，字季伦，小名齐奴，渤海南皮(今河北南皮东北)人。西晋时期文学家、官员、富豪，大司马石苞第六子。

石崇早年历任修武县令、城阳太守、散骑侍郎、黄门郎等职。吴国灭亡后，获封安阳乡侯，累官南中郎将、荆州刺史、南蛮校尉、鹰扬将军等职。石崇在任上劫掠往来富商，因而致富。其后任徐州刺史、卫尉等职。石崇富可敌国，曾与晋武帝司马炎的舅父王恺斗富。王恺饭后用糖水洗锅，石

① 淮南二叛发生于三国时期的曹魏。公元 254 年，司马师废黜魏帝曹芳改立高贵乡公曹髦，南方亲曹势力毋丘俭、文钦等对司马氏进行了一次讨伐性的起事。

崇便用蜡烛当柴烧；王恺做了四十里的紫丝布步障，石崇便做五十里的锦步障；王恺用赤石脂涂墙壁，石崇便用花椒。晋武帝暗中帮助王恺，赐了他一棵二尺来高的珊瑚树，枝条繁茂，树干四处延伸，世上很少有与他相当的。王恺把这棵珊瑚树拿来给石崇看，石崇看后，用铁制的如意随手就把珊瑚树敲碎了。王恺既感到惋惜，又觉得石崇是嫉妒自己拥有宝物，石崇说："这不值得发怒，我现在就赔给你。"当场命令手下人将家里的珊瑚树全拿出来，这些珊瑚树足有三四尺高，树干枝条举世无双、光彩耀眼，像王恺那样的就更多了。王恺看了，失意不已。贾后专权时，石崇阿附外戚贾谧。永康元年(300年)，贾后等为赵王司马伦所杀，司马伦党羽孙秀向石崇索要其宠妾绿珠不果，因而诬陷其为乱党，遭夷三族。晋惠帝复位后，以九卿之礼安葬了石崇。

名文名篇

感士不遇赋

东晋·陶渊明

咨大块之受气，何斯人之独灵！禀神志以藏照，秉三五而垂名。或击壤以自欢，或大济于苍生；靡潜跃之非分，常傲然以称情。世流浪而遂徂，物群分以相形。密网裁而鱼骇，宏罗制而鸟惊。彼达人之善觉，乃逃禄而归耕。山嶷嶷而怀影，川汪汪而藏声。望轩唐而永叹，甘贫贱以辞荣。淳源汩以长分，美恶分其异途。原百行之攸贵，莫为善之可娱。奉上天之成命，师圣人之遗书。发忠孝于君亲，生信义于乡闾。推诚心而获显，不矫然而祈誉。嗟乎！雷同毁异，物恶其上；妙算者谓迷，直道者云妄。坦至公而无猜，卒蒙耻以受谤。虽怀琼而握兰，徒芳洁而谁亮！哀哉！士之不遇，已不在炎帝帝魁之世。独祗修以自勤，岂三省之或废；庶进德以及时，时既至而不惠。无爰生之晤言，念张季之终蔽；愍冯叟于郎署，赖魏守以纳计。虽仅然于必知，亦苦心而旷岁。审夫市之无虎，眩三夫之献说。悼贾傅之秀朗，纡远辔于促界。悲董相之渊致，屡乘危而幸济。感哲人之无偶，泪淋浪以洒袂。承前王之清诲，曰天道之无亲；澄得一以作鉴，恒辅善而佑仁。夷投老以长饥，回早夭而又贫；伤请车以备椁，悲茹薇而殒身；虽好学与行义，何死生之苦辛！疑报德之若兹，惧斯言之虚陈。何旷世之无才，罕无路之不涩。伊古人之慷慨，病奇名之不立。广结发以从政，不愧赏于万邑；屈雄志于戚竖，竟尺土之莫及；留诚信于身后，动众人之悲泣。商尽规以拯弊，言始顺而患入。奚良辰之易倾，胡害胜其乃急！苍旻遐缅，人事无已；有感有昧，畴测其理！宁固穷以济意，不委曲而累己。既轩冕之非荣，岂缊袍之为耻？诚谬会以取拙，且欣然而归止。拥孤襟以毕岁，谢良价于朝市。

【译文】

可叹承天地之气万物生育，为何这人类独为万物之灵！禀受神情意志而拥有智慧，凭三才五常之道而得留名。或居乡野击壤游戏以自乐，或出仕途拯救天下之百姓。无论隐居还是出仕，都合乎本分，各适其情。时光流逝往古之世成为过去，好人坏人渐有分别群体自成。捕鱼之网密织而鱼恐惧，捕鸟之罗大张而鸟心惊。那通达明智之人善觉悟，于是逃避官禄隐居躬耕。高峻的山岭中有隐士的身影，广阔的河流上有隐士的歌声。遥想远古治世深深叹息，甘居贫贱辞却荣华虚名。清澈源头长流分支，善恶区分不同路途。追究各种行为中可贵者，莫若施行善事最可欢娱。遵从上天既定之命，效法圣人留传之书。忠于君主孝敬双亲，乡里再把信义建树。凭真诚之心获得显达，不虚伪做作祈求名誉。可叹哪！人云亦云诽谤异己，憎恨别人在己之上；把聪明之人说成糊涂，将正直之士视为狂妄。坦诚公正无猜忌，最终受辱遭诽谤。虽怀美玉握兰草，徒然芳洁谁称扬！悲哀呀！贤才不被重用，那是没赶上炎帝、帝魁时的太平之世。恭敬修身独自勤勉，反复自省哪能废弃；愿修治德行等待良机，但良机既至却不顺利。若非爰盎向皇帝面荐，想那张季将永被遮蔽；可怜冯唐年老官职卑微，凭谏魏尚之事才把官提。虽勉强可称终遇知己，却愁苦煎熬荒废年岁。明知市上确实无虎，三人说有便受蒙蔽。可哀贾谊才华出众，委屈骏马局促狭界。可悲董仲舒学识渊博，屡遭危难而幸免一死。感慨哲人孤独无依，泪流纵横沾湿我衣。恭承前代圣王明明教诲，说是天道无私善者受恩；天道清澄可以明察，帮助善者保佑仁人。伯夷叔齐到老挨饿，颜回早逝家境甚贫；可伤请求孔子卖车以葬颜回，可悲伯夷叔齐食蔽终丧其身；虽然颜回好学伯夷叔齐行仁义，为何无论生死总是艰难长苦辛！如此报答恩德令人疑心，恐天道无私之说为空论。哪里是世世代代没有贤才，只是因条条道路皆被阻塞。古人所以感慨悲叹，忧虑功名不得建立。李广年少即从军疆场杀敌，盖世之功封万户侯也不愧；雄心壮志辱于外戚小人，竟然尺寸土地未得赏赐；真诚信义留在身后，感动众人为之悲泣。王商竭力谋划拯救弊端，开始顺利而后祸患殃及。为何施展才能的良机易尽，为何陷害忠良的邪心焦急！苍天遥远，人事不止；有些明白有些迷惑，谁能探究其中道理！宁愿守穷满足心意，不想委曲损害自己。既然仕途艰险难得荣耀，难道破袍在身就算羞耻？领会实谬采取守拙，姑且欣然隐居避世。怀抱孤介之情安度此生，绝不出卖灵魂损我心志。

【名句】

宁固穷以济意，不委曲而累己。

【精析】

《感士不遇赋》是晋宋之际文学家陶渊明创作的一篇赋。此赋的主旨，是抨击当时社会政治的腐朽与道德风尚的败坏，控诉古代社会正直善良而有才华之士不是被埋没就是遭到毁谤谗害而常陷于进退两难处境的极大不幸。作者宁肯自己固守贫穷，也不会为了虚幻的名利而委屈自己。《感士不遇赋》表达了陶渊明决心保持高尚的道德与淳朴的节操而远离尘俗之网的思想，值得后人深思。

钱神论（节选）

西晋·鲁褒

“钱之为言泉也，百姓日用，其源不匮。无远不往，无深不至。京邑衣冠，疲劳讲肆。厌闻清谈，对之睡寐。见我家兄，莫不惊视。钱之所祐，吉无不利。何必读书，然后富贵。昔吕公欣悦于空版，汉祖克之于嬴二。文君解布裳而被锦绣，相如乘高盖而解犊鼻。官尊名显，皆钱所致。空版至虚，而况有实。嬴二虽少，以致亲密。由是论之，可谓神物。无位而尊，无势而热。排朱门，入紫闼。钱之所在，危可使安，死可使活；钱之所去，贵可使贱，生可使杀。是故忿诤辩讼，非钱不胜；孤弱幽滞，非钱不拔；怨仇嫌恨，非钱不解；令问笑谈，非钱不发。”

“夫钱，穷者能使通达，富者能使温暖，贫者能使勇悍。故曰：君无财，则士不来；君无赏，则士不往。谚曰：‘官无中人，不如归田。’虽有中人，而无家兄，何异无足而欲行，无翼而欲翔？使才如颜子，容如子张。空手掉臂，何所希望？不如早归，广修农商。舟车上下，役使孔方。凡百君子，同尘和光。上交下结，名誉益彰。”

【译文】

“钱之所以又叫做泉，是因为百姓日常所用，如泉水般源源不绝，再远的地方也能去，再深的去处也能到。京城的达官贵人，疲于去学堂听讲，讨厌听那些空谈，而宁愿打瞌睡。可是，只要一见到我家兄（指钱），没有一个人不惊喜膜拜。钱所保佑的，必然大吉大利，何必先去辛苦读书，然后再去寻求富贵！当年，吕公为刘邦的空头礼帖而欣喜欢愉，刘邦对萧何多送两百钱的举动铭刻在心，卓文君脱去布裙而重着锦绣，司马相如弃却围腰而乘坐华丽的车子，官位高，名气大，这都是钱所造成的。骗人的礼帖尚且能令人高兴，更何况实实在在的钱呢！多送两百钱虽然为数不多，如能使人关系亲密。由此看来，钱可谓神物。有了钱，不居官位却能够尊荣，没有权势却有人巴结，可以进权门，入宫廷。钱所到之处，危可以转安，死可以化生；没有了钱，贵可能变贱，生可能转死。因此，官司纠纷，无钱不能胜；孤弱困顿，无钱不能超脱；怨仇嫌恨，无钱不能化解；奉承之言，无钱不能生发。”

“钱，能使困窘者通达，能令富有者温和，能让软弱者勇悍。所以说，君主没有钱，士人就不来；君主不行赏，士人就不往。俗话说：‘做官而朝中无人，不如回家种田。’其实，即使朝中有人，而你自己没有钱，这与无脚要行走、无翅要飞翔又有什么不同？即使你有颜渊那样的才华，有子张那样的容貌，可是你两手空空，又有什么希望呢？倒不如趁早回家，多方务农经商，不怕舟车往来劳顿，努力赚取钱财。须知，所有的君子，都是与各方面的人打交道，顺应时世，随俗浮沉，上交下结，才使自己的名声更加显扬。”

【名句】

官尊名显，皆钱所致。

【精析】

《钱神论》作于晋惠帝元康九年（299年）。当时惠帝愚呆，贾后淫虐专政，时风日下，鲁褒写了这篇《钱神论》加以讥讽。全文在写法上以铺叙为主，层层展开，铺张扬厉，谐中有庄，寓讽刺鞭挞于嬉笑嘲谑，通过对金钱的描绘，深刻讽刺、揭露了纲纪败坏，贿赂公行的时风。文章列举了大量的史实，对金钱的巨大“神力”从不同角度进行了深刻而有力的揭露。金钱主宰着一切——危安、死活、贵贱、生杀等等，都取决于钱。它可以“排朱门，入紫闼”，通关节，买人情，使人“无位而尊，无势而热”，办任何事情，都非钱不可。在封建社会，金钱成了万能的神，“官尊名显，皆钱所致”，足以令后世警醒。

格言警句

直言不闻，则己之耳目塞。

【注释】出自《傅子·通志》。意思是说，听不到坦率的批评意见，就会使自己耳目闭塞。

白石似玉，奸佞似贤。

【注释】出自《抱朴子·祛惑》。意思是说，白色的石头表面看起来像玉石一样，奸佞之人表面看起来也像贤臣。

小善虽无大益，而不可不为；细恶虽无近祸，而不可不去。

【注释】出自《抱朴子》。意思是说，小的善行虽然不能带来大的好处，但是不能不做；小的恶行虽然不能立时惹来灾祸，但是不能不改。

乾坤以有亲可久，君子以厚德载物。

【注释】出自《西征赋》。意思是说，天地由于普爱众生而能长久存在，君子由于存有厚德之心而承载万物。

诗词曲赋

咏史诗

晋·左思

郁郁涧底松，离离山上苗。
以彼径寸茎，荫此百尺条。
世胄蹑高位，英俊沉下僚。
地势使之然，由来非一朝。
金张藉旧业，七叶珥汉貂。
冯公岂不伟，白首不见招。

【译文】

茂盛葱翠的松树生长在山涧底，风中低垂摇摆着的小树生长在山顶上。

由于生长的地势高低不同，山顶径寸的小树，却能遮盖百尺之松。

世家子弟能登上高位获得权势，有才能的人却被埋没在下级官职中。

这种情况恰如涧底松和山上苗一样，是地势造成的，其所从来久矣。

汉代金日磾和张安世两家就是依靠了祖上的遗业，子孙七代做了高官。

冯唐难道还不算是个奇伟的人才吗？ 可就因为出身寒微，等到白头仍不被重用。

小说传奇

《搜神记》

《搜神记》是魏晋南北朝志怪小说的代表作，在古代小说史上有着重要的地位。《搜神记》虽然以神灵精怪为主要表现对象，实则是当时社会状况在文学作品中的反映。魏晋时期，社会黑暗动荡，民不聊生，老百姓生活在贫困、饥饿和死亡的威胁之中。士大夫知识分子普遍感到前途渺茫，精神空虚，于是崇佛信道、谈玄说怪之风悄然兴起。人们热衷于从虚无缥缈的神异世界中寻找刺激、寻求精神寄托，志怪小说就是这种社会风气所催生的。

东汉谅辅是《搜神记》侠客中最具人格魅力的一个。谅辅，字汉儒，广汉郡新都人，年轻时供职佐吏，为官清廉，浆水不受。后来任从事，大小事情都办得妥当，郡县的人都敬重他。适值夏天干旱，为了求雨，郡守在庭院中让太阳曝晒自己，依旧没有求来雨。谅辅以五官掾的身份出去祷告山水，发誓说："我谅辅身为郡守的得力助手，不能劝谏上司接纳忠言，推荐贤才屏退坏人，调和阴阳，致使天地隔绝不通，万物干枯，百姓抬头望雨，没有控诉的地方，罪过全在我谅辅。如今郡太守自己反省，责备自己，在庭院中曝晒自己来求雨，让我谅辅来认罪，为百姓求福；诚心诚意，恳切真挚，尚未感通神明。我现在用自己发誓：如果到了中午还不下雨，请让我用自己的身体来抵罪。"说罢堆积木柴，准备自焚。到了中午，山上云气变黑，雷声响起，大雨倾盆而下，一郡的土地都得到了滋润。世人因此称赞谅辅是最诚信、最实在的人。谅辅舍身求雨、感天动地的侠行义举，给人心灵以强烈的震撼。在谅辅这个形象身上，忠于职守、为民请命，百姓利益高于一切的为官信念和不爱其躯，重诺轻身、救人危难的侠义品格完美结合，反映了古代人民渴望德操高尚的官吏的良好愿望。

成语俗语

闻鸡起舞

【注释】原意为听到鸡叫就起来舞剑，后比喻有志报国的人及时奋起。出自《晋书·祖逖传》：“中夜闻荒鸡鸣，蹴琨觉，曰：‘此非恶声也。’因起舞。”

第六篇

南北朝廉政文化经典

廉政思想

宋武帝

刘裕（363－422 年），东晋至南北朝时期杰出的政治家、改革家、军事家，南朝刘宋开国君主，庙号高祖，谥为武皇帝。史家誉刘裕为“定乱代兴之君”，也有“南朝第一帝”之称。

刘裕以毕生精力，南征北战，东讨西杀，创建了六朝中疆域最辽阔、实力最强的国家。魏晋以来，皇室、官府皆崇尚奢华，而出身孤寒的刘裕清简寡欲，生活节俭，不喜奢侈，故刘宋政府初期，贪污腐化受到控制，并未形成恶劣的政风。

刘裕吸取前朝士族豪强挟主专横的教训，加强集权，整顿吏治，关心人民疾苦，对官府赋役繁重、豪强世族兼并土地、占有人口等现象都及时打击。他所推行的几项改革措施，对稳定社会、发展经济、减轻人民负担，起到了一定作用，为其后“元嘉之治”打下了坚实的基础。

为整顿吏治，刘裕罢免或处死了许多士族或皇族出身的官吏。他的亲信、功臣中有“骄纵贪侈，不恤政事”的，也严厉惩罚，甚至处死。在选举用人方面，刘裕恢复了策试制度，要求按照九品中正制初置时的精神选拔人才。他重用出身寒微的人，奠定了南朝“寒人掌机要”的政治格局。

魏明元帝

魏明元帝拓跋嗣（392—423 年），是北魏王朝第二任皇帝。他虽然英年早逝，但是在北魏开国历史中却起到了承前启后的重要作用。

拓跋嗣继位以后，立即任命有才干威望的南平公长孙嵩等八人为执政大臣，要他们“共听朝政”。对随其潜逃，历尽苦难的王洛儿、车路头，冒着生命危险帮其夺取帝位的叔孙俊、拓跋磨浑等人也都封官赐爵。明元帝对道武朝冤死者昭雪、对免职者复职的政策，对理顺人心、稳定政局有着重要意义。此外，明元帝还从“选贤任能”和“察守宰不法”两个方面着手整顿吏治。他特别重视招纳汉族士人参政，懂得借重汉族士人的统治经验和文化知识治国安民的重要性。

北魏初期人民饥寒疲惫，频发的水旱等天灾造成饥荒，再加上官吏、豪强的肆意盘剥，人民苦不堪言。针对这些情况，明元帝既采取了迁徙灾民去丰收地区就食、赈济穷乏、减免租赋等应急措施，也采取了劝课农桑、打击贪官豪强等促进生产发展和缓和阶级矛盾的政策。

魏文成帝

拓跋濬（440—465年），太武帝拓跋焘之孙，北魏第五位皇帝。太武帝四处用兵，统治集团内部变乱不断，官员和百姓都十分痛苦。魏文成帝继位后，实施怀柔统治政策，与民休息，民心得以安定。

拓跋濬在位时，鲜卑贵族与汉族平民的矛盾逐渐突出，拓跋濬多次下诏命鲜卑贵族停止腐败行为。各部门官吏贪污二丈布帛便要处死。又增加律令七十九章，满门诛杀的刑罚有十三种，大辟罪三十五种，徒刑罪六十二种。此外，拓跋濬认为，监察官一定要对官吏政绩进行实地考察，监察应该注重实际、强调证据，这样才能使监察效果准确得力。

魏文成帝很重视对地方官员的监察。太安四年（458年）正月初一，拓跋濬颁发禁酒令。因当时连年丰收，官民经常因为酗酒引发诉讼和执政议论。拓跋濬对此非常厌恶，诏令凡是酿酒、卖酒和饮酒者都处以死刑；如遇到喜事、丧事时，暂时开禁。拓跋濬还特意增设内外侯官，专司纠察内外官员在此方面的过失。若有官员触犯相关禁令，则严加讯问和惩治。

魏孝文帝

拓跋宏（467—499年），又名元宏，即北魏孝文帝，中国历史上杰出的少数民族政治家、改革家。

魏孝文帝年幼时，其祖母冯太后称制，改革朝政，推行汉化。孝文帝亲政之后，秉承冯太后的执政理念，大力推进改革，严厉惩治贪官污吏，有效遏制了当时日益猖獗的贪腐之风，推动了北魏王朝的文明与进步。

延兴二年（472 年），魏孝文帝宣布政以久任，满一年升迁一级；治绩不好的官员，即使就任不久，也要受到降级等处罚。太和八年（484 年），颁布俸禄制，申明俸禄以外贪赃满一匹绢布的处死。在第二年颁行的均田令中，魏孝文帝又规定地方守宰可以按官职高低给一定数量的俸田，所授俸田不准买卖，离职时移交下任。

魏孝文帝大力推行考课制度。考课制度调整和补充了当时依靠门资占据官位等任官制度，其本意是通过考绩监督官员的行政行为，并对官员的升黜提出参考标准。北魏考课法分为外考法令与内考法令。外考法令针对地方官，内考法令或称内令，针对中央官。孝文帝改革之后，考课制度不可避免地与选举制度相衔接，但在实施中也保留了任人取贤的精神。与重视门第的选举制度相比，北朝对官员的评估不是一味地只看门第。孝文帝对官吏的考察十分重视，并且要求严格。三年一次考绩，多次考试之后才决定升降与否，以此来显示官吏的能力水平。

监察律典

《三等黜陟法》

《三等黜陟法》是北魏官吏考核法规。魏孝文帝于太和十八年（494 年）制定。在此之前，北魏的官吏考核制度是三年一考，三考之后决定升降。孝文帝认为考核期限过长，不利于奖善惩恶。孝文帝规定，三年一考之后马上作出处理。考核办法是，先由各机关进行考核，然后由上级部门审核，六品以下的官员由尚书负责，五品以上的官员由皇帝负责。据《魏书·文帝纪》记载："三载一考，考即黜陟……各令当曹考其优劣，为三等……上上者迁之，下下者黜之，中中者守其本任。"后魏宣武帝将接受考课的官员分为任事官与散官两类，任事官三年一考，散官四年一考，以决定升降等第。魏明帝元年（525 年）又改任事官为一年一考。

《六条诏书》

西魏建立之初国弱民穷，实力远不及东魏，政权的实际统治者宇文泰大胆任用苏绰等汉士进行了一系列改革。大统七年（541 年），苏绰从汉族的统治经验中归纳出六条，上奏后作为诏书颁行，时称"六条诏书"。《六条诏书》是西魏政权颁行的朝廷施政纲领及地方官员的为政准则，对西魏政治的整饬及国力的发展起到了巨大推动作用。

《六条诏书》的主要内容有六条。一是"先治心"。治民的关键在于治民者"清心"，所谓"清心"就是要使"心气清和，志意端静"，这样，邪恶的想法就不会产生。与之相关，治民者要治身，要做到"心如清水，形如白玉"，躬行"仁义""孝悌""忠信""礼让""廉平""俭约"。二是"敦教化"。宣扬道德文化教育，移风易俗，培养人民俭朴、慈爱、和睦、敬让的品质。三是“尽地利”。劝课农桑，不违农时，发展农业生产。四是“擢贤良”。要善于发掘人才，勇于起用人才，选贤任能，不拘资历和门第，让人才在实践中成长起来。而且，要精简机构，罢黜冗员。五是“恤狱讼”。明断狱案，不能滥施刑罚，而要“随事加刑，轻重皆当”。六是“均赋役”。均平赋役，调剂贫富，不可舍豪强而征贫弱。

《九条之制》

《九条之制》是北周宣帝制定的九条法令。《周书·卷七·帝纪第七》中记载：宣政元年（578年）八月，宣帝遣大使巡查诸州，诏制九条，宣下州郡。

《九条之制》的主要内容是：一，决狱科罪，皆准律文；二，母族绝服外者，听婚；三，以杖决罚，悉令依法；四，郡县当境贼盗不擒获者，并仰录奏；五，孝子顺孙、义夫节妇，表其门闾，才堪任用者，即宜申荐；六，或昔经驱使，名位未达，或沉沦蓬荜，文武可施，宜并采访，具以名奏；七，伪齐七品以上，已敕收用，八品以下，爰及流外，若欲入仕，皆听预选，降二等授官；八，州举高才博学者为秀才，郡举经明行修者为孝廉，上州、上郡岁一人，下州、下郡三岁一人；九，年七十以上，依式授官，鳏寡困乏不能自存者，并加禀恤。《九条之制》对于北周政治和社会发展起到了重要推动作用，在中国廉政史上具有重要地位 。

《北齐律》

高澄、高洋兄弟在东魏掌控国政时，就主持修撰了《麟趾格》。550年，高洋称帝后提出，《麟趾格》尚不够细致准确，于是命群臣编撰齐律。出身渤海著名律学世家封氏家族的封述及封隆、崔暹、李洋、魏收等数十人参与了主持编撰的工作。武成帝河清三年（564年），编撰工作终于完成，史称《北齐律》。

封述等人全面总结了历朝立法经验，校正古今，锐意创新，使《北齐律》成为北齐的主要法律。《北齐律》共12篇，949条。其中特意制定了“重罪十条”以维护国家根本利益。此外，《北齐律》在法典体例、篇章结构、律文内容等方面也均有创新，是三国两晋南北朝时期立法成就最高的一部法律，对于《开皇律》乃至《唐律疏议》都有直接的影响。

监察制度

行府州事

“行事”产生于东晋末年，是南朝一项特殊的地方行政制度。在刘宋初年已出现相对固定的称呼。除“行府州事”以外，还有“行郡事”“行国事”等类型，明显区别于之前的“行某官（事）”及北朝的“行某州事”。“行事”设置的背景，是南朝出镇宗王普遍年幼，对出镇幼王兼有辅佐和防范的职能。在北朝，“行某州事”也非常普遍，但在史书中往往不称为“行事”，通常临时由他官兼任或单独担任，与刺史无异。

典签

南朝地方长官之下典掌机要的官，又称主帅、典签帅或签帅。当时府州部内论事，皆用签。前叙所论事，后书某官某签，府州皆置典签掌管。本为处理文书的小吏，权力不大。刘宋中叶以后，多以幼小皇子出任方镇，君主用寒人出身的亲近左右充当典签，代替诸王批阅公事，甚至照管诸王的饮食起居，职位虽低，但实际权力渐重。

典签是南朝皇权与寒族互相利用的产物，也是寒族兴起的重要表现之一。宋、齐君主通过典签控制和监视地方军政，对于加强中央集权虽然起到了一定的作用，但并不能消除中央与地方之间的矛盾。

宗主督护

北魏初期的基层政权组织。北魏征服中原时，许多五胡十六国时期未南逃的汉族豪强地主筑堡自守，聚族而居，建立了大大小小的“坞堡”，拥有很多依附农民及一定武装力量。这些豪强被称作“宗主”，依附于他们的各类农民则是宗主的“包荫户”。宗主与包荫户之间是一种主人与佃客的关系。《通典·乡党》中记载：“后魏初，不立三长，唯立宗主督护，所以人多隐冒，五十、三十家方为一户，谓之荫附”。北魏统一北方后，无力改变这一现状，只好承认既成事实，任命这些豪强地主为“宗主督护”，代行基层政权的职能，督护百姓，助官府督察各族百姓进行生产，监收课租，并护持宗党成员得到衣食之养。

宗主督护制的实质是以宗主身份实行宗族管理，是封建国家为巩固初建立的政权而采取的权宜之计，对维护基层治安有一定作用，但对赋税的征收和徭役的调发都极为不利。因此，当国家统治关系逐渐理顺后，宗主督护制必然要被其他有效的管理制度所取代。

三长制

大小坞堡的存在，严重威胁了国家的统一。大量的隐户，也影响了国家的财政收入。北魏孝文帝太和十年，孝文帝接受汉族地主李冲的建议，废除宗主督护制，创立了三长制。三长制即五家立一邻长，五邻立一里长，五里立一党长。其职责是检查户口，监督耕作，征收租调，征发徭役和兵役。三长享有一定的优待，可以免除一人到三人的官役。

较之宗主督护制，三长制是一种历史的进步。其建立有利于加强中央对地方的统治，增加了国家的赋税收入，同时也打击了世家大族地主的利益。北魏后期社会经济明显恢复和发展，与三长制的实施密不可分。北魏后来的均田制，也是在三长制的基础上推行的。

北魏职官选任制度

北魏职官选任制度是随着鲜卑拓跋政权的封建化而逐步形成的。太祖拓跋珪建立北魏之初，于皇始元年（396年）仿行魏晋之制，“初建台省，置百官，拜公侯、将军、刺史、太守。尚书郎以下悉用文人。”此时，北魏统治者采取了任人唯贤的方针，胡汉皆用，士庶并录；任用职官不仅打破了民族界限，也逾越了魏晋以来士庶之间的等级鸿沟。

但在北魏前期，选任官吏尚无一定之规。重要职务通常在鲜卑拓跋部的豪族大姓子弟中选拔充任，基层政权体制则保留了原来的部族管理体制。

而中原汉族地区则仍行十六国时代以来的坞堡之制。北魏统治者任命各坞主为宗主督护，行使基层政权的职能。在这种情况下，职官选任只能由部族酋长和宗主督护推荐人选，朝廷任命。

魏孝文帝太和十年（486年），宗主督护制正式废止，代之以三长制。在全国普遍建立统一的政权组织后，才开始依照曹魏以来的九品中正制建立正规的选官制度。九品中正制流弊颇多，造成了“上品无寒门，下品无世族”等严重后果。针对此弊端，北魏强调因能授官，官吏晋升职务主要依据政绩。

北魏任人唯贤的职官选任制度，在一定程度上避免了官员良莠不分的现象，为防治官吏腐败构筑了第一道屏障，使胡汉各族大批富有才德的代表人士进入了政权机构，成为北魏统治的骨干力量。

侯官

侯官是北魏前期和中期设立的监察官。北魏前期，监察职能通常由多个机构或职官来执行，如御史台、内侍长等，不过这些机构或职官或是恒置不废，或是监察职能较为有限。396年，道武帝拓跋跬“始建曹省，备置百官”，开始针对国家制度进行建设。在设置百官时，也建立起监察机构，外朝有御史台（兰台）、尚书左丞、司隶校尉等监察机构和官吏，而在内朝真正发挥监察作用的，就是侯官。据《魏书·刑罚志》记载，“文太安四年，增置内外侯官，伺察诸曹外部州镇，至有微服杂乱于府寺间，以求百官疵失。”可知侯官的职能等同于御史台，职责为弹劾违法、失职官员。

班行俸禄

北魏前期，官员没有俸禄，军事将领和官吏的收入都来源于对征服地的掳掠和上级赏赐，军事官僚机构的维持经费也靠战争掠夺。随着北方的统一，战争越来越少，掠夺就转为了搜刮民财、贪污贿赂等手段。时间久了，这些行为后果越来越严重，威胁到了北魏政权的稳固。

太和八年，魏孝文帝下诏实行俸禄制，规定每户要增收帛三匹、谷二斛九斗，作为官吏的俸禄。官吏还可供给役使的“吏”和“干”。从每年十月开始，俸碌每两个月发一次。俸禄的多少，取决于当地户口的多寡、租调的多少。

俸禄制推行后，北魏政府也开始大张旗鼓地惩治贪污、整顿吏治。在俸禄制实施前，北魏对官吏贪赃的处罚仅为“枉法十匹，义赃二百匹大辟[①]。”施行俸禄制后，官吏贪赃枉法一匹以上即行处死，也不准官吏通过经商谋利。俸禄制加重了对官吏贪污行为的处罚，使北魏长期积累的贪污等吏治弊端，得到了及时治理、整肃。

免官制度

自古以来，免官是我国古代对犯罪官吏的一种处罚制度。南北朝各政权将免官处罚作为治吏的重要手段纳入官吏管理体系，使之在强化君权、严明法纪、整饬吏治、督促官员遵纪守法、勤于政事、维护王朝稳固等方面起到了十分重要的作用。

免官处罚的适用范围十分广泛。一是直接威胁专制政权的犯罪。这类犯罪往往表现为对皇帝的专制权力与皇帝尊严的侵犯，以及违背皇帝的旨意、基本政策、诏令、泄密等。二是职务犯罪。包括官吏的失职、违制、贪贿等行为。贪污受贿也是刘宋时期严重的职务犯罪之一。三是军事犯罪。刘宋因军事犯罪被免官主要有兵败丧师、追敌不及、出军迟留等情形。四是妨害社会管理秩序。主要有强取豪夺，虐待、残害下属及百姓，夺人妻为妾，赌博，包庇犯法的门生，违礼犯罪等情形。五是并发犯罪。主要适用于犯了多种罪行被免官的情形。

官员被免后大多数还会被重新起用，但复出时间存在较大差异。有的长期被闲置，有的几年以后被起用，更有快速复用的情况。被免职的官员所犯罪行的性质、家族背景的优劣、与君主关系的亲疏、当时政治军事形势等，是决定其何时被重新起用的重要参考因素。

考课制度

南北朝时期继续实行考课制度，西魏文帝发了六条诏书：“一曰先修心，二曰敦教化，三曰尽地利，四曰擢贤良，五曰恤狱讼，六曰均赋役”。

---

① 大辟，是中国古代五刑之一，隋以前死刑的通称。隋唐以后五刑刑名不用大辟，俗称“死刑”。

到了北魏，孝文帝规定：“自今牧守温仁清俭、克己奉公者，可久于其任。岁积有成，迁位一级。”而且，北魏统治者对地方官的考课更加严密具体，不仅规定了考第的划分及其与奖惩的关系，还明确了考核者的职权范围及考课年限。这些既为前代考课制度增添了新内容，又为隋唐地方官吏考课制度奠定了基础。

廉政清芬

徐勉

徐勉（466—535 年），南朝梁朝大臣。梁师北伐时，徐勉参掌军书，经常不回家，家犬因不识自己而狂吠。徐勉感叹道：“吾忧国忘家，乃至于此。若吾亡后，亦是传中一事。”

徐勉选官公正无私，曾与门人夜集。宾客中有求官者，他正色答道：“今夕可谈风月，不宜及公事”，传为一时美谈。徐勉“虽居显职，不营产业，家无蓄积，俸禄分赡亲族贫乏者。”门人故旧劝他置业求利，徐勉答曰：“人遗子孙以财，我遗之清白。子孙才也，则自致辎軿，如不才，终为他有。”徐勉告诉儿子，如果经营获利，一定要注意分配合理，并且分利时还要照顾到女儿们：“若有所收获，汝可自分赡内外大小，宜令得所，非吾所知，又复应沾之诸女尔。”徐勉认为有利在后，有事在先，若能这样做，便会带来更大的利益。

徐勉鼓励儿子徐崧向贤人看齐，认为忽略这一点就是虚度时光，而虚度时光就是抛弃自身，这关系到身名的美恶。徐勉希望子孙能继承廉洁清白的家风，他虽然支持儿子经营产业，但在处理物质财富与精神财富关系的问题上，他的志趣偏重于精神财富。

苏绰

苏绰（498—546 年），字令绰，京兆郡武功县（今陕西武功）人，南北朝时期西魏名臣。

苏绰是历史上少有的精通数学的政治奇才。他为西魏的实际掌权者、北周政权的奠基者宇文泰起草的《六条诏书》中，要求各级官吏必须熟记《六条诏书》和记账之法，拒绝贪污，廉洁节约，清心思虑，秉公处理政务，并建立文案程式。他要求各级官吏所办事项都要绩效勾检，确保落实；将所有收支黑笔记入，红笔记出，收支数据一目了然；对于财政收支，每年登记户口、土地、赋税，统计出下年度的国家赋税收入，然后量入为出。

苏绰勤俭朴素，不经营产业，家里没有多余的财产。由于天下尚未平定，苏绰把国家大事当作自己分内的职责。他广泛访求贤能英杰之士，共同弘扬治国之道。凡是他所推荐提拔的，后来都做了高官。宇文泰也对他推心置腹，委以重任，彼此之间没有猜忌。有时宇文泰外出巡游，便把预先签字的空白纸张交给苏绰，如果有急需处理的政事，苏绰可根据情况决断，宇文泰回来时，也只是打开看一下。

杜弼

杜弼（490—559 年），字辅玄，中山曲阳（今河北曲阳县）人。杜弼自幼聪敏，出生寒门。以军功起家，投靠大将军高欢，官至胶州刺史，迁中书令，封长安县开国伯。杜弼为官清洁仁恕，深恶贪官污吏。因一生敢言直谏，遭奸佞嫉恨。北齐天保十年，杜弼被北齐文宣帝枉杀，时年六十九岁。北齐天统五年，平反昭雪，谥号文肃。

袁聿修

袁聿修（511－582 年），字叔德，陈郡阳夏（今河南太康）人。袁聿修在官廉洁奉公，为政清静，声誉颇佳。

袁聿修七岁时父亲去世，他守丧时的起居礼度，与成人相仿。九岁时即被北魏朝州里辟署为主簿，十八岁时领本州中正。天保初，任太子庶子，代理博陵太守。东魏孝静帝武定年末，任太子中舍人，后官至吏部尚书。

袁聿修为官廉洁奉公，被称为“清郎”“清卿”。北齐武成帝大宁初，袁聿修以太常少卿出使巡察河南诸州，并受命考核官员的得失。袁聿修经过兖州时，邢邵正担任兖州刺史，两人分别后，邢邵派人送给袁聿修白绸一匹为信。袁聿修退绸不受，写信给邢邵说：“今天经过您那里，与平日出行不同，瓜田李下，必须避嫌，古人对此是慎重的。人言可畏，应该像防水患一样，愿您体会此心，不至于重责。”邢邵也欣然领会，回信说：“先前的赠送，过于轻率，未加考虑，老夫匆忙之间，没有想到这个问题。敬承来信，我没有不高兴。您过去是‘清郎’，现今是‘清白廉洁的少卿’了。”

昏暴贪佞

朱异

朱异（483—549年），字彦和，吴郡钱唐（今浙江杭州市）人。南朝梁奸臣、诗人，梁武帝萧衍的宠臣。

朱异仰仗着梁武帝的宠幸，大肆收受贿赂，使得官场风气愈加秽浊。547年，东魏大将侯景派人前来接洽投降。侯景臭名昭著，群臣纷纷反对纳降，武帝不悦，朱异迎合梁武帝好大喜功的性情，竭力劝说其接受侯景的投降：“您这样伟大，谁不仰慕？他们只是没有机会表达出来。现在侯景带着土地归降，分明是天意，若拒不接纳，恐怕会断绝后来求降者的希望，还是别怀疑了。”武帝听了朱异的上奏，十分满意，不仅决定收留侯景，还用高规格待遇来迎纳侯景。侯景后来起兵作乱，向梁武帝发起了攻击。鄱阳王萧范多次密奏朝廷，并拿出了确凿的证据证明侯景要造反，但都被朱异驳回：“鄱阳王怎么就不让国家容下侯景这一个客人呢？”侯景轻易地渡过长江，包围了南梁都城建康。梁武帝在侯景的囚禁之下活活饿死。

陈后主

陈后主是南陈末代皇帝，名陈叔宝。陈叔宝（553—604年），字元秀，小名黄奴。吴兴长城（今浙江长兴）人。

陈叔宝当上皇帝后，嫌弃自己住的地方太过简陋，于是举全国财力大兴土木，在宫中营建楼阁无数，供养自己喜爱的妃嫔每日游玩作乐。当时陈朝的国力很弱，北方的杨坚在灭掉北齐北周建立隋朝后，已准备大举南下攻打陈朝。陈叔宝本应勤俭节约，励精图治，聚集国力，以应付隋朝即将发动的战争。但是他非但没有收敛，反而穷奢极欲，只知享乐。陈朝很快就在隋军的进攻下土崩瓦解，而宫中日日演奏的《玉树后庭花》也成了亡国之音的代名词。陈叔宝被掳至长安，受封长城县公。隋文帝杨坚赐予宅邸，礼遇甚厚，他仍旧沉湎酒色，醉生梦死。

隋朝仁寿四年(604 年)，陈叔宝病死于洛阳，终年 52 岁，追赠大将军，谥号炀，葬于洛阳邙山。

尔朱荣

尔朱荣(493—530 年)，字天宝，北秀容(今山西朔州)人，契胡人，北魏末年权臣。

尔朱荣早年袭承父位，担任契胡部第一领民酋长，后招兵买马，力量逐渐发展壮大。北魏统治者笼络他镇压农民起义。北魏孝昌二年(526 年)八月，尔朱荣举兵袭取肆州(今山西忻州)，自置官吏，兵势渐盛，朝廷不能制。武泰元年(528 年)，乘孝明帝元诩被胡太后毒死之机，借口为孝明帝报仇，自晋阳率军南下，迎长乐王元子攸为帝，是为孝庄帝，自任侍中、都督中外诸军事、大将军、尚书令、太原王，专断朝政。又借口丞相高阳王元雍谋反，围杀王公、百官 2000 余人，还一度挟持了魏孝庄帝。不久还师晋阳。尔朱荣虽居外藩，却在朝廷里大量安置亲信党羽，占据要职，窥伺动静，遥控朝政。同年九月，尔朱荣大破葛荣数 10 万起义军，升任大丞相、都督河北畿外诸军事。次年九月，尔朱荣击灭葛荣别部韩楼起义军。永安三年(530 年)四至七月，又遣骠骑大将军尔朱天光等至关中地区镇压万俟丑奴、万俟道洛、王庆云起义军。九月，率随从 30 余人入朝洛阳，为孝庄帝所杀。

李洪之

李洪之，本名文通，恒农人，北魏军人。

太平真君年间，李洪之在狄道当护军，获赐安阳男爵。恰逢永昌王拓跋仁跟随世祖南征，得到元后姊妹两人。李洪之以同宗族人的名义暗地里用金钱礼物馈赠元后姊妹，同她们结为兄妹，久而久之就如同亲生兄妹一样。元后被纳入后宫，得到高宗的宠爱，生下了显祖献文帝拓跋弘。元后临死的时候，昭太后问她有什么亲戚，她只说有一个哥哥名叫李洪之。从此李洪之就自称是显祖的亲舅父，凭着外戚的身份被授予河内太守，爵位晋升为任城侯，一切礼仪待遇都与刺史相同。

李洪之为官不时接受贿赂。当时魏孝文帝刚刚设立俸禄制，法律禁令严厉，于是锁拿李洪之进京。魏孝文帝亲自到太华殿，在朝廷上诏集群臣责备李洪之。由于李洪之是大臣，便让他在家中自尽。李洪之平时性情激昂，很多处罚都能忍受。他患疹子针灸治疗，点燃的艾炷将近二寸粗，头脚放有十多处，同时刺下，谈笑自若，接待宾客不止。可等到临死时，他沐浴穿戴，由押解的士卒扶持着，反复遍巡家中各室，哭泣哀叹了很久，才卧床吞药。

名文名篇

为书诫子崧

南朝·梁·徐勉

吾家世清廉，故常居贫素，至於产业之事，所未尝言，非直不经营而已。薄躬遭逢，遂至今日，尊官厚禄，可谓备之。每念叨窃若斯，岂由才致？仰藉先代风范，及以福庆，故臻此耳。古人所谓以清白遗子孙，不亦厚乎？

【译文】

我家世代都很清廉，因此常过着清贫朴素的生活，至于产业的事情，从未谈起过，不只是从来没有营求过。自身卑微辛苦的际遇，就一直到了今天，尊贵的官职和丰厚的俸禄，可以说是都有了。每想到得到这些，哪里是由于自己的才能呢？那是依靠先代的风范榜样，以及靠着福运降临，才能这样啊。古人所说将清白留给子孙，不也是很丰厚的礼物吗？

【名句】

古人所谓以清白遗子孙，不亦厚乎？

【精析】

此文主要是体现作者以“清白家风遗子孙”的思想教育子女。他说，我们家族世代为官，但世代有清廉的家风，家庭生活向来贫穷。我现在有官位有厚禄，不是我有多么大的本领，是受祖上留下的清廉家风的影响。徐勉深刻洞察了官禄与清廉之间的辩证关系，是非常睿智的。

颜氏家训·慕贤

北齐·颜之推

古人云："千载一圣，犹旦暮也；五百年一贤，犹比膞也。"言圣贤之难得，疏阔如此。傥遭不世明达君子，安可不攀附景仰之乎？吾生于乱世，长于戎马，流离播越，闻见已多；所值名贤，未尝不心醉魂迷向慕之也。人在年少，神情未定，所与款狎，熏渍陶染，言笑举动，无心于学，潜移暗化，自然似之；何况操履艺能，较明易习者也？是以与善人居，如入芝兰之室，久而自芳也；与恶人居，如入鲍鱼之肆，久而自臭也。墨子悲于染丝，是之谓矣。君子必慎交游焉。孔子曰："无友不如己者。"颜、闵之徒，何可世得！但优于我，便足贵之。

世人多蔽，贵耳贱目，重遥轻近。少长周旋，如有贤哲，每相狎侮，不加礼敬；他乡异县，微藉风声，延颈企踵，甚于饥渴。校其长短，核其精粗，或彼不能如此矣。所以鲁人谓孔子为东家丘，昔虞国宫之奇，少长于君，君狎之，不纳其谏，以至亡国，不可不留心也。

用其言，弃其身，古人所耻。凡有一言一行，取于人者，皆显称之，不可窃人之美，为己力；虽轻虽贱者，必归功焉。窃人之财，刑辟之所处；窃人之美，鬼神之所责。

梁孝元前在荆州，有丁觇者，洪亭民耳，颇善属文，殊工草隶；孝元书记，一皆使之。军府轻贱，多未之重，耻令子弟以为楷法，时云："丁君十纸，不敌王褒数字。"吾雅爱其手迹，常所宝持。孝元尝遣典签惠编送文章示萧祭酒，祭酒问云："君王比赐书翰，及写诗笔，殊为佳手，姓名为谁？那得都无声问？"编以实答。子云叹曰："此人后生无比，遂不为世所称，亦是奇事。"于是闻者稍复刮目。稍仕至尚书仪曹郎，末为晋安王侍读，随王东下。及西台陷殁，简牍湮散，丁亦寻卒于扬州；前所轻者，后思一纸，不可得矣。

齐文宣帝即位数年，便沉湎纵恣，略无纲纪；尚能委政尚书令杨遵彦，内外清谧，朝野晏如，各得其所，物无异议，终天保之朝。遵彦后为孝昭所戮，刑政于是衰矣。斛律明月，齐朝折冲之臣，无罪被诛，将士解体，周人始有吞齐之志，关中至今誉之。此人用兵，岂止万夫之望而已哉！国之存亡，系其生死。

张延隽之为晋州行台左丞，匡维主将，镇抚疆场，储积器用，爱活黎民，隐若敌国矣。群小不得行志，同力迁之；既代之后，公私扰乱，周师一举，此镇先平。齐亡之迹，启于是矣。

【译文】

古人说："一千年出一位圣人，已经近得像从早到晚那么快了；五百年出一位贤人，已经密得像肩碰肩一样了。"这是说圣人贤人稀少难得，已经到这种地步了。假如遇上世间少有的明达君子，怎能不攀附景仰呢？我出生在乱世，在兵荒马乱中长大，颠沛流离，所见所闻已经很多。遇上名流贤士，总是心醉魂迷地向往仰慕人家。人在年轻的时候，精神性情都还没有定型，和那些情投意合的朋友朝夕相处，受到他们的熏渍陶染，人家的一言一笑，一举一动，虽然没有存心去学，但是潜移默化之中，自然跟他们相似。何况操守德行和本领技能都是比较容易学到的东西呢？因此，与善人相处，就像进入满是芝草兰花的屋子中一样，时间一长自己也变得芬芳起来；与恶人相处，就像进入满是鲍鱼的店铺一样，时间一长自己也变得腥臭起来。墨子因看见人们染丝而感叹，说的也就是这个意思。君子与人交往一定要慎重。孔子说："不要和不如自己的人交朋友。"像颜回、闵损那样的贤人，我们一生都难遇到！只要比我强的人，也就足以让我敬重了。

常人多有一种偏见：对传闻的东西很感兴趣，对亲眼所见的东西则很轻视；对远处的事物很感兴趣，对近处的事物却不放在心上。从小一起长大的人，如有谁是贤能之士，人们也往往对他轻慢侮弄，而不是以礼相待；而处在远方异土的人，凭着那么点名声，就能令大家伸长脖子、踮起脚跟去朝思暮盼，那种心情好像比饥渴还难以忍受。他们饶有兴致地评说人家的优劣，不厌其烦地讲究人家的得失，好像那里的人不会如此似的。因此，鲁国的人称孔子为"东家丘"。先前，虞国的宫之奇年龄稍长于国君，国君就很轻视他，反而不能采纳他的意见，以致亡了国，这个教训不能不牢记在心。

采用了某人的意见却又抛弃了这个人，这种行为被古人认为是可耻的。

凡采纳一个建议、办理一件事情，这就是得到别人的帮助，应该表明，不该窃取他人成果，当成自己的功劳。即使是地位低下的人，也必须要肯定他的功劳。窃取别人的钱财，会遭到刑罚的处置；窃取别人的成果，会遭到鬼神的谴责。

梁孝元帝以前在荆州时，他那里有一位叫丁觇的人，是洪亭人氏，非常爱好写文章，特别擅长草书和隶书；孝元帝的文书抄写，全都交给他去干。军府中那些地位低下的人，大多数小瞧他，耻于让自己的子弟去临习他的书法，当时比较流行的话是："丁君写上十张纸，抵不上王褒几个字。"我十分喜爱他的墨迹，经常把它们珍藏起来。孝元帝曾经派典签惠编送文章给祭酒萧子云看，萧子云就问惠编："君王最近写有书信给我，还有他的诗歌文章，书法特别漂亮，那书写者实在是一个罕见的高手，他姓甚名谁？怎么会一点名声都没有呢？"惠编据实回答了。萧子云感叹道："没有哪个后生能与他相比，竟然没有得到世人所称道，也算是奇事一桩。"从此，听说此事的人才稍稍注意他。丁觇后来渐渐升任到尚书仪曹郎的位置，最后任晋安王侍读，随晋安王东下。等到江陵陷落的时候，那些文书信札一起散失了，丁觇没多久也在扬州逝世。过去轻视他的人，后来再想得到他的一纸墨迹也是不可能了。

齐朝文宣帝即位几年以后，便沉湎酒色，放纵恣肆，一点不顾及法纪。但他尚能将政事交给尚书令杨遵彦处理，所以朝廷内外，清静安宁，各种事务都能够得到妥善安排，大家都没有什么意见，这种局面一直保持到天保之朝结束。杨遵彦后来被孝昭帝杀害，国家的刑律政令从那以后就衰败了。斛律明月是齐朝安邦却敌的重臣，无罪被杀，军队将士因此而人心涣散，周国才产生了吞并齐国的欲望，关中一带人民一直到现在对他仍称赞不已。这个人用兵，岂止是千万人希望之所归而已啊！他的生死，维系着国家的存亡。

张延隽任晋州行台左丞时，辅助主将，镇守安抚疆界，储藏聚集物资，爱护救助百姓，其威严庄重仿佛可与一国相匹敌。那些卑鄙小人不能按照自己的意愿行事，就联合起来贬放逐谪他。取代了他之后，晋州一片混乱，周国军队一起兵晋，州城就先被平定。齐国败亡的迹象，就从此开始了。

【名句】

是以与善人居，如入芝兰之室，久而自芳也；与恶人居，如入鲍鱼之肆，久而自臭也。

【精析】

《颜氏家训》是南北朝时期颜之推创作的家训。《慕贤》篇表达了作者仰慕贤才的愿望。作者认为，一个人在年少的时候，应该多接触有德行的君子。对于那些有德有才的人，平时一定要对他们尊敬，并且努力向他们学习。对古代的贤人如此，对身边德才兼备的人也要如此。这样，在潜移默化之中，自己的性情也会藉此得到很好的陶冶。

格言警句

观天下书未遍，不得妄下雌黄。

【注释】出自《颜氏家训·勉学》。意思是说，没有把天下所有的书读个遍，就不要信口雌黄地发表观点。

诛恶及本，本诛篇恶消；振裘持领，领正篇毛理。

【注释】出自《后汉书·儒林列传》卷七九上。意思是说，除恶要除到根本上，根本的除掉了恶自然就消失了；整理皮裘要抓住领子，领子拿正了，则毛自然就理顺了。

知而不言，是不忠之臣；不知而言，乃不智之臣。

【注释】出自《南齐书·崔慧景附崔偃》。意思是说，明明知道而故意不说，是不忠诚的臣子；不知道却信口开河，是不智慧的臣子。

人患志之不立，亦何忧令名不彰耶！

【注释】出自《世说新语·自新》。意思是说，一个人怕的是不能立志，又何必担心有了成就而美名得不到显扬呢！

诗词曲赋

拟行路难·其四

南朝·宋·鲍照

泻水置平地，各自东西南北流。
人生亦有命，安能行叹复坐愁？
酌酒以自宽，举杯断绝歌路难。
心非木石岂无感？吞声踯躅不敢言。

【译文】

往平地上倒水，水会各自向不同方向流散。人生是既定的，怎么能成天自怨自艾。喝酒来宽慰自己，因举杯饮酒而中断歌唱《行路难》。人心又不是草木怎么会没有感情？欲说还休欲行又止不再多说什么。

拟行路难·其六

南朝·宋·鲍照

对案不能食，拔剑击柱长叹息。
丈夫生世会几时？安能蹀躞垂羽翼！
弃置罢官去，还家自休息。
朝出与亲辞，暮还在亲侧。

弄儿床前戏，看妇机中织。
自古圣贤尽贫贱，何况我辈孤且直！

【译文】

对着席案上的美食却难以下咽，拔出宝剑对柱挥舞发出长长的叹息。
大丈夫一辈子能有多长时间，怎么能小步走路的失意丧气？
放弃官衔辞职离开，回到家中休养生息。
早上出家门与家人道别，傍晚回家依然在亲人身边。
在床前与孩子玩耍，看妻子在织布机前织布。
自古以来圣贤的人都生活得贫贱，更何况我这样的清高孤寒又正直的人呢？

小说传奇

《世说新语》

《世说新语》是我国魏晋南北朝时期志人小说类型的一部代表作，主要为有关汉末到晋宋间名士的人物评论、清谈玄言和机智应对的故事。由南朝刘宋宗室临川王刘义庆（403—444 年）组织一批文人编写的，梁代刘峻作注。全书原 8 卷，刘峻注本分为 10 卷，今传本皆作 3 卷，分为德行、言语、政事、文学、方正、雅量等 36 门，全书共 1000 多则。作品语言简练，文字鲜活，兼具历史和文学价值，自问世以来便深受文人的喜爱。

《世说新语》书中所载人物均为历史上实有，但他们的言论或故事则有一部分出于传闻，不是都符合史实。此书中相当多的篇幅杂采众书而成。《世说新语》对当时官场的情况也有所涉及。各篇通过许多人物的逸闻轶事和生动言谈，形象地反映了当时的社会风貌，尤其是士族阶层的生活状况、文化习尚乃至他们的精神世界。魏晋时期社会动荡，当时的士大夫阶层以饮酒、纵情山水等方式来摆脱压力，逃避现实。《世说新语》通过对魏晋时期士大夫阶层的生活、言谈等描述，含蓄地表达了社会要久安，老百姓渴望安宁的愿望。

《冤魂志》

《冤魂志》，是一部讲述因果报应的志怪小说集。它由著名学者、文学家颜之推所著，成书于魏晋南北朝时期，书中内容揭露了封建统治阶级滥杀无辜的暴行，展现了封建统治阶级内部矛盾及斗争，讴歌了清廉正直的清官，反映了劳动人民在动乱年代遭受的苦难。

书中有这样一个故事：虔州参军崔进思，依仗郎中孙尚容的势力，押送进贡的金钱去京都。一共送去五千贯，每贯里另收三百文作路费。百姓们哀声不止，哭天号地。到了瓜步江，船遇大风沉了，一文钱也没有留下。为了赔偿，崔进思卖光了财产田园，还被解除了官职，最终无处求生。一个对百姓横征暴敛最终遭到报应的贪官形象，就这样跃然纸上了。

成语俗语

割席断义

【注释】指朋友断绝情义。源自《世说新语·德行》："管宁、华歆共园中锄菜，见地有片金，管挥锄与瓦石不异，华捉而掷去之。又尝同席读书，有乘轩冕过门者，宁读如故，歆废书出看。宁割席分坐，曰：'子非吾友也。'"

咄咄怪事

【注释】表示吃惊的声音。形容不合常理，难以理解的怪事。源自《世说新语·黜免》："殷中军被废在信安，终日恒书空作字，扬州吏民寻义逐之，窃视，唯作'咄咄怪事'四字而已。"

千万买邻

【注释】形容好邻居的可贵。南朝梁武帝时期，吕僧珍不徇私情、廉洁奉公的品德，受到了人们的景仰和称颂。有一位离职的官员宋季雅为了和吕僧珍作邻居，特地花了一千一百万买了吕僧珍邻家的一幢房屋定居下来。他说"一百万是买房屋，一千万是买邻居。"源自《南史·吕僧珍传》。

一衣带水

【注释】只有一条衣带那样宽的水面，形容隔着水面的两个地区极其邻近。581年，隋文帝杨坚夺取北周政权，建立了隋朝。587年，隋文帝决心灭陈，说："江南的士民被陈叔宝害得够苦了，我怎能因长江一衣带水的阻隔而不去拯救他们！"589年春天，陈国被灭，隋朝统一了中国。源自《南史·陈后主纪》。

目光如炬

【注释】眼光亮得像火炬。后用来形容见解高明，目光远大。源自

《南史·檀道济传》中南朝宋将领檀道济蒙受冤屈被杀的故事。

听人穿鼻

【注释】比喻毫无主见，任人摆布。齐武帝临终时，嘱托徐孝嗣辅佐嗣主齐简文帝，治理朝政，徐孝嗣身居宰相之位，但无宰相才德，遇事没有主见，处处受制于人，致使萧鸾篡夺帝位，史称齐明帝。源自《南史·张弘策传》。

釜底抽薪

【注释】比喻从根本上解决问题。侯景公开叛变东魏投奔梁朝，东魏丞相高澄命令中书侍郎魏收撰写《为侯景叛移梁朝文》，将移文送到梁朝，文中有“抽薪止沸、剪草除根”的话，意思是说，萧梁如果不支援侯景并把他交出，那就好比从锅底下抽掉柴火一样，能从根本上解决问题。源自北齐·魏收《为侯景叛移梁朝文》。

宁为玉碎，不为瓦全

【注释】宁做玉器被打碎，不做瓦器被保全。比喻宁愿保持高尚的气节死去，不愿屈辱地活着。550年，独揽东魏朝廷大权的丞相高洋，逼迫孝静帝元善见把皇位让给自己，建立了一个新的王朝——北齐，为了巩固他的统治，他下令把魏帝元氏宗室近亲44家逮捕下狱，押到东市处死，前后共杀掉七百多人，魏帝的一些远房宗族非常恐慌，生怕哪一天大祸也会降落到自己头上。于是他们聚在一起商量办法。定襄令元景安提出，去请求高洋允许他们脱离元氏，改姓高氏。元景安的堂兄景皓坚决反对，他说：“怎么能抛弃自己的宗族，去改从别人的姓氏呢？大丈夫宁作玉器被打碎，不作瓦器得保全。”源自《北齐书·元景安传》。

第七篇

隋朝廉政文化经典

廉政思想

隋文帝

隋文帝杨坚（541—604 年），隋朝的建立者，他励精图治，开创了“开皇之治”。

隋朝建国后，为了加强中央集权，杨坚正式下令废除了九品中正制，将选官权力收归中央。规定以文章华美为标准，各州每年各选拔三人上荐给朝廷。后又下令京官五品以上、地方官总管、刺史等通过“志行修谨”“清平干济”二科推荐人才。

杨坚曾是北周权臣，亲眼目睹北周腐败没落的过程，对于贪腐的危害深有体会，更深深地明白勤俭建国的道理。杨坚在位时极力推行廉政。《隋书·高祖纪》中记载，杨坚“躬节俭，平徭役，仓廪实，法令行，君子咸乐其生，小人各安其业，强无凌弱，众不暴寡，人物殷阜，朝野欢娱。”他当皇帝时，日常饮食很少吃肉，只要不举行宴会，最多只有一个肉菜。他的穿戴一般不用金玉饰品，衣服多是布帛所制，很少有绫罗绸缎；同时规定宫中的妃妾不作美饰，衣服只要能穿就不换新的；教育太子要节俭，时常告诫他“古帝王没有好奢侈而能持久”的道理；他还要求官员不要讲排场、摆阔气，出行要轻车简从，生活要朴素，一切从简。对于自己死后的葬礼，隋文帝杨坚也在遗诏中说“务从节俭，不得劳人。”

杨坚很注意对勤政廉洁的官员进行奖励，对贪污受贿者，不论官职高低和受贿多少，一律处以死刑，绝不姑息。仅开皇十三年（593 年），就有晋州刺史、南阳郡公贾悉达，隰州总管、抚宁郡公韩延等人因贪污受贿被处以死刑。面对不法贪官，除了监督，杨坚甚至派人暗地里向一些可疑的官员行贿，“私以贿之”，这些人一旦接受，立即处死。

房彦谦

房彦谦（547—615 年），字孝冲，东魏到隋朝官员，东汉司空房植的十三世孙，北魏龙骧将军房法寿的玄孙，唐朝名相房玄龄之父。

世家文化熏陶和动荡政局，铸就了房彦谦清廉正直的品格和娴熟的从政能力。房彦谦 18 岁就担任了家乡齐郡的主簿，并一直在政府任职，40 岁被郡守举荐进京，做了监察御史，其职责是“分察百僚，巡按郡县，纠视刑狱，肃整朝仪”。房彦谦后迁为河南长葛县令，在全国官员考核中，因其清正廉洁，被评为“天下第一”，并因此而晋升郡司马。史书记载，当房彦谦升迁离职时，地方百姓拦路挽留，并为其立碑颂德。房彦谦所得俸禄大多周济了同事亲友，以至于史书称其“家无余财”。他曾经和其子房玄龄说过：“人皆因禄富，我独以官贫，所遗子孙，在于清白耳。”

李谔

李谔，字士恢，赵郡人，为人方正耿直，通晓时务。初仕北齐，为中书舍人。进入北周，拜天官都上士。隋朝成立，历比部、考功二曹侍郎，封南和伯。迁治书侍御史，出为通州刺史。

隋文帝杨坚担任北周丞相时，十分亲近李谔，经常向他询问为政得失等事。当时，天下常有战乱，国家在战争上耗费了很多资源，李谔遂呈上《重谷论》来讽谏。杨坚采纳了李谔的建议。当时，北齐取士的一个基本途径，是由地方官长或权贵名流举荐参加秀才对策考试，对文华的要求较高。因此，北齐世人常以文华交游、求誉，不单单是为了消遣娱乐，更大的目的在于凭此进仕。身为治书侍御史的李谔认为，这种选拔官吏的方式过分看重文华，但却忽略了经学这一“实学”，于是上书要求纠正这一丢弃根本、追逐末节的社会问题。李谔详细陈说了自高自大的人做官的弊端，请求加以纠罪贬黜，以匡正风气。隋文帝看后，把李谔的相关奏章颁布天下，这样，四海之内都趋于风教，深刻地革除了文华进仕的弊端。

监察律典

《开皇律》

作为隋朝的第一部成文法典，《开皇律》在篇章体例、基本内容等各个方面对前朝的立法经验进行了总结，并在此基础上进一步发展。《开皇律》是隋朝立法的最高成就，也是我国法制史上极具代表性的一部成文法典，为中华法系的典型代表——唐律提供了直接蓝本，更为后世立法提供了一个优秀的模板。

《开皇律》共计十二篇、五百条，包括名例律、卫禁律、职制律、户婚律、厩库律、擅兴律、贼盗律、斗讼律、诈伪律、杂律、捕亡律、断狱律。《开皇律》律条严苛，尤其是对官员。其中的职制律专门针对如何设置、选任官员等方面做出了规定。这是《开皇律》区别于其他朝代律制的一个重要方面。《开皇律》的有效实施，使官员们开始少犯律或不犯律，更震慑豪强官吏不敢太过作恶，有效地遏制了官员们的贪污、腐败，为隋初各项政治改革措施的有效推行提供了保证。客观来讲，《开皇律》保护了百姓的利益，减轻了民众的苦难，使魏晋以来一直处于尖锐状态中的阶级矛盾和冲突得以缓解，令百姓得以休养生息，安心生产，发展经济，为隋初空前安定繁荣的社会局面的形成奠定了有效基础。

《大业律》

大业二年（606 年），隋炀帝命牛弘等人在《开皇律》的基础上重修律令，共十八篇，五百条，于大业三年（607 年）颁行。《大业律》中关于防止贪污腐败的条文十分完备。与《开皇律》相比，《大业律》强调“用法宽缓”。以“株连制”为例，《开皇律》规定，“衅门子弟，不得居宿卫近侍之官”，即对于那些曾谋反谋叛者的子弟，要实施禁锢且不得为官。隋炀帝废除了这一条款，并发布诏令“诸犯罪被戮之门，期已下亲，仍令合仕，听预宿卫近侍之官”。这样做，既大大缩小了株连的范围，让关系较远的无罪亲属免遭株连，同时也为国家选用人才理清了不必要的障碍。

《刺史巡察六条》

《刺史巡察六条》是隋炀帝特别制定的地方性监察法规。

“六察”分别为：一察品官以上理政不能；二察官人贪残害政；三察豪强奸猾，侵害下人，及田宅逾制，官司不能禁止者；四察水旱虫灾，不以实言，枉征赋役，及无灾妄蠲免者；五察部内贼盗，不能穷逐，隐而不申者；六察德行孝悌，茂才异行，隐不贡者。

《刺史巡察六条》进一步发展和完善了西汉的刺史制度。其制定背景同样是为了针对当时特定的社会政治现实。其监察对象包括地方上所有品官以上的官员，监察重点包括地方官员的理政能力、贯彻执行中央政策法令的能力以及贪赃枉法情况。《刺史巡察六条》为刺史监察的制度化、法制化提供了保障。

监察制度

五省六曹制

隋朝建立后，将北周仿照周礼设立的官爵制度废除，设尚书、门下、内史、秘书、内侍五省。其中秘书省掌书籍历法，内侍省掌宫廷宦官机关。这两省很少涉及国家政务层面。内史、门下、尚书三省是实际上的中枢机关。尚书省下设六曹，分别为吏、度支、礼、兵、都官、工。后来度支曹更名户部，都官曹更名刑部，六曹更名六部，为五省六部制。

事前监督

事前监督，主要目的是防止国家决策出现重大失误，法规政令出现严重偏差，减少或杜绝危害行为的发生。其主要表现方式是监察官行使谏诤权与封驳权。谏诤是监察官的法定职权，其本质就是监督立法和决策。只要是监察官认为不合时宜的，不管是皇帝言行、国家政令，还是社会风俗习惯，都可以向皇帝提出建议或劝告。关于这一职权，监察官既可以在皇帝诏令、国家政策酝酿颁行之前提出，也可以在政令颁布之后。隋朝时期，监察官谏诤的内容主要包括减轻赋役、限制贵宠擅权、殿廷去杖、禁奢侈、倡节俭、禁词华、提倡朴实文风等。谏诤的方式分为廷争和上封事两种。廷争指在朝堂上对皇帝当面直言得失，上封事指通过书面奏章的形式指出皇帝为政的得失。封驳是隋朝监察体系中言谏系统的法定权力，归属门下省。指门下省有权审核内史省起草的制敕诏令及政策法规，如有差失或不便施行，驳正封还；中央各部上奏的章疏表状有违失则驳正；法司或三司会审的重大案件，如刑名不当，量刑轻重有失，有权依法驳回重判。

事中监督

事中监督指御史对各级衙门和官吏贯彻执行国家政策法令所进行的实时监督。受理申诉和控告，巡视刑狱，审录囚徒等均是监察机关法定的职权。此外，御史事中监督还表现在监军、监决、监督学术争鸣等活动当中。到炀帝中后期，“凡是兴师动众，京都留守，及与诸蕃互市，皆令监之。”可以说，隋朝的监察已经无所不监、无所不察。

事后监察

事后监察是御史实施监督监察的最后一道防线，是事实结果发生之后，对政府的决策失误及时补救或纠正，防止更大的失误或损失；对官吏的违法违纪，失职渎职行为进行弹劾，追究其行政责任或刑事责任，目标是纠谬惩恶，保证国家机器良性运转。隋文帝时，对地方州县的监察未形成定制，故根据形势需要，不定期选派御史台主官或其他政府官员巡视地方，事毕即归朝复职或任命新的重要官职。隋文帝在位的 24 年时间里，派大使出巡地方不下 17 次，其代表中央行使权力，了解民风政情，检查文卷，稽查钱粮，举荐贤才，抚慰救济，充当皇帝耳目，发现问题，及时上报解决，从而使监督监察处于积极主动的地位。炀帝即位后，一方面继续实行不定期的遣持节使巡行郡县，主要由谒者台奉诏出使；一方面建立定期的巡察制度，主要由司隶台负责，每年二月刺史出巡地方，十月入奏，以“六察”法规作为考察地方官的标准和依据。对于不遵守法纪，不认真履行职责，失职渎职的官员，御史提起弹劾，追究其行政责任或刑事责任。

公文档案制度

开皇初，隋朝建立了公文档案制度。政府机关的行政行为必须严格遵守各项规章制度、法律规范及公文批示。公文档案制度的建立，对官吏依法行使权力起到非常有意义的督察作用，对于规范政府行政行为极为有益。监察机关依法清核检查文档的过程，实际上也是对各级官吏执行国家政策、法规状况的一次核验。

进士科

隋炀帝创立了进士科这一官吏选拔制度。当时的进士科仅试对策不同于后代，能考中进士科的人寥寥无几，政治地位也不高。但是，这一制度的出现，标志了科举制度的诞生，更对唐以后的选举制度产生了深远的影响。

廉政清芬

刘旷

刘旷，持重谨慎，诚恳敦厚，习惯用自己高尚的品德去感化别人。开皇初年，刘旷出任平乡县令时，没有前呼后拥的仆人，只独自一人骑着匹马。遇到百姓来诉讼官司，坚持以理服人，而不动以刑法，使他们都心怀愧疚离去。刘旷所得的俸禄，全被他用来分赠穷苦的百姓。百姓们感化于他的德行，纷纷相互诫勉鼓励：“有刘旷这样的父母官，怎么能干坏事？”刘旷在任七年，当地的社会风气良好，各种民间问题都在萌芽期便得以处理。监狱里没有犯人，官府里也没有诉讼官司，牢狱里长满了草，牢堂里甚至可以张网捕鸟。刘旷将要离任的时候，县城里的百姓都不愿让他离开。沿途为他送行的人，绵延好几百里，都不停恸哭。后刘旷被调任为河南临颍县令。在这里，他清廉又善于从政的名声传遍整个隋朝，廉名远胜于在平乡时。尚书左仆射高颎听说后，立刻将他举荐给了隋文帝杨坚。杨坚见到刘旷，高兴地说：“天下的县令那么多，爱卿却与他们都不同，清廉善政天下第一。”刘旷再三谦虚，也拦不住文帝的爱才之心，于是将他提升为山东莒州刺史。刘旷在任上逝世时，朝廷特派专员前往慰问，却看到刘旷家中空空如也，唯有一担图书，人都不禁赞其名不虚传。

赵轨

赵轨，隋朝著名的循吏，为官清廉、刚正不阿，深受百姓爱戴，也常常被朝廷表彰。赵轨少年好学，言行规谨。北周时，蔡王将他引荐为记室官。他生活朴素，以甘于清苦享誉朝野，后迁任卫州治中。入隋后，赵轨出任齐州别驾，以贤能闻名。赵轨家教森严，常常通过小事教育后代子孙明白其中的道理。他家东边的邻居家种了棵大桑树，枝叶长到了赵轨家，桑果成熟后自然也落到了他家院子里。赵轨遂命家人将果实收集起来送回邻居家，并告诉儿子说："我这样做并不是为了求一个贤名，而是非己之物不能拿，这个道理你们要牢牢记住。"赵轨在齐州任职四年，每年的政绩考核都是最佳。到齐州考察的使臣回朝后将赵轨的事迹上奏给隋文帝，文帝大为赞许，遂征调赵轨回到京城。赵轨离开齐州时，百姓沿途相送，不绝于道。

当时，文帝派卫王杨爽出任原州总管，因其年纪尚轻，遂选人辅佐。想到赵轨为官清廉、正直不阿，文帝便让他出任原州总管司马。赴任途中，一日午夜天黑，下属的马匹误入农田，踩坏了庄稼。赵轨立刻下令停下，待天明找到田主赔偿损失才离去。原州官民听说了这件事，无不改恶从善。

房恭懿

房恭懿，字慎言，河南洛阳人。其父房谟，曾经就任南齐的吏部尚书。房恭懿性格沉稳，有气量，善于政事。他曾经在南齐做官，先后担任开府参军事、平恩县令、济阴太守，都留下了能干的名声。后随尉迥作乱，尉迥失败后赋闲在家。开皇年初，在吏部尚书苏威的举荐下，房恭懿被任命为新丰县令，作出了三辅地区最好的政绩。隋文帝听说后赏赐了他400匹绢帛。房恭懿将这些赏赐全都分给了贫困的百姓。不久，隋文帝再次赏赐他300石米，房恭懿又用来赈济穷苦百姓，后被隋文帝制止。当时，每月初一，雍州所属的县令都要朝谒天子。隋文帝每次见到房恭懿，都会把他叫到坐榻前，向他征询治国治民的方略。后在苏威的又一次举荐下，房恭懿被破格提拔为泽州司马，再次作出卓越的政绩，获得了百匹绢帛、一匹良马的赏赐。后升任德州司马，就职一年多，又被卢恺上奏朝廷称赞政绩。隋文帝大喜，再赏绢帛百匹，并对各州朝集使说："像房恭懿这样一心想着国家，又爱护百姓的臣子，实属上天和祖先的庇佑，哪里是我微薄的能力能招来的呢？我要马上封他做刺史。这不止是为了一个州郡，全天下人都应以他为楷模，你们都要向他学习。"又说："房恭懿所在之处，百姓都视他为父母。我若视而不见，不予奖赏，上天和祖先都会责备我的。宫廷内外的官员都应当明白我的这份心意。"

昏暴贪佞

隋炀帝

隋炀帝杨广（569—618年），本名杨英，隋朝第二位皇帝（604—618年在位）。原本强盛非常的隋朝，仅仅历经两世便覆亡了，这与隋炀帝的穷奢极欲和下级官吏极度腐败不无关系。隋炀帝好大喜功，他继位称帝之后，征发徭役开挖运河，集结全国的兵力攻打朝鲜半岛，将百姓视如牛马一般任意使唤。后来山东、河南等地相继出现大规模旱情和疫情，杨广依旧不以为然，密令江南、淮南诸郡进献容貌美丽的童女入宫，供其享乐。杨广的种种行为令刚刚趋于稳定的国内局势再次陷入动乱。此外，他还将巨额国家财富用在修建宫殿、巡游娱乐上。全国各地的奇花异石、珍禽异兽，都被送往京师附近的皇家园林之中。为了满足他的游兴，全国各处也不得不兴修行宫、凿山开道、铺路架桥，消耗了大量的人力物力。官僚集团上行下效，借机大肆贪渎。最终导致隋朝丧失了天下。

虞世基

虞世基（？—618年），字懋世，会稽余姚（今浙江慈溪市观海卫镇鸣鹤场）人。隋朝大臣，书法家虞世南的哥哥。虞世基个性恬静，喜怒不形于色，师事顾野王，善于草隶。初仕南陈，任太子中舍人、尚书左丞。隋朝建立后，任通直郎、内史舍人，受到隋炀帝的器重，专典机密，参掌朝政。大业八年（612年），从征高丽，授金紫光禄大夫。数次劝谏不纳，惧祸及己，不敢忤逆。既而谄君，又失职欺君，鬻官卖狱、贿赂公行，以其败催隋朝政权之败，完全丧失了一个名士的风骨。

裴蕴

裴蕴（？—618年），河东闻喜（今山西闻喜县）人。隋朝大臣，陈朝都官尚书裴忌之子。门荫入仕陈朝，起家直阁将军，出任兴宁县令。隋灭陈之战后，历任上仪同、开府、洋直棣等州刺史。隋炀帝杨广即位后，拜太常少卿，迁民部侍郎，迁御史大夫。

裴蕴身为御史大夫，对下应监察百官，对上应规劝皇帝的不当行为，而他曲意逢迎隋炀帝的种种恶行劣迹，甚至先期诱导。裴蕴办案也不参照法律，而是时时处处顺着隋炀帝的意愿。若是隋炀帝不喜欢、想要治罪的人，他就诬陷捏造，编织成罪；若是隋炀帝喜欢的人，他就轻描淡写，从轻发落。

隋朝立国之初，音乐舞蹈都还比较清新刚健。裴蕴发现隋炀帝对这种风格的音乐兴趣不高，便下令在全国搜寻擅长靡靡之音、色情歌舞的乐工舞伎，奉献给隋炀帝，人数高达3万余人，使隋炀帝愈发沉溺于声色酒肉不思政事。为满足隋炀帝大肆挥霍的需要，裴蕴还下令在全国按人头逐个核实应当交纳租税之人，一下子查出了60多万人，扩大了对百姓的盘剥。裴蕴日趋显贵，国家却日趋危亡。大业十四年（618年），右屯卫将军宇文化及发动江都兵变，裴蕴随隋炀帝杨广一同被杀。

名文名篇

中说·王道(节选)

隋·王通

子曰：“廉者常乐无求，贪者常忧不足。”

子曰：“杜如晦若逢其明王，于万民其犹天乎?”

董常、房元龄、贾琼问曰：“何谓也?”

子曰：“春生之，夏长之，秋成之，冬敛之。父得其为父，子得其为子，君得其为君，臣得其为臣，万类咸宜。百姓日用而不知者，杜氏之任，不谓其犹天乎? 吾察之久矣，目光惚然，心神忽然。此其识时运者，忧不逢真主以然哉!”

【译文】

文中子说：“清廉的人无所求而常感欢乐，贪心的人不知足而多忧虑。”

文中子说：“杜如晦如果遇到有道明君，对于百姓好像遇到可主宰天地万物的‘天’一样！”董常、房玄龄、贾琼问：“为什么这样说呢？”文中子说：“春天万物萌芽，夏天万物成长，秋天万物收获，冬天万物聚藏，父得以处父之位，子得以处子之位，君得以处君之位，臣得以处臣之位，万物皆相称，黎明百姓平时日用没有不知道的，达到这种境界都是任用杜氏的结果，怎么能说他不是百姓的‘天’了呢？ 我察觉到这一点已经许久了。 杜氏目光隐约不清，神志恍恍惚惚，这就是识时运而担忧不逢明君的样子呀！”

【名句】

廉者常乐无求，贪者常忧不足。

【精析】

清廉的官员经常赖以自乐的是别无所求，贪婪的官吏经常忧虑的是所获不足。自律是廉洁之沃土，贪欲乃腐败之温床。一“廉”一“贪”，一“无求”一“不足”，一“常乐”一“常忧”，两句对仗整齐，勾勒出两种官员的形象和两种忧乐观，作者述而不评却褒贬自现。在现实生活中，这两种人时时可见，可用这两句名言为之画像。从清官到贪官的距离并不遥远，从公仆到罪犯只有一念之差。人的贪欲闸门一旦打开，就会一步一步滑向犯罪的深渊。要在思想上始终清醒，不断加强思想道德修养，扎紧思想的篱笆，用理性控制私欲，自觉抵制各种腐朽思想的侵蚀，长存廉洁之心。

格言警句

痛莫大于不闻过，辱莫大于不知耻。

【注释】出自《中说》。意思是说，最大的痛苦就是不能听到自己的过失，最大的耻辱就是缺乏羞耻之心。

见利争让，闻义争为，有不善争改。

【注释】出自《中说·魏相篇》。意思是说，有好处就争着让给别人，听到正义的事就争着去做，有了缺点就争着改正。

君子不受虚誉，不祈妄福，不避死义。

【注释】出自《中说·礼乐》。意思是说，君子不接受虚假的名誉，不祈求非分的幸福，为正义不逃避死亡。能做到这三点，才不愧为君子。

自知者英，自胜者雄。

【注释】出自《中说·周公篇》。意思是说，能正确估价自己的人是俊伟之人，能战胜自己的私心杂念的人是杰出之人。说明人贵在能够自知自胜。

君子先择而后交，小人先交而后择。故君子寡尤，小人多怨，良以是夫？

【注释】出自《中说·魏相篇》。意思是说，君子交朋友是先有所选择，然后与值得交往的人进行交往；小人交朋友则是对谁都一见如故，然后再选择自己需要的人进行交往。

闻谤而怒者，谗之囮也；见誉而喜者，佞之媒也。

【注释】出自《中说·魏相篇》。意思是说，听到指责就发怒的人，这是在给善于进谗言、陷害人的人提供媒介；见到赞美便沾沾自喜的人，这是在给善于阿谀奉承、献媚取宠的人创造条件。

诗词曲赋

挽舟者歌

隋·佚名

我兄征辽东，饿死青山下。
今我挽龙舟，又阻隋堤道。
方今天下饥，路粮无些小。
前去三千程，此身安可保！
寒骨枕荒沙，幽魂泣烟草。
悲损门内妻，望断吾家老。
安得义男儿，焚此无主尸。
引其孤魂回，负其白骨归。

【译文】

我的哥哥去东征高句丽，已经在青山下活活饿死。
我今日为皇帝龙舟拉纤，被困在这千里长的隋堤。
现如今普天下正闹饥荒，一路上已没有多少粮米。
望前方还有长长的路程，如何能平安地返回故里！
荒沙中的寒骨令人哀叹，幽魂野鬼在荒草中悲泣。
家中的妻子在日夜哀伤，高堂二老不见儿的影子。
怎能遇到一位侠义之人，怜悯这不知姓名的尸体。
引领这个孤魂返回故乡，背负这白骨回到家中去。

赠薛播州

隋·杨素

北风吹故林，秋声不可听。
雁飞穷海寒，鹤唳霜皋净。
含毫心未传，闻音路犹夐。
惟有孤城月，裴徊独临映。
吊影余自怜，安知我疲病！

【译文】

北风吹掠老林，肃凛的秋声不堪入耳。

大雁飞去留下寂凉的荒漠瀚海，孤鹤长唳在生机殆净的霜皋。

濡墨作诗书，但却无法将我的心情写出，想要通达声问，两地却是那么遥远。

只有清寂孤城上的明月，缓缓移动临照着我。

我顾影自怜形影相吊，远方的友人能知道我心劳身病吗？

成语俗语

铁石心肠

【注释】形容意志坚定或心肠硬，不为感情所动。隋炀帝即位后，命当时的司隶大夫（负责检察）薛道衡考察天下群官。薛道衡调查后一一据实禀报，他对司马敬肃的评语是“心如铁石，老而弥笃”。炀帝点头称好。源自《隋书·敬肃传》。

冰消瓦解

【注释】冰块融化，瓦片破碎。比喻完全消释或崩溃。杨素是杨广（隋文帝的次子）的心腹大臣，他帮助杨广夺取了帝位。文帝突然死亡和杨广即位的消息传出以后，引起了宗室大臣的怀疑和不满。汉王杨谅在并州（今山西太原）起兵对抗，隋炀帝命杨素出兵讨伐杨谅，并取得胜利。捷报传到京城，隋炀帝大喜若狂，立即亲自写了一道诏书，夸奖杨素足智多谋，勇敢善战，说他兵到之处，“雾廓云除，冰消瓦解”。源自《隋书·杨素传》。

第八篇

唐朝廉政文化经典

廉政思想

唐高祖

唐高祖李渊（566—635年），字叔德，陇西成纪（一说今甘肃秦安西北，一说今甘肃静宁）人，唐朝开国皇帝。

李渊登基后，国家百废待举。他在组织军事力量统一全国的同时，也着重加强政权建设。唐朝前期的政治、经济、文化及军事制度，基本上都在李渊在位时形成了基本规模。监察制度建设在继承隋朝的基础上也有了新的发展。唐朝建立之初，中央派遣去巡察爨氏南宁州的官员因贪暴而渎职，引发了南宁州部落叛乱。唐高祖命当时的嶲州都督府长史兼任南宁州都督，要求都督府主官每年亲临南宁州巡察一次。这一举措使政府开地数千里，豪酋归附，部落民众拥戴，取得了良好效果。

唐太宗

唐太宗李世民（598—649年），陇西狄道（今甘肃省临洮县）人，唐朝第二位皇帝（626—649年在位），杰出的政治家、战略家、军事家。

隋末战乱直接导致了人口的锐减，贞观初年，全国人口只剩下约200万户。唐太宗深刻吸取了隋朝因吏治腐败而最终覆灭的历史教训，认为要想稳定政局、巩固政权，廉明的吏治是必不可少的，因此十分重视整肃吏治。为了防止腐败，他任命房玄龄裁减冗员，派李靖等13名黜陟大使去全国各地巡察，考察风评；并亲自选派都督、刺史等地方官，将其功过写在宫内屏风上，作为升降奖惩的依据；另又规定五品以上的京官轮流值宿中书省，以便能随时召见，向他们问询民间疾苦和施政得失。为了让官员都做到清明廉洁，唐太宗采纳了御史大夫李乾祐的建议，将殿中侍御史由4人增至6人。监察御史由8人增至10人。唐太宗鼓励官员们要敢于犯颜直谏。他规定，无论是大臣议政还是朝廷进行决策，谏官均有权与闻政事，并可当场就为政得失提出意见。他的这一规定，第一次明确创立了谏官监督决策的制度，有利于避免朝廷出现决策失误。

武则天

武则天（624—705年），自名武曌，并州文水（今山西文水）人。唐朝至武周时期政治家，武周开国君主，也是中国历史上唯一的正统女皇帝。相对于唐朝高祖、太宗、高宗三朝，武则天时期监察更为严格，且更注重对地方州郡长官的监察。

武则天主政时期，地方吏治日益腐败，而且已经开始威胁到中央的统治。官员的腐败令百姓怨声载道，反抗中央朝廷的起义频频爆发，朝廷的统治也出现了极大的裂痕。为了阻止这些问题恶化，武则天开始着手对监察机构进行改革，加强对地方的监察。

光宅元年，武则天将御史台更名为“肃政台”，分设左、右肃政台，其中左肃政台掌纠察中央百官和军旅；右肃政台掌纠察京畿地区和地方各州县官员。此后，为了继续加强对地方州县的监察，武则天赋予了左肃政台“察州县”的权力。左右肃政台的监察御史、侍御史们需春、夏各一次，定期前往全国各地进行巡察，其中春季称为“风俗”，秋季称为“廉察”。御史们根据武则天所定下的《风俗廉察四十八条》对地方官吏进行纠弹。廉洁奉公者，就加以重用，遇贪赃枉法者，则严惩不贷。

此外，为了防止前往各地巡察的御史们与地方官吏相互勾结，狼狈为奸，让自己无法真正了解到真实的吏治情况，武则天还在肃政台这一最高监察机构的基础上，专门设置了一个全新的机构——“匦使院”，负责掌武则天所置的用于接受各方意见文书的“铜匦”。“铜匦”类似今天的意见箱，是武则天创立的。铜匦有东、南、西、北四个口，东面延恩匦，用于臣民们投递治国之策、求仕途；南方招谏匦，用于臣民对朝廷或朝廷实施的政策提建议；西方申冤匦，用于臣民申冤；北方通玄匦，用于臣民们向朝廷汇报天下发生的天象灾变及不轨之人的造反意图。武则天认为，有了铜匦，就可以直接跳过监察官员，知道天下所发生的一切事情了。

唐玄宗

唐玄宗李隆基（685—762 年），唐高宗李治与武则天之孙，唐睿宗李旦第三子。先天元年至天宝十五年在位，因安史之乱退位为太上皇，是唐朝在位时间最长的皇帝，也是唐朝极盛时期的皇帝。

平息了太平公主之乱，李隆基彻底巩固了自己的皇权。但当时的形势仍非常严峻：因为兵变，朝廷元气大伤，吏治贪腐问题也亟待治理。李隆基提出要量才任官，根据时代需求提拔贤能之士。李隆基还采取多项有效措施，对吏治进行了整治，大大提高了官僚机构的办事效率。首先，精简机构，裁减多余冗员，将武则天时代遗留下来的众多无用官员一并裁撤，既提高了工作效率，又节省了政府支出。其次，制定严格的考核制度，加强对地方官吏的管理。开元五年，针对统辖羁縻州的都督府、都护府存在的监管不当问题，唐玄宗颁布诏书，责令监察御史每岁出巡，将各道在部族区域内执行法令的情况及部落现状及时上报朝廷。第三，重新恢复谏官和史官参加宰相会议的制度。最后，重视县令的任免。李隆基认为郡县的官员是国家治理的最前端，直接与百姓打交道，因此代表着国家的形象。因此，李隆基经常亲自出题考核他们，确切地考察他们是否真的称职。考试优秀者马上提拔，名不副实者立刻罢黜。李隆基知人善任，赏罚分明，办事干练果断，这是他能开创开元盛世的重要原因。

唐宪宗

唐宪宗李纯（778—820 年），本名李淳，陇西成纪（今甘肃省秦安县）人。唐朝第十一位皇帝。唐宪宗刚明果断、奋发向上。他即位后，把“太宗之创业”“玄宗之致理”当作自己效法的榜样。在位期间，唐宪宗励精图治，勤勉政事，改革弊政，重用贤良，先后起用了杜黄裳、裴度、李绛等一批敢于犯颜直谏、维护政治清明的大臣。元和年间，为警告贪吏、杜绝贿赂，宪宗颁发了《严犯赃罪诏》。不懈的努力换来了元和削藩的巨大成果，唐宪宗重振了中央政府的威望，致使“中外咸理，纪律再张”，再现了“唐室中兴”的盛况，史称“元和中兴”。

唐文宗

唐文宗李昂（809—840年），原名李涵，唐朝第十四位皇帝，唐穆宗李恒次子，母为贞献皇后。李昂在位时期，励精图治，勤勉于政，厉行节俭，革除奢靡之风。他致力于复兴唐朝，下令停废了许多劳民伤财的事，只可惜因为才干有限，虽勤勤勉勉、宵衣旰食，最终仍未能消除祸患。

唐武宗

唐武宗李炎（814—846年），原名李瀍，陇西成纪（今甘肃秦安县）人。唐朝第十五位皇帝。唐武宗继位后，在政治上进行了一系列的改革，对贪污、腐化等官场丑恶现象进行肃除，并于会昌四年裁减冗官。844年，唐武宗听从李德裕的意见，一次性裁掉冗官2000多人。本着"治理乱世，使用重刑"的思想，武宗朝立法极其严峻，尤其对官吏贪赃枉法的惩治，更是从重从严，绝不姑息。841年正月，武宗下诏："朝廷刑罚，理当一视同仁，官吏贪赃枉法，不应该有特殊待遇，内外文武官如果收入赃物丝绢三十匹，全部处以极刑。"随后再次下敕，官吏胆敢贪污满千钱，即处以死刑。像这样以诏敕的形式，规定严惩贪污的标准，足见唐武宗致力于廉政建设的决心。842年，武宗加尊号后大赦天下，但仍将"官典犯赃"与十恶、叛逆、故意杀人等罪行并列，排除在赦宥范围外。845年正月，武宗再次大赦天下，对官吏犯赃依然不予宽宥。

唐宣宗

唐宣宗李忱（810—859年），初名李怡，唐朝第十六位皇帝。

唐宣宗以唐太宗为榜样，将"至乱未尝不任不肖，至治未尝不任忠贤"作为自己的座右铭。他处理政事，明察果断，用法无私，从谏如流，重惜官赏，恭谨节俭，惠爱民物，所以他在大中年间所施行的政策，直到唐朝灭亡时，仍然备受称赞。

李忱即位后，鉴于前朝晋升高官太滥的弊端，故严格控制高官人数。其中，对于刺史这个地方最高长官，李忱最为看重。在他看来，这些官员的政绩，直接决定了民心向背。因此他规定，刺史人选被确定后，不可直接去上任，必须到京师接受他的当面考察，以定可否。

善于纳谏，是李忱有别于唐朝晚期其他君主的一个重要特征。李忱纳谏的程度，仅次于唐太宗，不论是谏官论事，还是门下省的封驳，他大多能够接受。此外，他十分尊重大臣的奏议，每次得到大臣的奏议，必洗手焚香再阅读。

李忱虽然宽仁爱人，但用法极严格。尤其对于身边的人，李忱更是严禁他们干预朝政。他曾说："违犯朕的法律，即使是我的子弟，一样不宽赦。"

魏徵

魏徵（580—643 年），字玄成，巨鹿郡下曲阳县（今河北省晋州市鼓城村）人。唐朝宰相、杰出的政治家、思想家、文学家和史学家。唐太宗时拜谏议大夫、检校侍中等职。后封郑国公，任太子太师。

魏徵在历史上以能犯颜直谏著称，他提倡"无面从退有后言"，"爱而知其恶，憎而知其善"，建议太宗广开言路，曾提出"薄赋敛，轻租税""居安思危""兼听则明，偏听则暗"等思想，他经常为国家利益和百姓的安居乐业，向唐太宗犯颜直谏。据《贞观政要》记载统计，魏徵向唐太宗面陈谏议有 50 次，呈送奏疏 11 件，一生的谏诤多达"数十余万言"，多被太宗采纳。魏徵病卒后，唐太宗痛惜"遂亡一镜矣"。

魏徵主张"明德慎罚，惟刑之恤"，认为治理国家的根本在于德、礼、诚、信。在他看来，一个贤明的君主，想要移风易俗，不能靠严刑峻法，而在于行仁由义；光凭法律来规范天下人的行为是办不到的。

魏徵死后，李世民经常对身边的侍臣说："用铜镜可以端正自己的衣冠，以古史作为镜子，可以知晓兴衰更替，以人作为镜子，可以看清得失。我经常用这样的方式防止自己犯错，但现在魏徵去世，我少了一面镜子。"

狄仁杰

狄仁杰（630—700 年），字怀英，唐朝并州晋阳（今山西省太原市）人，著名政治家。武则天当政时官至宰相，一生以刚正不阿、不畏权贵而著称。病逝后谥文惠，后追赠司空、梁国公。

狄仁杰以应试明经科而步入仕途。从政后，历经唐高宗与武则天两朝。狄仁杰为官，始终体恤百姓、不畏权势。为了拯救无辜，敢于拂逆君主之意，后人称之为“唐室砥柱”。唐高宗仪凤年间，狄仁杰任大理丞，掌管刑法。虽重权在握，但刚正廉明，执法不阿，为政兢兢业业。到任一年，便处理了前任遗留下来的17000多件案子，其中没有一人再上诉伸冤，一时名声大振，朝野推崇备至，成为断案如神、摘奸除恶的大法官。

监察律典

《唐律疏议》

《唐律疏议》原名《律疏》，又名《唐律》《永徽律疏》，是唐朝刑律及其疏注的合编，由长孙无忌等奉敕编撰。共12篇，502条，《唐律疏议》前承秦汉，下启宋元明清，是中国封建法律法典的大成之作，是我国现存最早、最完善的封建法典，是中国传统法律中最重要的一部法典，也是东亚最早的成文法之一，在研究古代渎职犯罪方面也是一部必不可少的文献。

唐朝时期的渎职犯罪较前代更完善，这一特点集中体现在了《唐律疏议》中。《唐律疏议》以严刑峻法惩治官吏贪赃枉法，其中含有大量规定官吏职务犯罪的条款。受赃枉法、受赃不枉法、受所监临财物、强盗、窃盗、坐赃，“六赃”必办。其中《名例》篇主要包括五刑、十恶、八议等法律制度和原则，其中有三分之一以上是专以官员为对象的律条。《职制律》是专为治吏而制订的，凡违反了《职制律》的行为，都在监察官弹劾的范围内。例如《职制律》中有一条规定：“诸在官长吏，实无政迹，辄立碑者，徒一年。若遣人妄称己善，申请于上者，杖一百……受遣者，各减一等（虽有政迹，而自遣者，亦同）。”意思是说，地方长官不能没有政绩而为自己立碑，不能让人说自己好然后请求立碑；即使有政绩，也不能让人给自己立碑。违反了就要定罪。监察官员到地方巡察，要纠察有无类似行为，如果有，就要弹劾，移送审判机关。

此外，《卫禁》《厩库》《擅兴》《断狱》等篇中有关治官的条文也占有相当的比重。可以说，《唐律疏议》是唐政府惩治职务犯罪的主要依据。

《唐六典》

《唐六典》全称《大唐六典》，唐玄宗时官修，旧题唐玄宗撰、李林甫等注，实为张说、张九龄等人编纂的行政性质法典，是我国现有最早的保存完整的一部行政法典，成书于开元二十六年（738 年），所载官制源流自唐初至开元止。《唐六典》是一部关于唐代官制的法典，其编纂是继《永徽律疏》以后唐代立法的又一重大成就，也是中国封建行政法制逐渐走向成熟完备的标志之一。

《唐六典》中规定了唐代中央和地方国家机关的机构、编制、职责、人员、品位、待遇等，包括中央政府和地方政府管理体制、机构组织、职权、官员品级、编制员额、考课以及相关制度等方面的明确规定。其中设有“左散骑常侍”“谏议大夫”“左科阙”“左拾遗”“右补阙”“右拾遗”等一批专职谏议官，对国事的弊端和皇帝举措的失误进行谏争。另外，唐朝重典治吏，官吏分等次考课，凡属“居官饰诈”“贪浊有状”者必得罢官惩处。《唐六典》规范了政务活动，对上述违法犯法行为做了详细列举。

《唐令》

裴寂等人在武德年间定律的同时撰定《唐令》。至贞观初，太宗又命房玄龄等刊定，共 1590 条，分 30 卷，于贞观十一年颁布。以后多次刊定，至开元二十五年（737 年）又经过一次大的整理，定令为 1546 条，分官品令、三师三公台省职员令、寺监职员令、卫府职员令、东宫王府职员令、州县镇戍岳渎关津职员令、内外命妇职员令、祠令、户令、选举令、考课令、宫卫令、军防令、衣服令、仪制令、卤簿令、公式令、田令、赋役令、仓库令、厩牧令、关市令、医疾令、狱官令、营缮令、丧葬令、杂令，共 27 篇，30 卷。唐令是典章制度的规定，它与秦汉的令往往与律相混的情况不同。但是违令必致于法，要受到刑律的制裁，所以二者又是相互为用的。唐令没有完整流传下来，但保存在《唐六典》《唐会要》《通典》等书以及日本的《令义解》《令集解》中的佚文还不少。20 世纪以来又在敦煌莫高窟石室中发现唐《职员令》《公式令》等残卷，使我们能够看到唐令的部分原貌。其中的《职员令》详细规定了御史台官员的员额、品级、职掌等，这些规定又被摘抄到《唐六典》中。《唐令》与《唐六典》一起，成为监察官员行动的法律根据。

《监察六法》

唐朝尤为注重对官吏个人品格的监察。唐玄宗命制律大臣仿效汉代《刺史六条》制定《监察六法》，以此作为监察官员的标准。根据《新唐书》记载，《监察六法》的内容主要为："其一，察官人善恶；其二，察户口流散，籍账隐没，赋役不均；其三，察农桑不勤，仓库减耗；其四，察妖猾盗贼，不事生业，为私蠹害；其五，察德行孝悌，茂才异等，藏器晦迹，应时用者；其六，察黠黠吏豪宗兼并纵暴，贫弱冤苦不能自申者。"

就内容来看，《监察六法》的监察范围宽广，对官员职务犯罪行为的规定做到了监察的全覆盖。所有官员不论官品，一体纳入监察范围。监察事项涉及户口、赋役、农桑、仓库、盗贼孝悌、藏器等诸多事项。官员的职务犯罪不仅仅局限于其履职行为本身，其办事不力行为、纵容基层社会豪强劣绅欺辱民众行为均被纳入职务犯罪情形。

《监察六法》与皇帝的临时制诏相配合，对当地官吏监察与中央制度的实行，起到了积极作用，也对官员的升降任免起到了积极的筛选作用。

《风俗廉察四十八条》

光宅元年（684 年），武则天正式颁布了由尚书侍郎韦方质起草的《风俗廉察四十八条》。当时的左右肃政台每年春秋两季都要派八位官员去地方上巡察，"春曰风俗，秋曰廉察"，其巡察依据就是《风俗廉察四十八条》。由于实行时间较短，加之后世对武则天施政的偏见，《风俗廉察四十八条》的具体条文没有留存下来。

《通典》

在唐代律令中，对省试考官的违纪行为有明确的惩治规定。《通典》卷十五《选举典三》云："诸贡举非其人，及应贡举而不贡举者，一人徒一年，二人加一等，罪止徒三年。"说明在唐前期科举制度刚施行时，就有相关法律作保障，而且该法律确实在不同程度上得到了执行。

监察制度

唐朝的监察制度可以分为中央监察和地方监察机制，在中央有御史制度，下设分工明确的三院机构，还有完备的谏官制度、封驳官制度等，在地方有监御史巡察制度、监察使臣巡察制度，还有巡院监察制度等。这些制度的完备程度都是前面历朝所不及的，也被后世历朝推崇和沿用。

三省六部制

三省六部制是我国古代封建社会组织严密的一套中央官制，源于隋朝的五省六曹制。唐朝的三省为中书省、门下省、尚书省，长官称为宰相。中书省负责定旨出命。尚书省下辖吏、户、礼、兵、刑、工六部，六部分理各种行政事务。三省六部制分散了丞相及中央机构的权力，把相权“一分为三”，既有分工，又有合作，互相牵制和监督，提高了决策的正确性和行政效率。同时，又将尚书省权分六部，既限制了地方割据势力的产生和发展，又推动部门牵制与机构运转，加强了皇权与中央集权，削弱了相权。

三省长官均为相职。三省互相牵制，共同向皇帝负责。六部的长官为尚书，副职为侍郎。下设郎中，副职称员外郎，下属官员有主事等。每部各辖四司，共为二十四司。三省六部主要掌管中央政令和政策的制定、审核与贯彻执行。

御史制度

御史制度的体系是唐朝中央专设的监察机构——御史台。它独立于三省六部，史称“耳目之司”，是唐朝最高监察机构，统辖全国监察工作。唐初沿隋制设肃政台为监察机关，后经过左、右肃政台，左、右御史台的变化。唐睿宗景云年间统一为御史台。唐玄宗开元年间，在御史台下设三院：台院、殿院、察院，分工明确，互相配合，构成十分严密的御史监察系统。

御史台是独立于权力机关、行政机关之外，对中央和地方百官进行监察的专门机关。其主要职责有：第一，推按狱讼。包括推问皇帝下达的案件，审理普通百姓的案件，参与三司推事等。第二，弹劾犯罪。对违法犯罪的官员进行纠举，弹劾其罪，请求司法机关审判。第三，巡察内外。一是分察六部的具体行政行为，使之合法而有效率；二是巡察州县，以六条为察事内容。遇有非法行为，便予以纠察。第四，监督决囚。如发现司法机关违法及犯人有冤者，予以纠举平冤。第五，监察录囚。唐代御史的任免权由御史台长官或皇帝行使，不归管理一般官员的吏部掌管。御史的弹劾行为，不必经御史台长官的审准就可以向皇帝直接提出。御史台还可以设置监狱来拘禁和讯问罪犯。

御史一般会在春秋两季到各地方进行巡察监察，被派出的官员可以明察暗访。明察时，可以到地方的政府过问政事，翻阅文书；暗访时，可以了解官员的口碑政绩。这种制度极大地震慑了地方官，使他们不敢为非作歹。

谏官制度

唐朝的监察制度也包括对皇权的约束。为形成“君臣共治”，唐朝设立有谏诤制度，由谏官直接向皇帝进谏，对国事的弊端和皇帝举措的失误进行谏争。这在一定程度上约束了皇权，是唐朝独具特色的一项监察制度。

“谏官”又称“谏臣”，指规谏君过之臣、劝谏天子过失之官。中国的谏官制度源远流长，自周代设“保氏”以降，各朝皆有谏官设置，虽然其名称有异，作用各别，但谏议制却一以贯之。

唐代是谏官制度的兴盛时期。唐初统治者吸取隋朝“拒谏饰非”而国破身亡的历史教训，极为重视谏官谏言，设置了规模庞大、功能齐全的谏官制度。唐太宗积极倡导“导人而使之谏”“赏人而使之谏”，恐人不言。唐代谏官隶属于中央政府的中书、门下两省，设有散骑常侍、谏议大夫、拾遗、补阙、给事中、起居郎等职位，有“谏院”之称，享有言谏之权、封驳之权、笔谏之权。谏官职位实现专职化，谏官群体成员众多，谏官组织趋于完善，谏官位卑权重，成为正式的司谏官。各谏官通过讽谏、顺谏、规谏、致谏、言谏、直谏等多种形式劝谏君主，以规避和防范君主之失。唐朝还实行了宰相回避制度，规定宰相之子不得担任谏官。谏官的权力行使不必事先告知宰相知晓，这就保障了谏官权力行使不受宰相的牵制，具有一定意义上的独立性。谏官群体规模庞大，谏诤之风蔚然兴起，为唐朝的繁荣和昌盛创造了良好的政治环境。

封驳制度

以封还皇帝诏命为对象的封驳制度渊源于两汉，酝酿于初唐，形成于唐代中后期，主要由门下省官员给事中职掌。封驳的目的在于追救缺失，防患于未然，而封还诏敕并加以驳正是其最主要的方式。在权力高度集中的封建皇权社会，封驳制度在加强权力监督、抑制皇权膨胀等方面无疑有着积极的意义。唐代中后期三省制的破坏，在很大程度上妨碍了封驳作用的发挥。而当政者能否接受逆耳之言、给事中能否履行职责也同样影响着封驳作用的发挥。

地方巡查监察机制

唐朝对地方的监察称为“道察”，由察院临时派出监察御史，具有奉敕特使的性质，或者定期巡视。御史出巡，尤其是遣使巡察，在皇帝的直接控制下，“事无巨细得失，皆令访查奏闻”。

唐代对地方的巡察有两种方式。一种即委派御史台察院的监察御史。唐代御史台设监察御史 10 人，正八品上，任务就是“巡按郡县”。除巡察州县外，凡各处战争胜负、屯田丰歉、铸钱多少等情况，也在他们的巡察范围内。后来又增加了“监察御史里行”“监察御史内供奉”等官员，职责一样。御史出使地方，巡察报告直接上奏皇帝，因此具有很大权力，并保有对地方的威慑力。只有具有这种威慑力，才能达到巡察地方、揭出问题、责罚官员的目的。这种监察方式也体现了中国古代行政监察“以小制大”的思想。

除监察御史外，唐朝皇帝还往往临时派遣使节巡察地方。这种使节的名称常有不同，或叫巡察使，或称按察使，或曰风俗使，或名廉察使，或为黜陟使。名称虽不同，任务却是相同的，即主要巡察地方事务，按察地方官员。这类使节的选择十分严格，必须是“慈爱足以恤孤惸，贤德足以振幽滞，刚直足以不避强御，明智足以照察奸邪”才行。从中也可看出，这类使节的出使与监察御史的巡察略有不同：监察御史主要以按察官员、纠举违规为主，而各类使节的巡察还包括访问民间疾苦等各项任务。

考课

考核又称“考课”，是对官员政绩的事后监察，并依据考核成果决定奖惩。考核在唐朝形成了完善的制度。唐朝的考课每年进行一次，称为小考，每三至四年（指一个任期）举行一次大考。小考考核官员当年的政绩优劣，大考则考核官员任期内的政绩。

考课的原则，只看政绩优否，不论官职高下，即使宰相也是如此。考课标准分为“四善”与“二十七最”。“四善”分别是：德义有闻、清慎明着、公平可称、恪勤匪懈，这是对官员品德、作风以及工作态度的要求；“二十七最”则是针对不同工作性质，提出对官员职责和政绩的原则要求。唐代官员的考课等级共分九等，即上上、上中、上下、中上、中中、中下、下上、下中、下下，每个等级都有相应的考课标准和奖惩办法，按标准定等级，按等级定奖惩。官员能否升迁与考课成绩关系密切，这就促使官员不得不做好本职工作，不敢稍有松懈。

科举制

隋朝灭亡后，唐朝的帝王承袭了隋朝传下来的人才选拔制度。武德五年，唐朝的诏书明确了士人可以“投碟自应”，下层寒士得不到举荐者“亦听自举”“洁己登朝，无嫌自进”。这一诏令标志着以自应考试为特点的科举制度的诞生。此后，唐太宗、武则天、唐玄宗等帝王都积极推进科举制度改革，为人才选拔提供了重要标准。

科举制度是封建时代所能采取的最公平的人才选拔形式，扩展了封建国家引进人才的社会层面，吸收了大量出身中下层社会的人士进入统治阶级。科举制度剥夺了士族地主的政治特权，削弱了地方豪强士族的势力，使封建官吏的选拔和任用权收归中央，有利于消除地方和中央在选官方面的腐败，改变了自秦汉以来以荐举为主的官吏选拔制度，是历史的一大进步。科举制度把读书、考试和做官紧密联系起来，从而提高了官员的文化素质，大大加强了中央集权，有利于政局的稳定，也推动了教育和科技文化的发展。

录事司

在唐代的州府一级政府中，负责监察之务的主要是录事参军。录事参军是州府内的最高监察官员，在京兆、河南、太原等府则称司录参军，两者的职能完全相同。从出土文书来看，在这一级政府中还有所谓“录事司”，应是指其办事机构。录事是录事参军的下属官员，与其主官同在录事司，共同负责本级政府的督查之责。录事司及录事参军在唐代又被称为纠曹，在治理地方吏治、维护纲纪方面，起到了不可替代的作用。

军巡使

官名，唐末始置。唐朝后期，各种社会矛盾空前加剧，农民起义虽然被剿平，但社会秩序却更加混乱。中央政府对社会的管理能力历经安史之乱和农民起义之后，已经严重削弱，显得力不从心。在京师，原来由文职官员巡察京师秩序与治安，但在各怀雄心、拥兵自重的武人面前，文职官员的巡察很显然已经弹压不住如此混乱的局面了。于是，中央政府便进行改制，设立军巡院，以禁军诸军军官充任巡使，代替原来的文官来巡察京师。因为这些巡使来自禁军，所以称之为军巡使。

廉政清芬

陈子昂

陈子昂（661—702 年），字伯玉，梓州射洪（今四川省遂宁市射洪市）人，唐代文学家、诗人，初唐诗文革新人物之一。因曾任右拾遗，后世称陈拾遗。

作为一代言官，陈子昂直言敢谏，敢于较真。他在《座右铭》说，“从官重公慎，立身贵廉明”。面对权贵的碾压，面对酷吏的淫威，他内心方正，公慎对之，廉明对之。当朝廷决定将高宗梓宫运回西京安葬时，他上书进谏，认为这样做是劳民伤财之举；当他无奈于武则天为神化自己而佞佛靡财时，便用“圣人不利己”一诗进行指责；当武则天打击异己而重用酷吏时，便用“贵人难得意，赏爱在须臾”一诗对其讽刺；他支持武则天的政治改革，对武则天的施政得失敢于较真，屡次提出尖锐的批评；他关心边防军事问题颇具远见，对诸羌的进犯感到忧虑；他对蜀川人民“失业”“逃亡”深表同情，对官吏贪暴给以愤慨的谴责。陈子昂一度遭到当权者的排斥和打击，38 岁辞职还乡，后为奸人所害。

狄仁杰

狄仁杰（630—700 年），字怀英，并州晋阳（今山西省太原市）人。唐朝宰相，杰出的政治家。

仪凤元年（676 年），武卫大将军权善才误砍昭陵（唐太宗陵墓）柏树，唐高宗认为他置自己于不孝不仁，理应处死。狄仁杰则认为权善才罪不至死。他从大局出发，借助尧舜圣道规劝高宗：“因昭陵一株柏杀一将军，千载之后，谓陛下为何主？此臣所以不敢奉制杀善才，陷陛下于不道。”经过狄仁杰的苦劝，高宗最终改变了主意，权善才得以免死。

调露元年，司农卿韦弘机大兴土木，造宿羽、高山、上阳等宫，既奢华又壮丽。狄仁杰得知后，立刻上奏章弹劾韦弘机引导皇帝追求奢侈，韦弘机因此被免职。时任尚书省左司郎中的王本立倚仗高宗恩宠，多行不法，欺压同僚，朝野畏之。狄仁杰毫不留情地揭露其为非作歹的罪行，请求交付有司审理。唐高宗想宽容包庇王本立，但狄仁杰以身护法。他说：“国家虽乏英才，岂少本立辈！陛下何惜罪人以亏王法。必欲曲赦本立，请弃臣于无人之境，为忠贞将来之戒！”王本立最终被定罪，朝廷肃然。狄仁杰直言不讳，敢于犯上的类似事例不胜枚举，高宗也因此盛赞他是“真大丈夫矣”。

宋璟

宋璟（663—737 年），字广平，邢州南和人，是唐朝的开元名相，曾经为开创开元盛世做出了重要贡献。

宋璟为官期间，针对国家的奢侈享乐风气，提出了不少节制主张，其中有的被朝廷接纳，产生了实际效果。例如，唐代的朝集使本来是各州、郡的长官在年底入京汇报工作的代表，但他们往往随身携带大量珍贵特产送给京中的实权派，以寻觅晋升的机会。宋璟对此现象深恶痛绝，上奏唐玄宗，请求禁止。此举得到了唐玄宗的支持，既打击了地方官员搜刮盘剥基层的非法举动，也杜绝了他们入京行贿的私进之途，澄清了吏治，对国家行政效能的提升，也起到了促进作用。

武则天在位时期，宋璟曾任御史台中丞。根据《旧唐书·宋璟传》记载，当时，张易之兄弟凭借着跟武则天的关系，肆意妄为，满朝官员无人敢纠劾。宋璟挺身而出，奏请惩处张氏兄弟。虽因武则天庇护，最终张氏兄弟逃脱了惩罚，但宋璟也因为官刚正得到重用。

杜甫

杜甫（712—770 年），字子美，自号少陵野老，河南巩县人，唐代伟大的现实主义诗人。因生前曾担任左拾遗、检校工部员外郎等官职，后世也称其杜拾遗或杜工部。

杜甫一生颠沛流离，尝尽疾苦。一直到唐代宗广德二年（764年），经两川节度使严武举荐，他才被任命为检校工部员外郎。尽管如此，也因俸禄菲薄难以温饱。一日，家里来了一位客人，声称久仰杜甫诗名，特来送他一条价值千金的珍贵锦褥。客人介绍说："这条锦褥用来铺垫，能隔绝湿气；挂在墙上，可供看图欣赏，而且上面的图案还有驱邪、精心的功效，利于您吟咏。"杜甫虽然很欣赏锦褥的精美，但他明白送礼的人应当还有别的用意。两川节度使严武的父亲严挺，是杜甫的老友，客人一定是想利用这层关系，求他找严武办事。一探问，客人果然是这个意思。于是，杜甫诚恳地对客人说："你的好意我心领了，但我不能收下这条褥子。"客人还想说服杜甫收下礼物。杜甫说，做人要安守本分，没有权不要争权，有了权不要滥权；要安贫乐道，不能贪婪聚敛，收受不义之财。客人听了大受感动，终于收回锦褥。事后，杜甫挥毫写了一首五言叙事诗："客从西北来，遗我翠织成。开缄风涛涌，中有掉尾鲸。锦鲸卷还客，始觉心和平。"这首诗从侧面展现了一代诗圣拒收厚礼、拒开后门的高风亮节。

韩愈

韩愈（768—824年），字退之，河南河阳（今河南省孟州市）人，唐代中期官员，文学家、思想家、哲学家、政治家，具有重要的历史地位与历史影响力。

韩愈在仕途中始终保持了其正直、勤勉、务实、廉洁、一心为民的精神。贞元十九年（803年），韩愈被李汶举荐为监察御史，主要职责是谏正皇帝和弹劾百官。作为监察御史，韩愈直爽坦率，从不畏惧回避，操行坚定纯正。这一年，京师地区春夏两季大旱，秋季又遇到早霜，"田种所收，十不存一"，"人死相枕籍"，可是京兆尹李实依然横征暴敛，不顾百姓死活，并对朝廷谎称"今岁虽旱而禾苗甚美"，百姓安居乐业。目睹严重的灾情，韩愈痛心不已，在愤怒之下上疏《论天旱人饥状》，揭露李实的不法行为，并建议免除百姓当年的赋税，结果反遭李实等谗害，于同年十二月被贬为连州阳山县令。元和十四年（819年）正月，宪宗派使者前往凤翔迎佛骨，长安掀起信佛狂潮。韩愈不顾个人安危，毅然上疏《论佛骨表》，认为供奉佛骨实在荒唐，要求将佛骨烧毁，以免天下人被误导。宪宗览奏大怒，要用极刑处死韩愈，裴度、崔群等人极力劝谏，宪宗却仍愤怒，将他贬为潮州刺史。虽然被贬，韩愈并未因此颓废消沉，玩忽职守，依然励精图治，造福一方，尽到了自己应尽的责任。

陆贽

陆贽（754—805年），字敬舆，苏州嘉兴（今浙江嘉兴）人。唐朝著名政治家、文学家、政论家，中唐贤相。

陆贽的学识才能、品德风范，深受当时及后世称赞。唐朝经过安史之乱后，封建统治的政治基础和经济基础都遭到了严重破坏。长期的藩镇割据导致国家山河破碎。到德宗时出现了一派萧条破败的气象。泾原兵变后，长安失守，国难益重。但唐德宗在谈到造成这种局面的原因时却说："此亦天命，非由人事。"针对德宗的这种"国家兴衰皆由天命"的错误思想，陆贽指出，把国家兴衰说成天命是荒谬的。陆贽还辩证地分析了"治"和"乱"的关系。充分肯定了人在治理社会过程中的主观能动作用。认为"理（治）或生乱，乱或资理，有以无难而失守，有以多难而兴邦"。他踌躇满志地劝诫唐德宗"其资理兴邦之业，在陛下克励而谨修之"。不要忧虑"乱"，不要害怕"厄运"，只要"勤励不息，足致升平，岂止荡涤妖氛，旋复宫阙"。

陆贽为相期间，户部侍郎、判度支裴延龄以谄佞得德宗信用，"天下嫉之如仇"。陆贽仗义执言，多次上书参奏裴延龄的罪行。裴延龄日加诋毁陆贽，而德宗也不悦陆贽的进言，遂于贞元十年罢陆贽为太子宾客。

昏暴贪佞

来俊臣

来俊臣（651—697 年），雍州万年（今陕西西安市）人，武则天执政时的著名酷吏。因告密获得武则天信任，先后任侍御史、左台御史中丞、司仆少卿，组织数百名无赖专事告密，又设推事院，大兴刑狱，与其党羽朱南山等撰写《罗织经》，制造各种残酷刑具，采取逼供等手段，任意捏造罪状致人死地，大臣、宗室被其枉杀灭族者达数千家。来俊臣贪赃枉法，横行无忌，与侯思止、王弘义等结为朋党，最后甚至企图陷害武氏诸王、太平公主等武则天最亲信的人物。又企图诬告皇嗣李旦和庐陵王李显谋反，被卫遂忠告发，武氏诸王与太平公主等乘机揭露来俊臣种种罪恶。来俊臣终被武则天下令处死。来俊臣死后，其酷吏党徒皆被流放岭南，延续 14 年之久的恐怖“酷吏政治”才告结束。

李林甫

李林甫（683—753 年），小字哥奴，祖籍陇西，唐朝宗室、宰相，唐太祖李虎五世从孙，扬州参军李思诲之子。

李林甫出身于唐朝宗室郇王房，早年历任太子中允、太子谕德、国子司业、御史中丞、刑部侍郎、吏部侍郎、黄门侍郎，后以礼部尚书之职拜相，加授同三品。开元二十四年，李林甫接替张九龄，升任中书令（右相），后进封晋国公，又兼尚书左仆射。天宝十一年十一月，李林甫病逝，追赠太尉、扬州大都督。后被杨国忠诬告谋反，遭削官改葬，抄没家产，子孙流放。李林甫担任宰相 19 年，是玄宗时期在位时间最长的宰相。他大权独握，蔽塞言路，排斥贤才，导致纲纪紊乱，还建议重用胡将，致使安禄山坐大，是导致唐朝由盛转衰的关键人物之一。

唐懿宗

唐懿宗李漼（833－873 年），初名李温，陇西成纪（今甘肃省秦安县）人，唐朝第十七位皇帝（859—873 年在位）。

唐懿宗在位期间，沉湎游乐，对上朝的热情明显不如饮酒作乐。懿宗每日一小宴，三日一大宴，每个月在宫里总要大摆宴席十几次。他一天也不能不听音乐，就是外出到四周游幸，也会带上乐工优伶。懿宗宫中供养的乐工有 500 人之多，只要他高兴了，就会对这些人大加赏赐。他厌烦了宫中生活，随时会到长安郊外的行宫别馆游玩。由于他来去不定，行宫负责接待的官员随时都要备好食宿，音乐自然也不能缺少。那些需要陪同出行的亲王，也常常要备好坐骑，以备懿宗随时可能招呼他们外出。在唐懿宗的影响下，整个官场都充满了一种穷奢极欲、醉生梦死的风气。

名文名篇

争臣论

唐·韩愈

或问谏议大夫阳城于愈："可以为有道之士乎哉？学广而闻多，不求闻于人也。行古人之道，居于晋之鄙。晋之鄙人薰其德而善良者几千人。大臣闻而荐之，天子以为谏议大夫。人皆以为华，阳子不色喜。居于位五年矣，视其德如在野。彼岂以富贵移易其心哉！"

愈应之曰：是《易》所谓恒其德贞，而夫子凶者也。恶得为有道之士乎哉？在《易·蛊》之"上九"云："不事王侯，高尚其事。"《蹇》之"六二"则曰："王臣蹇蹇，匪躬之故。"夫亦以所居之时不一，而所蹈之德不同也。若《蛊》之"上九"，居无用之地，而致匪躬之节；以《蹇》之"六二"，在王臣之位，而高不事之心，则冒进之患生，旷官之刺兴。志不可则，而尤不终无也。今阳子在位，不为不久矣；闻天下之得失，不为不熟矣；天子待之，不为不加矣。而未尝一言及于政。视政之得失，若越人视秦人之肥瘠，忽焉不加喜戚于其心。问其官，则曰谏议也；问其禄，则曰下大夫之秩秩也；问其政，则曰我不知也。有道之士，固如是乎哉？吾闻之也：有官守者，不得其职则去；有言责者，不得其言则去。今阳子以为得其言乎哉？得其言而不言，与不得其言而不去，无一可者也。阳子将为禄仕乎？古之人有云："仕不为贫，而有时乎为贫。"谓禄仕者也。宜乎辞尊而居卑，辞富而居贫，若抱关击柝者可也。盖孔子尝为委吏矣，尝为乘田矣，亦不敢旷其职，必曰"会计当而已矣"，必曰"牛羊遂而已矣"。若阳子之秩禄，不为卑且贫，章章明矣，而如此，其可乎哉？

或曰：否，非若此也。夫阳子恶讪上者，恶为人臣招其君之过而以为名者。故虽谏且议，使人不得而知焉。《书》曰：“尔有嘉谟嘉猷，则人告尔后于内，尔乃顺之于外，曰：斯谟斯猷，惟我后之德”若阳子之用心，亦若此者。愈应之曰：若阳子之用心如此，滋所谓惑者矣。入则谏其君，出不使人知者，大臣宰相者之事，非阳子之所宜行也。夫阳子，本以布衣隐于蓬蒿之下，主上嘉其行谊，擢在此位，官以谏为名，诚宜有以奉其职，使四方后代，知朝廷有直言骨鲠之臣，天子有不僭赏、从谏如流之美。庶岩穴之士，闻而慕之，束带结发，愿进于阙下，而伸其辞说，致吾君于尧舜，熙鸿号于无穷也。若《书》所谓，则大臣宰相之事，非阳子之所宜行也。且阳子之心，将使君人者恶闻其过乎？是启之也。

或曰：阳子之不求闻而人闻之，不求用而君用之。不得已而起。守其道而不变，何子过之深也？愈曰：自古圣人贤士，皆非有求于闻用也。闵其时之不平，人之不义，得其道。不敢独善其身，而必以兼济天下也。孜孜矻矻，死而后已。故禹过家门不入，孔席不暇暖，而墨突不得黔。彼二圣一贤者，岂不知自安佚之为乐哉诚畏天命而悲人穷也。夫天授人以贤圣才能，岂使自有余而已，诚欲以补其不足者也。耳目之于身也，耳司闻而目司见，听其是非，视其险易，然后身得安焉。圣贤者，时人之耳目也；时人者，圣贤之身也。且阳子之不贤，则将役于贤以奉其上矣；若果贤，则固畏天命而闵人穷也。恶得以自暇逸乎哉？

或曰：吾闻君子不欲加诸人，而恶讦以为直者。若吾子之论，直则直矣，无乃伤于德而费于辞乎？好尽言以招人过，国武子之所以见杀于齐也，吾子其亦闻乎？愈曰：君子居其位，则思死其官。未得位，则思修其辞以明其道。我将以明道也，非以为直而加人也。且国武子不能得善人，而好尽言于乱国，是以见杀。《传》曰：“惟善人能受尽言。”谓其闻而能改之也。子告我曰：“阳子可以为有之士也。”今虽不能及已，阳子将不得为善人乎哉？

【译文】

有人问我：谏议大夫阳城，可以算作有道德的士人吗？他学识渊博，广见多闻，又不希望人们知道他的名声。他履行古人的道德准则，住在晋地的边境。晋地边境的人受到他的道德熏陶而修行善良的有几千人之众。大臣听说后就推荐他，皇帝任用他为谏议大夫。人们都认为这是很荣耀的，而阳先生却没有欣喜的表情。他担任这个职务已经五年了，看他的品德好像与隐居在野时一样，他哪里会因富贵而改变自己的心志呢？

我回答说：这就是《易经》里所说的，长期保持着一种德操而不能因事制宜，这对士大夫来说是有危害的。哪里算得上有道德的人呢？《易经·蛊卦》的“上九”中说：“不愿侍奉王侯，只求自己的节操高尚。”《易经·蹇卦》的“六二”爻辞中又这么说：“做臣子的不避艰难去直言进谏尽忠于君主，是由于他不顾自身的缘故。”那不就是因为所处的时间场合不一样，所实践的准则也不同吗？就像《蛊卦》的“上九”爻说的那样，处于没被任用的地位，却去表示奋不顾身的节操；再如《蹇卦》的“六二”爻说的，处在君王之臣的职位，却把不侍奉王侯的节操当作高尚，那么冒求进仕的祸患便会产生，玩忽职守的指责也会兴起。此种志向不当效法，而且最后将不可避免地获得罪过啊。现在阳先生担任职位的时间，不能算是不长久了；了解国家的政治措施的正确与失误，不能算是不熟悉了；皇帝对待他，不能说不重视。然而他未曾说过一句关系到国家政治的话。看待朝政的得失，就好像越地的人看秦地的人的胖瘦一样毫不在意，他心中没有喜悦和忧愁的波动。问他担任什么官职，就说是谏议大夫；问他有多少俸禄，就说是下大夫的品级；问他朝政情况，就回答说我不知道。有道德的人，原来是这样的吗？况且我听说：有官位职守的人，不能称职就该离去；有进言任务的人，不能提出有益的意见就辞去。现在阳先生认为提出了自己的建议批评没有呢？能够提出批评而不提，和不能提出自己的建议批评而不离去，这两种态度没有一种是对的啊。阳先生是为了俸禄而做官的吗？古人说过：“做官不是因为家贫，但有时是因为贫困的。”指的是那些为俸禄而做官的人。应该辞去高位而担任低下的职务，放弃富贵而安于贫贱生活，当个守门、巡夜之类的差使就可以了。孔子曾经做过管理粮仓的小吏，又曾做过管理畜牧的贱职，也不敢旷废他的职守，总是说“一定做到会计准确无误才算完成任务”，总是说“牛羊顺利成长才行”。像阳先生的品级俸禄，不算低下和微薄，那是明明白白的了，可是他的行事却是这个样子，难道可以吗？

有人说：不，不是这样的。阳先生是憎恶诽谤皇上的人，厌恶那些作为臣下却通过公开揭发他的君主的过失而出名的人。所以，他虽然向皇帝提了意见和建议，却不让别人知道。《尚书》中说：“你有好的计策和谋略，就去告诉你的君主，你到外面就和大家说：这个计策智谋是我们君主出的。”阳先生的用意也是像这样的。韩愈回答说：假如阳先生的用心是这样的，那他可谓更糊涂了。进去为君主献策，出来又不使别人知道，这是大臣宰相的做法，不是阳先生所应该做的啊。那阳先生，本来以平民身份，隐居在草野之间，皇上赏识他的品行道义，提拔他担任这个职位，官为谏议大夫，他实在应该做出成绩来，奉行自己的职守，使全国各地和子孙后代知道朝廷有直言不讳、刚正不屈的臣子，君主有不滥赏和从谏如流的美名。这就可能使山野间的隐士听到了而对此产生羡慕之心，束好腰带，挽起发髻，愿意进身到宫门之下陈述他们的言论，使我们的君主成为尧舜那样的圣君，使他们伟大的名声流传千古。像《尚书》所说的，那是大臣宰相的事，不是阳先生所应该做的啊。况且阳先生的想法，将会使君主厌恶听到自己的过失吧？这就是在这方面启发君主啊。

有人说：阳先生不求出名而别人都知道他，不求任用而君主任用了他。他不得已才出来做官，保持着一贯的操行准则而不改变，为什么您对他责备得如此苛刻呢？韩愈说：自古以来的圣人贤士，都不是由于追求名望而被任用的，他们怜悯自己所处的时代动荡，民生不安定，有了道德和学问之后，不敢独善其身，一定要经世致用，普济天下。勤恳努力，终身不懈，到死才罢休。所以大禹在治理洪水的过程中，三次经过自己的家门也不进去看一下，孔子周游列国时，连坐席也来不及坐暖就又出门了，而墨翟从不安居一地，所住之处灶上烟囱来不及熏黑，就离家了。那两位圣人和一位贤人，难道不懂得自己过安逸生活的快乐吗？实在是敬畏上天的旨意，而且怜悯人民的穷困啊。上天将圣贤的德才和能力授予这些人，哪里只是让他们自己有余就算了，实在是想通过他们来补充别人的不足。耳目对人来说，耳管听，眼管看，听清是非，看明安危，然后身体才能安全。圣人贤人，是世人的耳目；世人，是圣贤的身体。再说阳先生要不是贤人，那就应该被贤人所遣使来侍奉他的君主；如果确实是贤人，本当敬畏上天的意旨，而怜悯百姓的穷困。怎么能够只顾自己的闲适安逸呢？

有人说：我听说君子不想把自己的意见强加于人，并且憎恶那种把攻击别人的行为当作正直的人。像您的议论，直率是够直率的了，未免有点损害道德并且浪费口舌了吧？喜欢直言不讳地揭发别人的过失，这就是国武子在齐国被杀害的原因啊，您大概也听说过吧？韩愈说：君子有官位，就应有以身殉职的思想准备。未得到官位，就考虑修饰文辞来阐明他掌握的道理。我是要阐明道理，并不是自以为正直而强迫人家接受自己不要的东西。况且国武子是因为未遇到善良的人，又喜欢在乱国直言不讳，所以被杀。《国语》上说："只有善人才能够无保留地接受批评。"这就是说他听到别人规劝后能改正自己的过失。您告诉我说："阳先生可以算是有道德的人。"阳先生虽然现在未能达到，难道他将来也不能成为一个有道德的人吗？

【名句】

自古圣人贤士，皆非有求于闻用也。闵其时之不平，人之不义，得其道。不敢独善其身，而必以兼济天下也。孜孜矻矻，死而后已。

【精析】

《争臣论》又名《诤臣论》。《争臣论》是一篇从当时的政治出发、有的放矢的重要论文，该文的写作采取问答形式，在辩论的过程中，一点点推出作者的观点。首先由对方发问，提出阳城是"有道之士"的看法，并且阐述其理由。尽管是发问，实际上是希望得到韩愈的认可。这就迫使韩愈不能不就什么是"有道之士"，什么是"争臣"作一番论证。其中，评论的人是真人，事也是真事。韩愈本人直言不讳地发表了意见，认为谏官之设，其前提就是君主会犯错误，所以身为谏官而隐瞒君主犯错误的事实，久而久之，会使君主以为自己永远是英明正确的。本文表现了韩愈敢于面对现实的斗争精神。

阿房宫赋

唐·杜牧

六王毕，四海一，蜀山兀，阿房出。覆压三百余里，隔离天日。骊山北构而西折，直走咸阳。二川溶溶，流入宫墙。五步一楼，十步一阁；廊腰缦回，檐牙高啄；各抱地势，钩心斗角。盘盘焉，囷囷焉，蜂房水涡，矗不知其几千万落。长桥卧波，未云何龙？复道行空，不霁何虹？高低冥迷，不知东西。歌台暖响，春光融融；舞殿冷袖，风雨凄凄。一日之内，一宫之间，而气候不齐。

妃嫔媵嫱，王子皇孙，辞楼下殿，辇来于秦。朝歌夜弦，为秦宫人。明星荧荧，开妆镜也；绿云扰扰，梳晓鬟也；渭流涨腻，弃脂水也；烟斜雾横，焚椒兰也。雷霆乍惊，宫车过也；辘辘远听，杳不知其所之也。一肌一容，尽态极妍，缦立远视，而望幸焉。有不见者，三十六年。

燕赵之收藏，韩魏之经营，齐楚之精英，几世几年，剽掠其人，倚叠如山。一旦不能有，输来其间。鼎铛玉石，金块珠砾，弃掷逦迤，秦人视之，亦不甚惜。

嗟乎！一人之心，千万人之心也。秦爱纷奢，人亦念其家。奈何取之尽锱铢，用之如泥沙？使负栋之柱，多于南亩之农夫；架梁之椽，多于机上之工女；钉头磷磷，多于在庾之粟粒；瓦缝参差，多于周身之帛缕；直栏横槛，多于九土之城郭；管弦呕哑，多于市人之言语。使天下之人，不敢言而敢怒。独夫之心，日益骄固。戍卒叫，函谷举，楚人一炬，可怜焦土！

呜呼！灭六国者六国也，非秦也；族秦者秦也，非天下也。嗟乎！使六国各爱其人，则足以拒秦；使秦复爱六国之人，则递三世可至万世而为君，谁得而族灭也？秦人不暇自哀，而后人哀之；后人哀之而不鉴之，亦使后人而复哀后人也。

【译文】

六国统治结束，四海合而为一；蜀地的山变得光秃秃了，阿房宫建造出来了。覆盖三百多里地面，遮天蔽日。沿骊山向北建筑再往西转弯，直到咸阳。渭水、樊川浩浩荡荡，流进了宫墙。五步一座楼，十步一个阁，走廊如绸带般萦回，飞檐像鸟嘴般高啄。各自依着地形，四方向核心辐辏，又互相争雄斗势。楼阁盘结交错，曲折回旋，如密集的蜂房，如旋转的水涡，高高地耸立着，不知道它有几千万座。长桥横卧水波上，天空没有起云，何处飞来了苍龙？复道飞跨天空中，不是雨后刚晴，怎么出现了彩虹？房屋高高低低，幽深迷离，使人不能分辨东西。楼台上由于歌声响亮而充满暖意，有如春光融和；舞殿上由于舞袖飘拂而充满寒意，有如风雨凄冷。一天之中，一宫之内，而气候不相同。

六国的妃嫔侍妾、王子皇孙，离开自己的宫殿，坐着辇车来到秦国，早上唱歌，晚上奏乐，成为秦国的宫人。明亮的星星晶莹闪烁，那是宫女们打开了梳妆的镜子；乌青的云朵纷纷扰扰，那是宫女们在梳理晨妆的发髻；渭水涨起一层油腻，那是宫女们泼弃了的胭脂水；烟霭斜升云雾横绕，那是宫女们燃起了椒兰在熏香；雷霆突然震响，那是皇帝乘坐的宫车驶过；辘辘的车声越听越远，无影无踪，也不知道要去什么地方。她们每一片肌肤，每一种容颜，都美丽娇媚得无以复加，久久站立，倚门远眺，盼望着皇帝来临。有些人竟这样等了三十六年，都没能见到皇帝。

燕国赵国收藏的金银，韩国魏国聚敛的珠玉，齐国楚国挑选的珍宝，是诸侯年深日久，从他们的老百姓那里掠夺来的，堆积如山。一旦国破家亡，这些再也不能占有了，都运送到阿房宫里来。宝鼎被当作铁锅，美玉被当作顽石，黄金被当作土块，珍珠被当作砂砾，随便丢弃，遍地都是，秦人看见这些，也并不觉得可惜。

唉！一个人的意愿，也就是千万人的意愿啊。秦始皇喜欢繁华奢侈，人民也顾念他们自己的家呀。为什么掠取珍宝时连一锱一铢都搜刮干净，耗费起珍宝来竟像对待泥沙一样？致使承担栋梁的柱子，比田地里的农夫还多；架在梁上的椽子，比织机上的女工还多；梁柱上密集的钉头，比粮仓里的粟粒还多；瓦楞长短不一，比全身的丝缕还多；或直或横的栏杆，比全国的城郭还多；管弦奏出的嘈杂声音，比集市上的人声还多。看着这些天下的百姓，口里不敢说，心里却敢愤怒。可是独夫民贼的思想，一天天更加骄横顽固。结果戍卒大呼而起，函谷关被一举攻下，楚兵一把大火，可惜阿房宫化为一片焦土。

啊！消灭六国的是六国自己啊，而不是秦国；消灭秦国的是秦王朝自己啊，不是天下的人。可叹呀！要是六国都能爱护自己的百姓，就完全能够抵挡住秦国了。要是秦国能够爱护六国的百姓，那么皇位就可以传到三世还可以传到万世做皇帝，谁能够族灭它呢？秦人来不及哀悼自己，而后人替他们哀伤；如果后人哀悼他们却不以他们为戒，只怕又会使更后的人又来哀悼这后人呢！

【名句】

嗟乎！一人之心，千万人之心也。秦爱纷奢，人亦念其家。奈何取之尽锱铢，用之如泥沙？

【精析】

《阿房宫赋》是唐代文学家杜牧创作的一篇借古讽今的赋体散文。文章通过对阿房宫兴建及毁灭过程的描写，形象生动地对秦朝统治者因为骄奢导致亡国的历史教训进行了总结，目的在于向唐朝统治者发出警告。文章体现了诗人忧国忧民、匡世济俗的爱国情怀。《阿房宫赋》运用典型化的艺术手法，在不长的篇幅中，将秦王朝宫殿恢弘壮观的建筑、充盈娇美的后宫佳丽、珍贵丰奢的宝藏表现得层次分明、形象具体，随后得出秦国之所以灭亡，是因为统治者穷奢极欲、不施仁爱的结论，这为当时唐朝的最高统治者提出了深刻的警示。

捕蛇者说

唐·柳宗元

永州之野产异蛇，黑质而白章；触草木，尽死；以啮人，无御之者。然得而腊之以为饵，可以已大风、挛踠、瘘，疠，去死肌，杀三虫。其始，太医以王命聚之，岁赋其二，募有能捕之者，当其租入。永之人争奔走焉。

有蒋氏者，专其利三世矣。问之，则曰：“吾祖死于是，吾父死于是。今吾嗣为之十二年，几死者数矣。”言之，貌若甚戚者。

余悲之，且曰：“若毒之乎？余将告于莅事者，更若役，复若赋，则何如？”

蒋氏大戚，汪然涕曰：“君将哀而生之乎？则吾斯役之不幸，未若复吾赋不幸之甚也。向吾不为斯役，则久已病矣。自吾氏三世居是乡，积于今六十岁矣，而乡邻之生日蹙，殚其地之出，竭其庐之入，号呼而转徙，饥渴而顿踣，触风雨，犯寒暑，呼嘘毒疠，往往而死者相藉也。曩与吾祖居者，今其室十无一焉；与吾父居者，今其室十无二三焉；与吾居十二年者，今其室十无四五焉。非死则徙尔。而吾以捕蛇独存。悍吏之来吾乡，叫嚣乎东西，隳突乎南北，哗然而骇者，虽鸡狗不得宁焉。吾恂恂而起，视其缶，而吾蛇尚存，则弛然而卧。谨食之，时而献焉。退而甘食其土之有，以尽吾齿。盖一岁之犯死者二焉；其余，则熙熙而乐。岂若吾乡邻之旦旦有是哉！今虽死乎此，比吾乡邻之死则已后矣，又安敢毒耶?”

余闻而愈悲。孔子曰：“苛政猛于虎也。”吾尝疑乎是，今以蒋氏观之，犹信。呜呼！孰知赋敛之毒有甚是蛇者乎！故为之说，以俟夫观人风者得焉。

【译文】

永州的山野间生长着一种奇异的蛇，黑色的身子而有着白色的花纹；这种蛇碰到草木，草木都要枯死；如果咬了人，就没有办法救治。但捉到它并且把它晾干，用蛇肉干制成药丸，可以用来治疗麻风、手足痉挛、颈肿、毒疮等病；还能去掉腐烂的肌肉，杀死人体内的各种寄生虫。起初，太医奉皇帝的命令来征集这种蛇，每年征收两次，招募能够捕捉蛇的人，用蛇顶替他们的赋税去缴纳。于是永州的人争先恐后地干这件事。

有一家姓蒋的，享有捕蛇而不纳税的好处已经三代了。我问他，他说：“我的祖父死在捕蛇这件事情上，我父亲也死在捕蛇这件事上。现在我继续干这事已经十二年了，几乎丧命好几次了。”他讲到这些，脸上好像很悲伤的样子。

我可怜他，于是对他说：“你怨恨捕蛇这项差事吗？我打算去对主管收税的官吏讲一讲，更换你的差事，恢复你的赋税，那怎么样？”

姓蒋的听了大为伤心，眼泪汪汪地说：“您是哀怜我，想让我活下去吗？那么我干这个差事的不幸，还不及恢复我的赋税那样严重。假使当初我不应这个差，早已经困顿不堪了。我家三代居住此乡，累计至今有六十年了，而乡邻们的生活一天比一天窘迫。在赋税逼迫之下，他们竭尽田里的出产，罄空室内的收入，哭哭啼啼地迁离乡土，饥渴交加地倒仆在地，吹风淋雨，冒寒犯暑，呼吸着毒雾瘴气，由此而死去的人往往积尸成堆。先前和我祖父同时居住此地的，现今十户人家里剩不到一家；和我父亲同时居住的，十家里剩不到两三家；和我本人同住十二年的，十家里也剩不到四五家。不是死了，就是搬走了，而我却因为捕蛇独能留存。每当凶横的差吏来到我们乡，从东头闹到西头，从南边闯到北边，吓得人们乱嚷乱叫，连鸡狗也不得安宁。这时候，我便小心翼翼地爬起身来，探视一下那只瓦罐，见我捕获的蛇还在里面，于是又安然睡下。平时精心喂养，到时候拿去进献，回家就能美美地享用田里的出产，来安度我的天年。这样，一年里头冒生命危险只有两次，其余时间便怡然自得，哪像我的乡邻们天天有这种危险呢！现在即使死在这上头，比起我乡邻们的死已经是晚了，又怎么敢怨恨呢？”

我听了愈加难过。孔子说过：“苛政比老虎凶猛。”我曾经怀疑过这句话。如今拿姓蒋的事例来看，说的还是真情。唉！有谁知道横征暴敛对老百姓的荼毒，比毒蛇更厉害呢？因此我对这件事加以述说，留待考察民情风俗的官吏参考。

【名句】

苛政猛于虎也。

【精析】

《捕蛇者说》是唐代著名文学家柳宗元的一篇散文名作。柳宗元所处的时代，正是唐王朝由盛到衰的重要历史转折时期。安史之乱平息后，中央政权与藩镇不断巩固自己的势力，对百姓横征暴敛。繁重的苛捐杂税，压得百姓们喘不过气来，如果再赶上天灾，更是是雪上加霜，人们只好逃亡，民间十室九空。柳宗元被贬为永州司马后，十年间与底层百姓接触，目睹他们“非死则徙尔”的悲惨景象，深感自己有责任将横征暴敛导致民不聊生的惨况用笔墨的形式表现出来，希望最高统治者能借此体察民情，推行善政。本文抓住蛇毒与苛政之毒的联系，巧用对比，通过捕蛇者与毒蛇之毒来反映“赋敛之毒有甚于蛇毒”的黑暗社会现实。

格言警句

以文帝之明，而魏尚之忠，绳之以法则为罪，施之以德则为功。知世之听者多有所尤。多有所尤，所听必悖矣。何以知其然耶？

【注释】出自《反经·忠疑》。意思是说，以汉文帝那样的英明，魏尚那样的忠诚，当魏尚被绳之以法时，他便成为罪人；当魏尚被法外施恩时，他又成了功臣。由此可知，听别人汇报情况，往往会判断失误；判断多有失误，结论必然违背常理。怎么能明白这一道理呢？

仁义，理之本也；刑罚，理之末也。

【注释】出自《贞观政要·公平》记魏征语。意思是说，行仁义是治国的根本之道，靠刑罚则是治国的末路。此言治国安邦当以行仁义感化人民为根本。

从官重恭慎，立身贵廉明。

【注释】出自《座右铭》。意思是说，做官要注重恭敬和谨慎，立身行事贵在廉洁和清白。

且为主贪，必丧其国；为臣贪，必亡其身。

【注释】出自《贞观政要·贪鄙》。意思是说，况且做君王的人如果贪腐，一定会丧失他的国家；做臣子的如果贪腐，一定会丢失他的生命。

诤臣必谏其渐，及其满盈，无所复谏。

【注释】出自《贞观政要》。意思是说，敢于进谏的臣子们，一定要在事情刚有征兆的时候就加以劝谏，如果等到过失满盈的时候再去劝谏，就来不及了。

自非禄赐，一毫不受于人。

【注释】出自《南史·王昙首传》。意思是说，如果不是俸禄赏赐，一毫也不从别人那里接受。

因其材以取之，审其能以任之，用其所长，掩其所短。

【注释】出自《贞观政要·择官》。意思是说，使用人才，要用其所长，弃其所短。

激浊而扬清，废贪而立廉。

【注释】柳宗元的名句。意思是说，冲去污水，让清水上来。比喻清除坏的，发扬好的。

为君之道，必须先存百姓。若损百姓以奉其身，犹割股以啖腹，腹饱而身毙。

【注释】出自《贞观政要·君道》。意思是说，当国君的法则，必须先考虑百姓，让百姓生存下去，如果损害百姓的利益来奉养自己，那就像割自己大腿上的肉来填饱自己的肚子，肚子是饱了，人却死了。

以欲从人者昌，以人乐己者亡。

【注释】出自《贞观政要·俭约》。意思是说，把自己的欲望服从于人民的欲望的，他的事业必然昌盛兴旺；把自己的快乐建筑在人民痛苦上的，就必然会灭亡。

乐不可极，极乐成哀；欲不可纵，纵欲成灾。

【注释】出自《贞观政要·刑法》。意思是说，享乐不可极度，极度就变成悲哀；人欲不可放纵，放纵就变成灾难。

一日万机，一人听断，虽复忧劳，安能尽善？

【注释】出自《贞观政要·求谏》。意思是说，一天处理上万件政务，靠一个人听断，即使再辛勤，也难以完全办好。

致治之本，惟在于审。量才授职，务省官员。

【注释】出自《贞观政要·择官》。意思是说，使国家得到治理的根本，在于精简；衡量人的才能高低授给相应的官职，务必减少职官的定员。

诗词曲赋

上达奚舍人

唐・孟郊

北山少日月，草木苦风霜。
贫士在重坎，食梅有酸肠。
万俗皆走圆，一身犹学方。
常恐众毁至，春叶成秋黄。
大贤秉高鉴，公烛无私光。
暗室晓未及，幽行涕空行。

【译文】

北面的山一般都很少看到太阳和月亮，草木都被风霜所覆盖。
贫穷之士一般都在艰难险阻之地，吃的梅子都是酸肠子的。
世间的人都学会圆滑处世，但是我一生都不改变自己方正的处世之道。
常常担心被众多的人毁谤，春天的树叶都已经开始变黄了。
有才能的人观察事物很仔细，秉公办事的人都很正直。
黑暗的地方太阳也照不到，在幽暗的地方眼泪却流了下来。

将赴成都草堂途中有作，先寄严郑公五首(其四)

唐·杜甫

常苦沙崩损药栏，也从江槛落风湍。
新松恨不高千尺，恶竹应须斩万竿。
生理只凭黄阁老，衰颜欲付紫金丹。
三年奔走空皮骨，信有人间行路难。

【译文】

自离草堂，常常焦虑沙岸崩塌，损坏药栏，现在恐怕连同江槛一起落到湍急的水流中去了。想当年，我离开草堂时，自己亲手培植的四株小松，当时才大抵“三尺强”，我很喜爱它们，恨不得它们迅速长成千尺高树，那到处侵蔓的恶竹，有万竿亦须斩除。我的生计全凭严武照顾，衰老的身体也可托付给益寿延年的丹药。这三年，兵祸不断，避乱他乡，漂泊不定，人瘦得只剩皮包骨头了。过去常读古乐府诗《行路难》，今身经其事，方知世路艰辛，人生坎坷，真是行路难啊！

咏　史

唐·李商隐

历览前贤国与家，成由勤俭破由奢。
何须琥珀方为枕，岂得真珠始是车。
运去不逢青海马，力穷难拔蜀山蛇。
几人曾预南薰曲，终古苍梧哭翠华。

【译文】

纵览历史，凡是贤明的国家，成功源于勤俭，衰败起于奢华。

为什么非要琥珀才能作枕头，为什么镶有珍珠才是好坐车？

想要远行，却没遇见千里马，力单势孤，难以拔动蜀山的猛蛇。

有几人曾经亲耳听过舜帝的《南风歌》？ 天长地久，只有在苍梧对着华盖哭泣的份儿。

寄李儋元锡

唐·韦应物

去年花里逢君别，今日花开又一年。
世事茫茫难自料，春愁黯黯独成眠。
身多疾病思田里，邑有流亡愧俸钱。
闻道欲来相问讯，西楼望月几回圆。

【译文】

去年的花开时节我们依依惜别，如今花开时节我们分别已一年。
世事渺茫自我的命运怎能预料，只有黯然的春愁让我孤枕难眠。
多病的身躯让我想归隐田园间，看着流亡的百姓愧对国家俸禄。
早听说你将要来此地与我相见，我到西楼眺望几度看到明月圆。

小说传奇

《隋唐嘉话》

《隋唐嘉话》，又名《国朝传记》《国史异纂》，是唐代刘𫗧创作的笔记小说集。《隋唐嘉话》上承魏晋志人小说《世说新语》，下开历史见闻笔记小说的先河，在笔记小说史上具有承前启后的作用。书中记载了隋至唐开元年间事，包括历史人物、典章制度、科技艺术、社会风俗等方面的记载，其中以唐太宗和武后两朝为多。《资治通鉴》等史书的某些史实，即取材于此书。这本小说对于研究唐代的政治、经济、文化、社会等问题具有史料与文学双重价值。书中也不乏一些监察故事，如唐太宗对房玄龄说："以铜为镜，可以正衣冠；以……朕常宝此三镜。"从一个侧面表达了作者对这种政治行为的赞许。

《酉阳杂俎》

《酉阳杂俎》是唐代笔记小说，全书三十卷，每卷分类记事，涉及内容非常丰富，在记叙志怪故事的同时，也为后人保存了唐朝大量的珍贵历史资料、遗闻逸事和民间风情，不仅具有文学价值，还有历史研究、科学和医学价值。

《酉阳杂俎》所载传说异事有从古书中摘引，有从旁人口中听说，也有唐代流行的；所记人物从皇帝、宰辅、士大夫到道士、僧人、穷书生，以及贩夫走卒等，均有涉及；主要内容则有道教传说、佛教传说、唐代社会生活、文化艺术、风俗习惯、奇闻轶事、文人掌故等，堪称唐代社会生活的百科全书。文章篇幅不定，长短不拘，短则十几字，长则有近千字，多为片段化的记叙，与唐代传奇、后世小说不同，是典型的唐人笔记。

《酉阳杂俎》所写的古代中外传闻、神话、故事、传奇，曲折地反映了社会现实，为研究唐代传奇提供了宝贵的历史资料，甚至在某些方面弥补了正史的不足。同时，书中还保存了唐代统治阶级的秘闻轶事和南北朝使者的交流应对礼仪等资料。

其中《贝编》卷记载了一个佛教故事。故事主角是唐代高僧，法号叫万回。当时是武则天时期。朝廷酷吏横行，大肆罗织罪名诬陷官员。朝臣惶惶不可终日；官位稍高一些的，每天上朝之前都要和妻儿老小告别，一副生离死别的样子。博陵王崔玄晖就是其中一员。崔母出主意："请万回高僧来一趟吧！据说他貌似痴呆，实际是菩萨转世。根据他的行为举止，就能知道吉凶祸福。"于是把万回请到了崔府，隆重接待，还送他一套精美的银制匙箸。全家老小可怜兮兮地看着万回。万回和尚一言不发，接过礼物，快步来到院里，使劲将匙箸扔上房，然后转身就走。崔玄晖没办法，派人到屋顶上一看，匙箸下面还压着一卷书。打开一看，竟然是一部反书。崔玄晖吓坏了，赶紧将反书烧掉。几天后，突然有酷吏带着一大批官兵闯进崔府来查抄反书，结果一无所获。酷吏满脸困惑，只好离去。崔玄晖逃过一劫，后来恍然大悟："要不是万回高僧，我就被满门抄斩了！"原来这是酷吏诬陷栽赃的一种常用手段：派盗贼夜里把反书藏到官员家中，然后过几天就带官兵来抄家，从未落空。没想到这次被万回和尚识破，故而失手。这个故事说明了当时官场上存在的不良风气，表达了作者对这种无耻行为的痛恨。

成语俗语

各取所长

【注释】指要善于运用事物或人本身所具有的长处。源自《贞观政要·任贤》：“用人如器，各取所长。”

身外之物

【注释】个人身体以外的东西，指名誉、地位、权力、金钱等。源自《贞观政要·贪鄙》：“明珠是身外之物，尚不可弹雀，何况性命之重，乃以博财务耶？”

阿旨顺情

【注释】逢迎谄媚，顺从别人意旨。源自《贞观政要·政体》：“比来惟觉阿旨顺情，唯唯苟过，遂无一言谏诤者，岂是道理？”

作茧自缚

【注释】蚕吐丝作茧，把自己包裹在里面。比喻做某事的结果反使自己受困。亦比喻束缚自己。源自白居易《江州赴忠州至江陵已来舟中示舍弟五十韵》：“烛蛾谁救护？蚕茧自缠萦。”

逢人说项

【注释】遇人便赞扬项斯。比喻到处为某人某事吹嘘，说好话。源自杨敬之《赠项斯》：“平生不解藏人善，到处逢人说项斯。”

炙手可热

【注释】手摸上去感到热得烫人。比喻权势大，气焰盛，使人不敢接近。现在多用来比喻权势气焰之盛。源自杜甫《丽人行》：“炙手可热势绝伦，慎莫近前丞相嗔。”

飞黄腾达

【注释】形容骏马奔腾飞驰。比喻一些人的地位提升得很快。现多用于贬义。源自韩愈《符读书城南》："飞黄腾达去，不能顾蟾蜍。"

水火无交

【注释】没有财物牵涉。形容为官清正廉洁。源自《隋书·循吏传·赵轨》："别驾在官，水火不与百姓交，是以不敢以壶酒相送。"

第九篇

五代十国廉政文化经典

廉政思想

后唐明宗

后唐明宗李嗣源（867—933 年），代北沙陀人，生于应州金城（今山西省应县），五代十国时期后唐第二位皇帝。李嗣源在位期间，杀贪腐，褒廉吏，罢宫人、除伶宦，废内库，重视民间疾苦，国家号称“小康”。

李嗣源继位后，以德才为标准，要求地方官员肩负起举荐人才的重任，明确规定了各类官员的举荐人数。为了确保荐举质量，又推行连坐制度，将举荐者与被荐举者的治绩或表现直接挂钩。李嗣源明令禁止朝廷官员在出使地方时干预地方事务或授意地方官举荐自己安排好的人，声明若再发生此类事件，必定严惩不贷——干预者贬官，被荐者流配；地方官如若徇情枉法，允许人诣阙上诉，也会给予处罚。李嗣源还每年对内外文武臣僚进行严格的考核，以便黜陟。同时，对清廉干练、政绩突出的官员，李嗣源会给予表彰，树立为朝野榜样。为节省财政开支，李嗣源大量裁减勤杂宫人，并在边疆一带设置马匹买卖场所，不许蕃族再到京城献马，这在很大程度上节省了中央财政开支。李嗣源纳谏如流。大理少卿康澄曾上疏论政，提出了治理国家的五种“不足惧”、六种“深可畏”，切中治政弊端。李嗣源遂对他优诏奖赏。

后周太祖

后周太祖郭威（904—954 年），字文仲，邢州尧山县（今河北隆尧县）人，五代时期后周开国君主。

郭威立国后，倾力改革唐末以来的弊政，重用有才德的文臣。他提倡节俭，爱护百姓，着力减轻百姓的赋税负担，同时自己的衣食住行也极尽节俭。他曾对宰相王峻说：“我出身寒微，曾经尝尽人间疾苦，也历经了国与家的灾难，现在当上皇帝，怎么能养尊处优却鱼肉天下百姓呢？”他带头俭省，命令各地不许进献珍宝美食，还让人将皇宫里的珍玩宝器及豪华用具当众打碎。郭威常常对身边的侍臣说：“身为一国之君，怎么能用这种东西？”

郭威励精图治，虚心纳谏，无论是谁提出的建议都能虚心接受。就算得罪了他，也不记仇。为了肃清吏治，郭威对贪官污吏严惩不贷；若发现有官员玩忽职守，也绝不容忍。在郭威的精心治理下，后周官吏的办事作风有了很大转变，效率也大大提高。唐末以来一直极为混乱的北方社会开始走向安定，民富国强的迹象慢慢出现，为后来周世宗和宋太祖的统一事业打下了坚实的基础。

后周世宗

后周世宗柴荣（921—959 年），本姓柴，后改姓郭，后世仍以柴荣习称。邢州尧山县（今河北隆尧）人，五代时期政治家，后周第二位皇帝。

柴荣被史家誉为“五代第一明君”。虽只在位短短 6 年，但他深知人才是第一位的。即位后，他多次下诏求贤纳士。史载，柴荣“好拔奇取俊，有自布衣上书，下位言事者，多不次进用”。他还恢复了科举考试，通过考试广泛地选拔人才。唐亡后，由于战乱频繁，地方政府保留了很大权力，对中央命令阳奉阴违，官吏贪污腐化的现象也层出不穷。柴荣即位后，即大力进行整顿，对于文武贪吏屡加重责，取得了明显成效。

柴荣办事谨慎，虚心求谏。他曾经非常诚恳地专门下诏，要求群臣上书言事，并点名让翰林学士承旨徐台符等 20 多名大臣写《为君难为臣不易论》《平边策》各一篇。他审读后，对大臣王朴《平边策》中提到的“先易后难”的主张极为赏识，立刻付诸于实践。

南吴太祖

杨行密（852—905 年），原名行愍，字化源，庐州合肥（今安徽长丰）人。南吴开国国君，庙号太祖。

杨行密提倡节俭，提出“以勤俭足用，非公宴未尝举乐”。他刚到淮南便大行节俭之风，注重体恤和安抚百姓。他的一系列轻徭薄赋、劝课农桑、重视生产的措施，对于恢复社会生产、安定社会秩序产生了积极影响，使得江淮一带的社会经济得以较大恢复。

杨行密认为，要取得更大的发展，必须广招天下贤才。杨行密在庐州时就招纳了袁袭、高勖、戴友规等人才。除了人尽其才外，对原属敌对集团的有才之士，杨行密也不计前嫌，仍加以重用。这批人才对杨行密的创业起到了重要的推动作用。

监察律典

《升元格》

南唐律法谨遵吴制，建国初就颁布了《升元格》，在所辖境内与原有的《吴令》并行，二者皆具法律效力，共同来规范官民的日常行为。

监察制度

御史台

五代各朝均于中央机构设置监察机构御史台，一些皇帝也都有提高监察机构地位的举措。五代时期的御史台仍然是国家最高的监察机构，其设官及职能也依然沿袭唐制，但与唐制并不完全相同。御史大夫一职不再常设，御史中丞成为负责国家监察事务的最高官员。御史台总的职责仍是“正朝廷纲纪，举百司紊失”，但职权范围更为广泛，所负责的事务更加繁剧。除了监察诸司、纠弹百官，出使巡按，推鞫狱讼外，还要负责理赃赎，更值朝堂受表，监察殿廷供奉及巡幸、祭祀之礼仪，巡察纠举京城不法之事，监莅仓库出纳等事。五代还明确了御史台对科举考试的监督职能。科举考试实行锁院制度后，由御史台专门负责执行锁院任务，监察考官、举子的违纪行为，查办科场案件和相关纠纷。

军巡院

五代军巡院产生于909年，在设置之初就分左右两院，设左、右两军巡使。五代设置军巡院是因为兵扰于民的混乱局面无法得到有力的治理，这与唐代后期设置军巡院有着相似的一面。军巡院的司法功能表现在侦查勘问和审判两个方面，类似于履行部分侦察部门和法院的职责。军巡院的侦查勘问对象不限于与国家军事有关的人员，还包括部分政府官员。据现有的史料看，五代军巡院审判权的行使侧重于官吏贪污受贿案和军人违法案。

侍卫亲军马步军都指挥使司

官署名。简称侍卫司。五代始置，统掌禁军，后周世宗时与殿前司共掌禁军，地位极重，负责纠察京畿地区禁军，直接听命于皇帝。

侍御史知杂事

官名。唐朝置，以年深御史充任，总管御史台庶务。五代沿置，以郎中、员外郎一人兼任，负责纠察。

观察使

管理一道或几个州的地方行政、监察长官。

团练使

团练使，全称为团练守捉使。在唐代的使职系统中，团练使作为军事类使职，与节度使、防御使等同为集军事权、监察权、财政权、行政权于一身的藩道长官。安史之乱前只在个别地区短时间内设置，安史之乱后设置较多。五代承袭晚唐，团练使的设置基本遵循旧制，仍然具有掌管一方藩镇军事、财政、民政、司法之权，却又在一定程度上根据自身实际情况作了相应调整，表现出统治者对其进行控制的趋向。藩道团练使和观察使一般由一人兼之，既掌军事，又行监察，主要设置于军事力量薄弱的江南诸道。

科举复试

五代的复试制度，主要是指因科场舞弊而施行的对新及第举人的重新考试制度。诸科复试，一般均由中书门下省的翰林学士主持。该制度的产生和发展是科举制度走向公平、公正和自我完善的一个重要过程，为宋代以后的殿试制度奠定了基础。

科举考试中的复核制度始自开元二十五年（737 年）。中晚唐、五代知贡举主司拟定的预备放榜举人的答卷，由中书门下省组织人员进行复核，经复核无误方由礼部贡院放榜。这项制度明确了礼部主考、中书门下复核的程序以及二者在科举考试中各自的责任，使科举考试更加规范化、制度化，也更加公平合理。这项制度对礼部知贡举起到了监督作用，使知贡举主司评判举子答卷时更加谨慎。中书门下复核制度的实行范围和权限在中晚唐逐渐扩大。中书门下复核制度不仅监察礼部知贡举主司知举是否公允、是否存在舞弊现象，而且规定由中书舍人专门重新复核并中书门下复核制度不仅监察礼部知贡举主司知举是否公允、是否存在舞弊现象，而且规定由中书舍人专门重新复核并增加当面“问过”举人即面试一关，然后再重新拟订登第，直接上奏皇帝，供皇帝定夺处分。

五代时期中书门下复核制度日趋严格。知贡举拟定放榜名单后，要连同其所试文字一起申送中书门下复核，经皇帝批准后方可生效。

勾检制

勾检制是一套程序性制度，主要针对各级官府在收发公文和勾稽方面的工作，特别侧重财政方面的审计。州级政府中的孔目司就专门负责此事。勾检制属于监察系统的一个子系统，但无法取代监察制，也不是州县内部监察机制的全部内容。

廉政清芬

崔沂

崔沂（？—934 年），唐代大臣。字德润，今山东聊城市人。初为监察补阙，昭宗时累迁谏议大夫。唐亡，入后梁为御史司宪，擢礼部尚书。

开平年中，金吾街使寇彦卿入朝途中经过天津桥，一个名叫梁现的市民来不及躲避，竟被前边引导开路的士兵抓起来扔在石栏上摔死了。后寇彦卿向梁太祖禀告这事，梁太祖令通事舍人赵可封宣谕旨，命寇彦卿拿出自家财物赔给死者家属，以抵罪行。崔沂听了，弹劾道："寇彦卿虽为人臣，也没有妄自杀人的权力。天津桥作为御路要道，正对着端门，是皇上的车驾进出之地，而不是给街使发怒耍威风的地方。再者，梁现只是来不及躲避，这种小错鞭打一顿也就够了，怎么能将他摔死？这样做大违朝廷法典，请按法论处。"梁太祖爱惜寇彦卿，便让崔沂以过失罪论处，崔沂不从，引法典力争，以仗势杀人者为首犯，其他动过手的人罪减一等。又根据法典斗殴一条，不斗而故意打伤人者，加伤罪一等。崔沂的表章献上后，梁太祖贬任寇彦卿为游击将军、左卫中郎将。崔沂刚正守法，人们都敬重他。后升左司侍郎，改任太常卿，转任礼部尚书。

冯道

冯道（882—954 年），字可道，号长乐老，瀛州景城（今河北沧州西北）人，五代宰相。

冯道具有极强的协调能力。梁晋隔河对峙时，名将郭崇韬认为军中伴食人员过多，建议裁减闲散者。唐庄宗听了大怒："我连为替我效命的人设食的自由都没有吗？那还不如让三军另择主帅，我返回太原得了。"他即刻就让冯道起草文书，宣示三军。冯道犹豫良久也不肯下笔，庄宗在旁催促。冯道徐徐进言：“如今大王屡建大功，正待平定南寇。郭崇韬说的话并不过分，您可以不同意，何必如此大发雷霆？要是让敌军知道了，认为我们君臣不和，对我们岂不是极为不利。”庄宗听了恍然大悟。不久，郭崇韬向庄宗道歉，此事经冯道调和得以顺利解决。人们都极为敬重冯道的胆量。

杨邠

杨邠（？—950 年），五代时后汉大臣，今山东冠县人。

后汉高祖刘知远即位，杨邠官拜枢密使、中书侍郎兼吏部尚书、同平章事。他出身小吏，不喜文士，及为相，方招聘文士撰写史传。杨邠为政清俭、拒收贿赂，遇不能拒者，即收之呈给皇帝。他一向直言敢谏，任贤荐能。李太后之弟向他要官，他没给，引起皇戚不满。帝欲立爱妃耿夫人为后，杨邠力谏，未立。及耿夫人死，帝欲以太后礼葬，杨邠又持反对态度。帝大怒，加之左右乘机诬陷，杨邠被杀害。后周太祖即位，追封为弘农王。

昏暴贪佞

后唐庄宗

李存勖（一作“朂”，885—926 年），即后唐庄宗。小字亚子，代北沙陀人，生于晋阳（今山西太原）。唐末五代军事家，后唐开国皇帝，晋王李克用之子。

李存勖在位期间，并岐国，灭前蜀，得凤翔、汉中及两川之地，震动南方割据诸国。但他穷奢极欲，治国乏术，终日沉湎于声色，以搜刮财富、广建宫殿、选取美女、驰猎取乐为能事。他用人无方，纵容皇后干政，重用伶人、宦官，疏忌杀戮功臣。李嗣源是后唐灭梁第一功臣，曾表奏义子李从珂为北京内牙马步都指挥使，希望李从珂能就近照顾家中。李存勖却恼怒异常，认为李嗣源“握兵权，居大镇”，却插手军政人事，因此将李从珂贬为突骑指挥使，远戍石门镇，并多次驳回李嗣源的入朝请求。而在李嗣源入朝后，李存勖又命朱守殷暗中监视。到了晚年，李存勖更是变本加厉，对功臣宿将无罪诛戮。加之横征暴敛，吝惜钱财，最终导致百姓困苦、藩镇怨愤、士卒离心，同光四年（926 年）四月，李存勖死于兴教门之变，时年 42 岁。

贾延徽

贾延徽，作坊使，后汉隐帝的宠臣。贾延徽平日里仗着自己受宠，经常诬告贤良。因他常向后汉隐帝进言，居然获得了“谏臣”的称号，而受他迫害的臣僚们则苦不堪言。就连办事谨慎、小心翼翼的魏仁浦也受到牵连。贾延徽和魏仁浦曾是邻居，贾想扩建自己的房屋，于是四处征地。他认为魏仁浦的房地风水好，就想吞为己有，多次向后汉隐帝说魏仁浦的坏话，几乎给魏仁浦带来杀身之祸。

蔡守蒙

蔡守蒙，五代十国时期闽国大臣。主管中央财政，同时兼任吏部侍郎。

当时闽国正是闽康王王继鹏当政。王继鹏骄奢淫逸，刚继位不久，就大兴土木，召集上万民工为自己兴建紫微宫。但闽国只是个小国，财资并不雄厚。于是王继鹏找来蔡守蒙问道："听说吏部在为国家举荐官吏的时候，都会收受贿赂，有这回事吗？"蔡守蒙听了，当即否认："这都是谣言，您不要轻信啊！"王继鹏不以为意，直接告诉蔡守蒙，今天叫他过来问话并不是想要兴师问罪。相反，自己认为能以这样的方式收受贿赂，实实在在是一个为国聚财的好方法。接下来，王继鹏就把人事大权交给了蔡守蒙，让他在为国选拔贤才的同时，也不要忘记为国聚财。最后，民怨沸腾，百姓爆发起义，抓住蔡守蒙要将他处死。行刑前，蔡守蒙高呼"冤枉"，说自己贪污是奉旨而为，百姓们一怒之下将王继鹏也杀掉了。

名文名篇

虞美人·春花秋月何时了

南唐·李煜

春花秋月何时了，往事知多少？小楼昨夜又东风，故国不堪回首月明中！雕栏玉砌应犹在，只是朱颜改。问君能有几多愁？恰似一江春水向东流。

【译文】

春花秋月的美好时光什么时候结束的，以前的事情还记得多少！昨夜小楼上又吹来了春风，在这皓月当空的夜晚怎能忍受得了回忆故国的伤痛。

精雕细刻的栏杆、玉石砌成的台阶应该都还在，只是所怀念的人已衰老。要问我心中有多少哀愁，就像那不尽的春江之水滚滚东流。

【名句】

小楼昨夜又东风，故国不堪回首月明中！

【精析】

这首《虞美人》是李煜的绝命之词，作于北宋太宗太平兴国三年（978年）。据史书记载，李煜当国君时，日日纵情声色，不理朝政，枉杀谏臣。李煜的故国之思也许并不值得同情，他所怀念的依旧是过去纸醉金迷的享乐生活。但透过词句，不难看出这位从威赫国君沦为阶下囚的南唐后主，心中不只是悲苦愤慨，多少也有悔恨之意。

格言警句

以天下之广，岂可独断一人之虑？

【注释】出自《旧唐书·本纪第三·太宗下》。意思是说，世间万事万物，纷繁芜杂，一个人即使是再殚精竭虑，也难以考虑周全。

法不一则奸伪起，政不一则朋党生。

【注释】出自《旧唐书·本纪第七·睿宗》。意思是说，法度不统一，奸伪之人就会趁势而起，胡作非为；政见不合就可能朋党丛生，你争我斗。

动天地者莫若精诚，致和平者莫若修政。

【注释】出自《旧唐书·本纪第十九上·懿宗》。意思是说，能感动天地的莫过于精诚，能实现和平的莫过于修政。

古之操皇纲、执大象者，何尝不上稽天道，下顺人极，或变通以随时，爰损益以成务。

【注释】出自《旧唐书·志第二·礼仪二》。意思是说，自古以来，那些把持国家政权，为民建制的统治者，都尽量去正确权衡得失，判明形势，变通随时，上顺天意，下畅民心。

有道之君，以逸逸人；无道之君，以乐乐身。

【注释】出自《旧唐书·列传第一·后妃上》。意思是说，贤明的君主保国安民，决不烦劳黎民百姓。只有无道昏君才贪图个人安逸、穷奢极欲。

贵不与骄期而骄自来，富不与奢期而奢自至。

【注释】出自《旧唐书·列传第二十一·魏征》。意思是说，尽管显贵的人不希望自己染上骄恣专横的习气，富裕的人不希望自己变得奢靡，然而骄奢之风仍在不知不觉中滋长起来了。

俭，德之恭；侈，恶之大。

【注释】出自《旧唐书·列传第四十六》。 意思是说，勤俭是优良的品德，奢侈是极大的罪恶。

诗词曲赋

偶　作

五代·冯道

莫为危时便怆神，前程往往有期因。
须知海岳归明主，未必乾坤陷吉人。
道德几时曾去世，舟车何处不通津。
但教方寸无诸恶，狼虎丛中也立身。

【译文】

不要在遇到危险困难的时候就向神灵哭诉抱怨来祈求保佑，未来的事情总是有它自己的原因的。

你要知道山川大海都是属于有能力的明智之人的，不是天地万物都是有运气的人能拥有的。

道德品行什么时候已经消逝了？ 行船乘车何处不能通行呢？

只要自己内心没有邪恶之念，就是在极险恶的环境中也能立身。

小说传奇

《唐摭言》

《唐摭言》，古代文言轶事小说集，唐末五代王定保编撰，著作时间不详。全书共15卷，分103门。《唐摭言》记述了当时的文士风习，汇辑了一些文人墨客的遗闻轶事。书中所载的白居易以歌诗谒顾况、孟浩然遇明皇而“无官受黜”、薛令之“以诗自悼”而被明皇逐出宫廷、白敏中不为“状元”名位所诱、不“轻负至交”等故事，都是很珍贵的文学史料，至今仍被人们称道。

“摭”，意为拾取、摘取。作者以《唐摭言》为书名，有自谦之意。实际上，他不仅记录、汇编了众多丰富多彩的资料加以整理、加工、分类，还根据儒家经典和传统道德，结合各门的内容，针对当时的社会背景，写了20多篇《论》《赞》，对一些问题进行了总结、评论，提出了自己的见解。他直言不讳地指出，唐太宗设置进士科“志在牢笼英彦”、“为官择人”。他对“贵彼生知，耻乎下学”的浮薄风气很不满意，认为“风教颓圮，莫甚于此”；主张“人无常师，主善为师”，赞赏李相“北面而师”小吏的精神，称之为“旷古一人”。他论述才与识的关系时说：“才者璞也，识者工也；良璞授于贱工，器之陋也；伟才任于鄙识，行之缺也；由是立身扬名，进德修业，苟昧乎识，未有一其藏者也”，要成为“君子”，必须“美才高识”。作者在《论》《赞》中提出来的某些观点，在今天仍有一定的借鉴意义。

成语俗语

宵衣旰食

【注释】形容为处理国事而辛勤地工作。多用于称颂帝王勤于政事。源自《旧唐书·刘蕡传》："若夫任贤惕厉，宵衣旰食，宜黜左右之纤佞，进股肱之大臣。"

好善嫉恶

【注释】崇尚美善，憎恨丑恶。源自《旧唐书·李晟传》："尤恶下为朋党相构，好善嫉恶，出于天性。"

济世安民

【注释】使国家得到治理，百姓安居乐业。源自《旧唐书·太宗本纪上》："龙凤之姿，天日之表，其年将二十，必能济世安民矣。"

罗织罪名

【注释】指捏造罪名，陷害无辜的人。源自《旧唐书·来俊臣传》："招集无赖数百人，令其告事，共为罗织，千里响应。"

选贤举能

【注释】选举贤人，荐举能人。源自《旧唐书·食货志上》："设官分职，选贤任能，得其人则有益于国家，非其才则遗患于黎庶。此义不可不知也。"

以人为镜

【注释】把别人的成败得失作为自己的借鉴。源自《旧唐书·魏征传》："以古为镜，可以知兴替，以人为镜，可以明得失。"

犯颜进谏

【注释】指敢于冒犯君主或尊长的威严而极力规劝。源自《旧唐书·魏征传》：“征状貌不逾中人，而素有胆智，每犯颜进谏，虽逢王赫斯怒，神色不移。”

不讳之路

【注释】指忠言直谏之路。源自《旧唐书·颜真卿传》：“君子难进易退……朝廷开不讳之路，犹恐不言。”

君圣臣贤

【注释】君主圣明，臣子贤良。形容君臣契合，政治清明。源自《旧唐书·马燧传》：“道无不行，谋无不臧，君圣臣贤，运泰时康。”

逆耳利行

【注释】忠诚正直的话虽然不顺耳，但有益于行为。源自《旧唐书·王晙传》：“臣蒙天泽，叨居重镇，逆耳利行，敢不尽言。”

第十篇

宋辽金西夏廉政文化经典

廉政思想

宋太祖

宋太祖赵匡胤（927－976 年），字元朗，小名香孩儿、赵九重，涿郡人，宋朝开国皇帝。

赵匡胤建立北宋后，深刻意识到贪官会腐蚀国家的根基。为了解决这一问题，赵匡胤提出“高薪养廉”的政策，即给予官员厚禄以阻止贪官污吏的养成。赵匡胤主张用刑宽松，但对贪官污吏，一经发现，绝不姑息。他在位期间杀了 88 位大臣，并且指出，即使逢大赦天下，贪官污吏也不在其列。赵匡胤很节俭。他命令下属把自己皇冠上的珠宝全部拿掉，就像一顶普通的帽子，过生日不允许官员们送礼。他甚至穿着打补丁的衣服，还时常把自己的旧衣服分给大臣们。在监察方面，赵匡胤削弱了宰相之权，打破过去的常规，命谏官开始负责监察，遇朝政得失、为官不当、贪污腐败者皆可上报。针对御史和谏官职能重叠的问题，赵匡胤规定谏官言事，御史弹劾，并且强调不许对谏官和御史用刑。

宋仁宗

宋仁宗赵祯（1010－1063 年），初名赵受益，宋朝第四位皇帝（1022—1063 年在位）。

赵祯生性宽厚，不喜奢华，知人善用，纳谏如流，故名臣辈出。谏臣包拯屡次犯颜直谏，激动之时甚至连唾沫都飞溅到赵祯脸上。赵祯不加怪罪，一面用衣袖擦脸，一面接受他的建议。他在位期间，国家相对安定，经济繁荣，科学技术和文化也得到了很好的发展，史称“嘉祐之治”，史学家们誉其为“守成贤主”。

针对宋朝中期日益严重的土地兼并及冗官、冗兵、冗费现象，赵祯采纳了范仲淹与富弼提出的“明黜陟、抑侥幸、精贡举、择官长、均公田、厚农桑、修武备、减徭役、覃恩信、重命令”等 10 项改革主张，展开“庆历新政”，立求整顿吏治。赵祯诏中书、枢密院同选诸路转运使和提点刑狱；规定官员必须按时考核政绩，根据政绩好坏决定升降；更荫补法，规定除长子外，其余子孙须年满 15 岁、弟侄年满 20 岁才得恩荫，而恩荫出身必须经过一定的考试，才得补官；又规定地方官职田之数；庆历四年三月，更定科举法。此外，赵祯还颁布了减徭役、废并县、减役人等诏令。可惜的是，新政因为触犯了封建贵族官僚的利益而受到阻挠。庆历五年初，范仲淹、韩琦、富弼、欧阳修等人相继被排斥出朝廷，各项改革被迫废止，新政彻底失败。

包拯

包拯（999—1062 年），字希仁，谥文正，庐州府合肥（今安徽合肥肥东）人，北宋官员，曾任开封府尹、御史中丞、三司使、枢密副使等职。包拯一生执法严明、铁面无私，平反冤狱、除霸安民，以清廉公正闻名于世，素有“包青天”的美誉。

包拯一世清廉，不惧权贵，平生最恨贪赃枉法之徒。当时，北宋政局稳定、经济发展，但官场一片奢靡之风。包拯革除弊政，杜绝官场舞弊恶习，严把用人关。在他看来，国家官员，尤其是身负监察之职的重臣，为国献言献策、秉公直谏是不可推卸的责任，所以必须“尽心敢救天下之弊，敢当天下之责”。如此才可以做到执法公正，保持政治清明。

为了保持朝纲稳定，督促官吏们都廉洁自爱，包拯曾上疏宋仁宗说：“臣听说，清廉的官吏可以为百姓作表率，而贪污的官吏等于是百姓的盗贼。现在普天之下，郡县官吏多不胜数，他们贪赃枉法的行为每天都在重复，根源就在于您的包庇纵容。使得法度虽严，却与一纸空文无异。所以请您一定要依法对贪污犯法者严惩，不可宽容，就算遇到大赦，也要罢免他们的官职，永不录用。”包拯认为，唯有这样做，才能鼓励廉洁的官吏秉公执法，震慑贪官收敛自己的行为。长此以往，朝政自然纲肃纪明。

欧阳修

欧阳修（1007—1072 年），字永叔，号醉翁，又号六一居士，吉州永丰（今江西永丰县）人，北宋文学家。他在政治上颇负有盛名，官至翰林学士、枢密副使、参知政事，谥号文忠，世称欧阳文忠公。

欧阳修为官心胸坦荡，举荐人才毫不避嫌，完全出自公心。吕公著的父亲吕夷简曾诬陷欧阳修，害他经历牢狱之灾；司马光、王安石也曾与欧阳修政见相左，产生矛盾，害他被贬，但欧阳修毫不在意这些个人恩怨。嘉祐六年（1061 年），他出任参知政事，皇帝要他举荐可任宰相之人，他便举荐了他们。欧阳修痛恨贪官污吏，为官主张节用，反对浪费。至和元年（1054 年），全国苦旱无雨，国穷民困，而宋仁宗还在大兴土木，营建不停。欧阳修尖锐指斥那些迎合皇上、鱼肉百姓，竭天下之财、兴无用之役的官吏，说他们是“但欲广耗国财，务为已利，恣侵欺于官场，图酬奖之功劳”，坚请宋仁宗停修宫殿，养民力，节财用。欧阳修敢于同贪官污吏斗争，认为不严惩无以劝善。欧阳修为官 40 余年，尽管仕途坎坷，但他刚直不阿的品格，不畏权贵的精神，廉洁奉公的作风，谦虚为人的美德，始终不变。加上他著作等身，诗文冠世，因而赢得了当世和后代的景仰。

夏景宗

夏景宗李元昊（1003—1048 年），党项族，曾改姓嵬名，又名曩霄，字嵬理，银州米脂寨（今陕西米脂县）人，西夏王朝开国皇帝。

李元昊重视法治，早期十分重视研读汉文法律著作，他“晓浮图书，通蕃汉文字，案上置法律”，他确立“尚武重法”的立国路线，实行以法治国，在西夏建国之初即设立了司法、监察机构。但晚年沉湎酒色，好大喜功，导致西夏内部日益腐朽，众叛亲离，最终招致杀身之祸。

夏仁宗

李仁孝（1124—1193 年），即夏仁宗，西夏第五位皇帝，夏崇宗之子。夏仁宗及其皇后罔氏是西夏历史上最值得称道的虚心纳谏的代表人物。天盛十四年（1162 年）十月，李仁孝为了使“上无勿知之隐，下无不达之情”，将中书省、枢密院移到内门外，以便随时查问情况，还赏赐了大量银币给劝他不杀修路官的尚食官阿华，用以鼓励大臣们直言劝谏。夏乾祐二年（1171 年）五月，李仁孝重用刚介直言的斡道冲为中书令，之后又升他为国相。在李仁孝执政时期，群臣敢于直言，这对社会的发展和经济的繁荣是非常有益的。

监察律典

《宋刑统》

宋初沿用唐及五代刑法，律条繁琐，轻重无据。建隆四年，太祖令工部尚书判大理寺窦仪等在后周《显德刑统》的基础上更定刑统，一年而成，名为《建隆重定刑统》，后称《宋刑统》，是我国历史上第一部木版雕印的古代法规，基本属于刑事法规，包括刑事立法和刑事诉讼立法。《宋刑统》中有关职制律的法条是监察官行使监察职权最重要的依据。

《御史台仪制》

宋真宗时编成了关于御史台制度建设法规的《御史台仪制》六卷，专事建言，有任务有考勤有奖惩，规定："凡御史上事，一百日不百度言，罢为外官。"

《天盛改旧新定律令》

《天盛改旧新定律令》中比较系统地记载了西夏官吏管理、考核、奖惩的监察法律制度。在官吏的管理、考察上，西夏十分注重惩治违法官吏，针对坐赃有枉法受贿、不枉法受贿、枉法贪污、受所监临等具体罪名。枉法受贿自一百钱至四缗，造意判以十三杖至绞杀，从犯判十杖至十二年徒刑；不枉法受贿自一百钱至八十缗以上，造意判以八杖至十二年徒刑，从犯判七杖至十年徒刑。《天盛改旧新定律令》中还规定司法官在审讯中，必须秉公执法认真审断，不允许讲私情。司法官若接受贿赂，则与贪赃枉法罪比较，从重处罚。此外，《天盛改旧新定律令》也具体规定了狱官的法律责任，如处理典狱官吏失囚时，要区分不觉与故纵等具体情况，分别予以论处。这部律令的另一个显著特点是对军事犯罪进行了详细的规定。在这部律令中，直接与军事方面有关的规定就有3卷，近200条之多，其中所涉及的一些军事监察的条文，体现了西夏政权对军事监察的重视。

《宋大诏令集》

《宋大诏令集》是北宋九朝诏令文书汇编。其中关于地方监察的诏令有：《令转运使司廉访官吏能否诏》《责路宪郗士尧、张化后令转运司察访内官吏诏》《令转运县知州等官能否诏》《监司悉力奉行法令御笔手诏》《逐路监司探访民间疾苦诏》《监司觉察托请害民诏》《监司互察诏》。这些诏令的名称一方面体现了地方检察官的职能，另一方面也反映了皇帝对地方监察活动的重视。

《庆元条法事》

《庆元条法事》中也有许多关于地方监察的制度。其中所载的《名例敕》《职制令》《考课令》《监司互察法》，具体规定了地方官员的职权范围，以及违法处置办法等。

监察制度

（宋朝）

高俸养廉

北宋实行官员高俸制，目的在于养廉。宋太祖早在开宝年间就宣称：“与其冗员而重费，不若省官以益俸。”此后，范仲淹、王安石等人都主张高俸养廉。如范仲淹说：“养贤之方，必先厚禄。厚禄然后可以贵康隅，安职业也。”从皇帝到政策推进的大臣们都同意这种制度设计。宋朝官员的俸禄在历朝历代是最好的，月薪平均可达400贯，粮食每月高达100石。但这项政策的实施并不顺利。宋朝是中国历史上最腐败的朝代之一。官员的薪资水平虽得以大幅度提高，贪官污吏仍层出不穷。

台官体系

御史台又称台官，宋沿唐制，朝廷设御史台为最高监察机构，具有司法监督和审判重大疑难案件职能。御史台下设台院、殿院和察院，最初无专职，由其他官员兼职。御史中丞是御史台的最高官员。侍御史兼知杂事为副职，分管台、殿、察三院，其中台院管理御史台政务，殿院纠察群臣是否违失朝仪，察院监察六部行政及与司法有关的具体事务。这个部门是宋朝最根本的监察体系。

谏官体系

宋初在唐朝初设谏官的基础上，将谏官分属中书、门下两省，其中大部分谏官还有其他职务。仁宗期间，建立谏院，与御史台一起被叫做“台谏”，神宗期间又被分为门下后省和中书后省。其机构的改变并不影响谏官的根本职责。不同于唐朝的谏官主要向君主谏言，宋朝的谏官谏言所有百官，不分品级，不分部门，只要有失当和腐败的地方，皆要谏言，这样各级各部门官员不仅受到台院监察，还要随时受到谏官的弹劾，官员的一言一行从多个角度都有人监督。谏官监督的范围也更广，除了监督官员是否存在违法行为，还会指出其他一些细小的不足之处。谏官体系是宋朝的第二大监察体系。

封驳制度

封驳制度主要负责驳回皇帝的诏令以及检查后论驳台谏官员奏章中的错误。这个制度主要是监察国家下达的命令，防止滥用权力。封驳制度对朝廷的财政、司法、人事、军政等部门正确决策大为有益，是宋朝的第三大监察体系。

史官体系

史官归属于门下省的起居郎。中书省的起居舍人，记录皇帝的言行，从中国人注重的流芳后世的思想上，约束皇帝。这一制度相对限制了皇帝滥用权力，起到了监察皇帝的作用。

鼓院

鼓院属于司谏，其主要任务是管理普通百姓上奏的文书，保证检举通道畅通无阻，扩大了朝廷的监察范围。

检院

检院属于谏议大夫。其主要任务是负责受理上送到鼓院中群众被受理但未被解决的具体事务，监察官员的滥作为、不作为以及贪腐行为等。

监司体系

宋朝地方上的监察体系主干为监司体系，在州县的基础上设路一级行政单位，路既是行政单位也是监察单位。其中安抚司称为帅司，主管军政；转运司称为漕司，主管赋税；提点刑狱司称为提刑司也被称为宪司，主管刑狱；王安石时期设立提举常平司，被称为仓司，主管农业物资等。以上除帅司外，其余漕、宪、仓三司处负责本职工作外，还都负责监察地方各级官员是否尽职尽责，政令是否执行；弹劾能力不足、懈政怠政官员；清查地方官员贪腐及结党营私问题；参与地方司法事务核查等，因此被总称为监司。

走马承受

宋代差遣官名。全称是“都总管司走马承受公事”，为路级监察官员。北宋初年，于河北、河东、陕西等路公开设置走马承受。走马承受是皇帝的使臣和耳目，直接接受皇帝指挥。他们既不是正式的监察官员，也不负责行政事务，一般由皇帝派出的宦官或者亲近的人员担任。著名的宦官童贯就曾就任走马承受一职。后来设置得越来越多，监察范围也扩大到地方行政。走马承受的品级一直不高，但他们是皇帝的耳目，因此权势极大。到徽宗年间，走马承受更名廉访使，权势达到极盛，不仅可以监察军队，而且监察地方行政事务，甚至能干预宰相，监察范围遍及大小事务。

月课

意为每月考查、考核。宋代规定，御史纠察官邪，每月必须奏事一次。

（辽）

三级监察区

辽代地方监察体制呈现出层级化特点，存在道、镇、州三级监察区，其中镇级监察区包括府、节镇与次级方镇。道、镇二级监察区，皆由长官兼掌监察，判官作为佐官负责具体监察事务。州级监察区，长官（主要是刺史）仅掌政务，不司监察，由录事参军监察州官和属县。各级监察佐官——判官和录事参军，作为监察事务的直接负责人，对长官也有监察和制衡的作用，对中央有直达权。各级监察佐官的设置和权责，确保了地方监察职官虽附于行政系统，但仍展现出层级化、体制化的一面。

定期巡察制与不定期巡检制

辽国监察制度设立于太宗时期，其主要职责是监察百官、巡按郡县、纠视刑狱、肃整朝纲等。辽国制定了定期巡察制与不定期巡检制，以便及早发现、处理官吏的不法行为。

御史台

辽国在中央设立御史台，地方设专使，主管监察百官，肃正朝纲。御史台以御史大夫为长官，御史中垂为副官，还设有侍御史、监察御史等属官。此外还有殿中司和门下省通进司等中央兼职监察机构。殿中司管辖尚舍、尚乘、尚擎、尚食、尚衣五局，在五局中设殿中侍御史、奉御，二者兼司监察。

专使

辽国没有专门的地方监察机构，只是指派专使监临州县，负责纠察地方各级官吏。辽国在五京设按问使，在方州设观察使，同时设立“司”级机构掌纠举之任。为了加强监察机构的力度，辽国还选派临时监察官员，以尽快处理、解决各地出现的违法乱纪及积滞案件。

（金）

天眷官制

1138年，金熙宗颁行天眷官制，真正建立起了金代的监察制度，承唐、宋之制设御史台和谏院，分属尚书、中书、门下三省。但天眷官制的监察机构尚未受到女真统治者的重视，官职不授全员，或以他官兼之，职权范围较小。此时的监察机构只有其人而无其实。直到海陵王即位后，金代监察制度才真正开始发挥起纠察官邪、肃正纲纪、谏正违失的作用。

正隆官制

正隆以后，金代中央监察机构有御史台、谏院、登闻检院、登闻鼓院和审官院。御史台和谏院隶属尚书省，掌监察尚书省和六部、诸司、院、监、寺的百官，御史台还经常派遣监察御史访察地方官吏，举廉能，弹不法。登闻检院隶属御史台，掌监察尚书省和御史台理断不当事。登闻鼓院则隶属尚书省，掌监察御史台和登闻检院理断不当事。又有审官院掌监察尚书省注拟差遣内外五、六品以上官员之事。台、谏官员皆可直接向皇帝上书、面奏。各部门工作环环相扣，严密之至。

提刑司

金章宗即位之初，于大定二十九年（1189 年）六月开始设立地方监察机构提刑司，在全国 20 余路之上设 9 处提刑司，一路提刑司管辖二三路。提刑司是御史台的下属机构，“专纠察黜陟，当时号为外台”。承安四年（1199 年），提刑司更名按察司，监察范围略有变化，但地方监察的基本职能未变。提刑司的职责有考察官吏，举廉能，劾不法；审治冤狱，纠平诸路刑狱之失；兼宣抚使劝农采访事；督察猛安谋克。提刑司（按察司）设立后，与中央御史台构成金代监察系统，从中央到地方自成体系，在各机构中具有一定独立性，主要对封建皇帝负责。除尚书省外一般不为其他机构所约束，同时对尚书省亦有监察作用。

（西夏）

狱政监察

西夏对监狱管理作了非常周密的规定，狱政监察主要是通过纠举各种违法行为来实现对监狱管理的调节疏导。

监军司

西夏承袭唐朝地方设监军院的制度，并结合党项羌族部落兵制的特点设置了监军司。西夏监军司作为地方军事机构而存在，监军使是地方监军司常设佐将，与宋夏之前中国历史上的监军、监军使已有所不同，反映了西夏监军司在承袭中原旧有监军制度上的发展变化。西夏监军司也经历了由最初单一的军事防御向集军事与行政性质于一体职能的拓展，包括维护地方治安、接待使者、磨勘、选官、涉外事务、管理军籍等。

廉政清芬

包拯

包拯（999—1062 年）曾任端州（今广东肇庆）知州。众所周知，端州盛产的端砚天下闻名，佳者片石千金。宋代政府规定，端州每年要向朝廷缴贡一定数量的端砚，历任知府趁机加倍勒索，中饱私囊，百姓怨声载道。包拯到任后，下令工匠只按进贡数量制作，一方也不多要，有效缓解了百姓的负担。离任之际，有人悄悄将一方端砚塞进了包拯的行李。包拯途中发现后，坚决将此砚投入江底。从此，包拯“为官如清水，不持一砚归”的佳话传扬天下。传说，包拯 60 岁寿辰时吩咐家人，一概不收寿礼。没想到第一个送来贺礼的竟是皇帝。家人拒收，宫廷太监于是在一张红纸上写道：“德高望重一品卿，日夜操劳似魏征。今日皇上把礼送，拒礼门外理不通。”包拯看后，挥毫题诗：“铁面无私丹心忠，做官最忌念叨功。操劳本是分内事，拒礼为开廉洁风。”巧妙辞去了寿礼。

包拯晚年得一子，到他死时，儿子才五岁。他留下的遗训是：“后世子孙仕宦，有犯脏滥者，不得放归本家。亡殁之后，不得葬于大茔（祖坟）之中，不从吾志，非吾子孙。”他要求把这个遗训刻在石上，砌在堂屋的东壁，“以昭后世”。

苏轼

苏轼（1037—1101 年），字子瞻，号东坡居士，北宋眉州眉山（今四川眉山市）人，唐宋八大家之一。官至端明殿学士兼翰林院侍读学士，礼部尚书。

苏轼仕途多舛，屡遭窜逐。其原因是他是非分明，不被当时污浊的官场所容纳。宋神宗任用王安石实行变法时，一些政策脱离实际，恶吏又因缘为奸，因而利民之法变成扰民之制。苏轼言辞犀利，提出批评，因此遭贬外放。宋神宗死，守旧派卷土重来，尽罢新法，要将其中的免役法重新改为差役。苏轼深知差役“法久多弊”，加上官吏恣肆，百姓因差役而破产的很多，因此站出来坚决反对，力主“免役不可改，差役不可复”。于是，守旧派又把他贬逐出朝。

苏轼为官40余年，始终戒奢崇俭，清廉自持。在放逐黄州时，他耕耘于东坡之上，披星戴月，“日炙风吹面如墨”。由于“廪入既绝”（不再发薪俸），他一度过着“向人乞米何曾得”的日子。为此，他定出严格的节约计划，每日用钱不超过150文。月初，取钱4500文分为30串，悬于梁上，用长叉日取一串，维持最低生活。在杭州，富豪颜巽及其子颜章、颜益共为奸凶，枉法贪赃，还集众惊扰一方。苏轼依法逮捕颜氏父子，刺配牢城，为当地铲除了祸害。在定州，他对吏治严加整饬，将贪污不法者刺配于远恶之地，赌博成性者处以杖笞。除此以外，他还加强纪律，训练士兵，使北部边关的守备得以加强。

昏暴贪佞

蔡京

蔡京（1047－1126年），字元长，北宋宰相、书法家。

宋代到了徽宗时期，朝政风气已腐坏至极。蔡京大肆搜刮民脂民膏，尽情挥霍。他设置应奉司、御前生活所、营缮所等专供皇室消费享乐，一年就要花费十万贯。蔡京生日的时候，全国各地的官府都要贡献大宗礼物，叫作“生辰纲”。徽宗时，常赐给大臣宅第。一所雄丽的宅邸，用费至百万贯。赐给蔡京的府第最为宽敞，园内树木如云，又在宅西毁民屋数百间建西园。居民的房屋被强迫拆除，悲伤得泪如雨下，纷纷说：“东园如云，西园如雨。”宋朝人当时就已经指出蔡京“享侈靡”。他家做一碗羹要杀数百只鹌鹑。一次，蔡京留讲义司官员在家吃饭，光是蟹黄馒头一项，就用了1300多贯银钱。有客人留在蔡京家饮酒，蔡京命库吏取出10瓶江西官员送来的美酒，尚存有80余瓶。蔡京家蓄养了成群的姬妾，家中厨房甚至有专管切葱丝的婢女。徽宗曾先后7次到蔡京家饮酒作乐。

高俅

高俅（1071—1126年），北宋末年太尉，宋徽宗时官员。

高俅贪欲很重，他将军营的地皮建成私宅，除此之外，还把禁军当作私役，不训练，专为他营私出力。有钱者就可以免于操练；无钱者只能再寻方法赚钱，也无法操练。于是军队纪律废弛，“军政不修”，成为“人不知兵，无一可用”的无用摆设，以至当国家危急，面临金军进攻时，开封城内几十万禁军很快瓦解。

秦桧

秦桧（1090—1155 年），字会之，生于黄州，籍贯江宁。南宋初年权臣，主和派的代表人物。

政和五年（1115 年），秦桧进士及第，中词学兼茂科，任太学学正。宋钦宗时，历任左司谏、御史中丞。靖康二年（1127 年），因上书金帅反对立张邦昌，随徽、钦二帝被俘至金，为挞懒信用。宋高宗建炎四年（1130 年），秦桧逃回临安，力主宋金议和。绍兴元年（1131 年），擢参知政事，随后拜相，次年被劾落职，绍兴八年（1138 年）再相，前后执政 19 年，历封秦、魏二国公，深得高宗宠信。秦桧在南宋朝廷内属于主和派，奉行割地、称臣、纳贡的议和政策。第二次拜相期间，他极力贬斥抗金将士，阻止恢复；同时结纳私党，斥逐异己，屡兴大狱，是中国历史上著名的奸臣。绍兴二十五年（1155 年），秦桧病逝，时年 66 岁，追赠申王，谥忠献。开禧二年（1206 年），宋宁宗追夺其王爵，改谥谬丑。

名文名篇

乞不用赃吏疏

宋·包拯

臣闻：廉者民之表也，贪者民之贼也。今天下郡县至广，官吏至众，而赃污擿发，无日无之。洎具案来上，或横贷以全其生，或推恩以除其衅，虽有重律，仅同空文，贪猥之徒，殊无畏惮。

昔两汉以赃私致罪者，皆禁锢子孙，矧自犯之乎！太宗朝，尝有臣僚数人犯罪，并配少府监隶役，及该赦宥，谓近臣曰："此辈既犯赃滥，只可放令逐便，不可复以官爵。"其责贪残，慎名器如此！皆先朝令典，固可遵行。

欲乞今后应臣僚犯赃抵罪，不从轻贷，并依条施行，纵遇大赦，更不录用；或所犯若轻者，只得授副使上佐。如此，则廉吏知所劝，贪夫知所惧矣。

【译文】

我听说：廉洁的官吏是百姓的表率，贪污的官吏是百姓的祸害。现在国家郡县分布十分广泛，官员小吏众多，受贿贪污被揭发的情况可说是每天都有。等到整理成案卷呈送上来，有的枉法宽赦使犯罪的人能保住性命活下来，有的施予个人的恩德，消除犯罪人的罪名；虽然有处罚严厉的法律，却如同一纸空文，那些贪婪猥琐之人，一点也不感到害怕。

以前两汉时因为贪赃而招致犯罪的，都要禁止或限制他们的子孙做官，更何况他们自己犯罪呢！宋太宗执政时曾经有几个臣子犯罪，就一直发配到少府监去服劳役，等到应该宽免他们的时候，太宗皇帝对近臣说：“这些人犯的是贪赃受贿罪，只可以释放他们回去，听其自便，但绝不能恢复他们的官位。”他责罚贪污、残害百姓的人，慎重地对待官爵礼制，就是如此严格而不稍有松懈。这些都是上代好的法令制度，本来应该遵照执行。

我想恳求，今后对待官员因贪赃触犯法律犯罪时，不按轻罪宽恕他们，一并依照条例执行，即使遇到大赦，也再不录用他们当官，有些犯罪较轻的人，也只能授给他们正使的属官或高一级官吏辅佐人员之类的官职。只有这样，廉洁的官吏才能明白该怎样勉励自己。贪赃的官吏才能知道该畏惧什么。

【名句】

廉者民之表也，贪者民之贼也。

【精析】

宋朝官吏繁多，且对官吏的优待及对其犯罪的宽宥又是空前的，故吏治腐败，赃赂公行。仁宗时代，招权纳贿，日炽一日，贪官污吏不得惩治。即使被揭发，或重罪轻判，或朝撤职夕复位，或行贿投靠，易地做官。清官包拯眼见腐败如此，出于爱国热忱，在任监察御史时，给仁宗皇帝上了这篇奏疏，要求严惩贪官污吏，永不录用。这篇奏疏依据充分，态度恳切，言辞精当，夹叙夹议，对比强烈，说理透彻，要求具体，颇具警策与启示意义。

伶官传序

宋·欧阳修

呜呼！盛衰之理，虽曰天命，岂非人事哉！原庄宗之所以得天下，与其所以失之者，可以知之矣。

世言晋王之将终也，以三矢赐庄宗而告之曰：“梁，吾仇也；燕王，吾所立，契丹，与吾约为兄弟，而皆背晋以归梁。此三者，吾遗恨也。与尔三矢，尔其无忘乃父之志！”庄宗受而藏之于庙。其后用兵，则遣从事以一少牢告庙，请其矢，盛以锦囊，负而前驱，及凯旋而纳之。

方其系燕父子以组，函梁君臣之首，入于太庙，还矢先王，而告以成功，其意气之盛，可谓壮哉！及仇雠已灭，天下已定，一夫夜呼，乱者四应，仓皇东出，未见贼而士卒离散，君臣相顾，不知所归。至于誓天断发，泣下沾襟，何其衰也！岂得之难而失之易欤？抑本其成败之迹，而皆自于人欤？

《书》曰："满招损，谦得益。"忧劳可以兴国，逸豫可以亡身，自然之理也。故方其盛也，举天下之豪杰莫能与之争；及其衰也，数十伶人困之，而身死国灭，为天下笑。夫祸患常积于忽微，而智勇多困于所溺，岂独伶人也哉！作《伶官传》。

【译文】

啊！国家的兴盛与衰败的道理，虽说是天意，难道不是人为的缘故吗？探究庄宗得天下和失天下的原因，就可以知道了。

世人传言晋王李克用临死时，曾把三支箭交给庄宗，并对他说："梁是我的仇人，燕王是我扶持的，契丹与我结为兄弟，但都背叛了我而归附于梁。这三件事，是我的遗恨。给你三支箭，希望你不要忘记你父亲报仇的心愿。"庄宗收下箭藏在宗庙里，此后打仗时，就派官员以少牢之礼祭祀于宗庙，恭敬地取出箭，放入锦缎织的袋子里，背着它冲杀在前，等打了胜仗，又把箭放回宗庙。

当庄宗用绳子捆着燕王父子，用木匣装放着梁王君臣的头颅，进宗庙，把箭交还先王，禀告报仇成功的消息的时候，他意气之盛，可以说是豪壮啊！等仇敌已灭，天下平定，一个人在夜间呼喊，叛乱的人四方响应，庄宗慌张东逃，还没等见到敌人，官兵们就离散了，只剩下君臣互相瞧着，不知投奔哪里是好，以至于剪断头发，对天发誓，眼泪沾湿了衣裳，这又是多么衰败啊！难道真是得天下难而失天下易吗！还是推究他成功或失败的原因，都在于人为的缘故呢？

《尚书》说："自满招致损失，谦虚得到好处。"忧患与勤劳可以使国家兴盛，贪图安逸享乐可丧失性命，这是很自然的道理。所以当庄宗气势旺盛时，天下所有豪杰无人能同他对抗，等到衰败时，几十个伶人就可使他命丧国亡，为天下人所耻笑。可见祸患常常是由微小的事情积累而成的，聪明勇敢的人反而常被所溺爱的人或事困扰，难道仅仅是伶人的事吗？ 于是作《伶官传》。

【名句】

忧劳可以兴国，逸豫可以亡身，自然之理也。

【精析】

忧患劳苦，可以使国家兴盛；一味贪图安逸享乐，则会葬送自身。此文通过对后唐盛衰过程的具体分析，推导出“忧劳可以兴国，逸豫可以亡身”和“祸患常积于忽微，而智勇多困于所溺”的结论，说明国家兴衰败亡不由天命而取决于人事，借以告诫当时北宋王朝的执政者要吸取历史教训，居安思危，防微杜渐，力戒骄侈纵欲，具有广泛而现实的醒世意义。

格言警句

廉者，民之表也；贪者，民之贼也。

【注释】出自包拯《乞不用赃吏疏》。意思是说，廉洁的官吏，是人民的表率；贪赃的官吏，是人民的盗贼。

宁可清贫自乐，不作浊富多忧。

【注释】出自释道元《景德传灯录》。意思是说，宁可清贫地快乐生活，不要不义之财忧愁度日。浊和清是相对的，表示不义之财，来历不明。

众人皆以奢靡为荣，吾心独以简素为美。

【注释】出自司马光《训简示康》。意思是说，一般的人都以奢侈浪费为荣，我心里唯独以节俭朴素为美。

政以得贤为本，治以去秽为务。

【注释】出自司马光《资治通鉴》。意思是说，理政以求得贤才为根本，治理以除去邪恶为重要的事情。

任贤必治，任不肖必乱。

【注释】出自《资治通鉴》。意思是说，任用贤德之人治理天下，天下一定会太平；任用不贤德的人去治理天下，天下一定会大乱。

知足者，贫贱亦乐，不知足者，富贵亦忧。

【注释】出自李邦献《省心杂言》。意思是说，知足的人即使处在贫贱的地位，也能从中寻找到自我满足的理由，因而幸福快乐；不知足的人即使处于富贵的地位，也能从中找到不如人的方面，因而忧虑难安。说明人的人生观、价值观不同，对幸福的理解也会不同。能不能节制贪念，决定了你的幸福指数。

但得官清吏不横，即是村中歌午时。

【注释】出自陆游《春日杂兴》。意思是说，只要使得做官的清正，当吏的不横行霸道，那就可以使人民拥护，就可歌舞升平了。

世路无如贪欲险，几人到此误平生。

【注释】出自朱熹《自警》。意思是说，世上的路没有比贪欲更险恶的，多少人都是因此误了一生。

诗词曲赋

书端州郡斋壁

宋·包拯

清心为治本，直道是身谋。
秀干终成栋，精钢不作钩。
仓充鼠雀喜，草尽狐兔愁。
史册有遗训，毋贻来者羞。

【译文】

清私心是治事的根本，讲直道是立身的宗旨。
好木料终成栋梁，好钢材坚强不屈。
仓多存粮偷吃公粮的鼠雀高兴，野无杂草常啃青草的兔狐发愁。
牢记先贤留下的立身处事的教导，决不能让后人想到我而觉得羞耻。

爱莲说

宋·周敦颐

水陆草木之花，可爱者甚蕃。晋陶渊明独爱菊。自李唐来，世人甚爱牡丹。予独爱莲之出淤泥而不染，濯清涟而不妖，中通外直，不蔓不枝，香远益清，亭亭净植，可远观而不可亵玩焉。

予谓菊，花之隐逸者也；牡丹，花之富贵者也；莲，花之君子者也。噫！菊之爱，陶后鲜有闻。莲之爱，同予者何人？牡丹之爱，宜乎众矣。

【译文】

水上、陆地上各种草本木本的花，值得喜爱的非常多。晋代的陶渊明只喜爱菊花。从李氏唐朝以来，世上的人十分喜爱牡丹。而我唯独喜爱莲花从淤泥中长出却不被污染，经过清水的洗涤却不显得妖艳。它的茎内空外直，不生蔓不长枝，香气远播更加清香，笔直洁净地立在水中。人们只能远远地观赏而不能玩弄它。

我认为菊花，是花中的隐士；牡丹，是花中的富贵者；莲花，是花中品德高尚的君子。唉！对于菊花的喜爱，陶渊明以后就很少听到了。对于莲花的喜爱，像我一样的还会有什么人呢？对于牡丹的喜爱，当然就会有很多人了。

小说传奇

《炀帝海山记》

《炀帝海山记》，古代文言传奇小说，作于宋代。全书共二卷，原出《青琐高议》后集五卷，作者不详。上卷题下原注“记炀帝宫中花木”，描写了隋炀帝自出生到杨素辅助他继位后，大肆营造宫苑，纸醉金迷、奢侈逸乐的生活。下卷题下原注“记登极后事迹”，描写了隋炀帝东幸，激起政变，最后在扬州自缢而亡。作品借矮民王义之口，数说炀帝“圣神独继，谏莫从”“大兴西苑，两至辽东”等罪状，以及最终导致“天下为墟”“饿殍盈郊”，兼具批判和现实意义。

《迷楼记》

《迷楼记》，宋代的一部文言传奇小说，旧题唐韩偓撰，著者不详，鲁迅推定为北宋人所作。作品着重揭露了隋炀帝荒淫无度，终于导致国破家亡的故事：隋炀帝晚年不理朝政，沉湎女色，修筑迷楼，“千门万户，上下金碧”；选后宫和良家女数千，居住宫中，“沈荒于迷楼，罄竭其力，亦多倦怠”；有侍臣王义恳切进谏，隋炀帝从其言，居静室二日，不使宫人入内。后抑郁不乐，又入迷楼，纵欲如初。其后唐帝入京，焚烧了迷楼。

成语俗语

揽辔澄清

【注释】原意表示旧时官吏一走马上任就决心治理好天下，后用来表示革除弊政、扭转衰乱局面的抱负。源自柳永的《一寸金》：“仗汉节，揽辔澄清，高掩武侯勋业，文翁风化。”

名缰利锁

【注释】比喻名利束缚人就像缰绳和锁链一样。源自柳永《夏云峰》：“向此免名缰利锁，虚费光阴。”

抱素怀朴

【注释】借指民风淳厚，人心安定。源自《乐府诗集·汉郊祀歌》：“易乱除邪，革正异俗，兆民反本，抱素怀朴。”

纸醉金迷

【注释】原意是让闪光的金纸把人弄迷糊了。形容叫人沉迷的奢侈繁华环境。源自陶穀《清异录·居室》：“（痈医孟斧）有一小室，窗牖焕明，器皆金饰，纸光莹白，金彩夺目，所亲见之，归语人曰：‘此室暂憩，令人金迷纸醉。’”

如坐春风

【注释】好像坐在春风中间。比喻同品德高尚且有学识的人相处并受到熏陶。源自朱熹《伊洛渊源录》卷四：“朱公掞见明道于汝州，逾月而归。语人曰：‘光庭在春风中坐了一月。’”

巧取豪夺

【注释】旧时形容达官富豪谋取他人财物的手段。现指用各种方法谋取财物。源自苏轼《次韵米黻二王书跋尾》：“巧偷豪夺古来有，一笑谁似痴虎头。”

万马齐喑

【注释】 所有的马都沉寂无声。旧时形容人民不敢讲话。现也比喻沉闷的政治局面。源自苏轼《三马图赞》序：“时西域贡马……振鬣长鸣，万马皆瘖。”

一网打尽

【注释】 比喻一个不漏地全部抓住或彻底肃清。源自魏泰《东轩笔录》卷四：“聊为相公一网打尽。”

近水楼台

【注释】 水边的楼台先得到月光。比喻能优先得到利益或便利的某种地位或关系。源自俞文豹《清夜录》：“范文正公镇钱塘，兵官皆被荐，独巡检苏麟不见录，乃献诗云：‘近水楼台先得月，向阳花木易逢春。’”

一琴一鹤

【注释】 原指宋朝赵抃去四川做官，随身携带的东西仅有一张琴和一只鹤。形容行装简少，也比喻为官清廉。源自沈括《梦溪笔谈》卷九：“赵阅道为成都转运史，出行部内，唯携一琴一鹤，坐则看鹤鼓琴。”

表里相依

【注释】 指关系密切，互相依存。源自《资治通鉴·秦始皇二十六年》：“三晋者，齐楚之藩蔽，齐楚者，三晋之根柢；形势相资，表里相依。”

轻虑浅谋

【注释】 考虑不全面，计划不周密。源自《资治通鉴·秦纪·始皇帝二十五年》：“燕丹不胜一朝之忿以犯虎狼之秦，轻虑浅谋，挑怨速祸。”

以古为镜

【注释】 “镜”亦作“鉴”。借历史上的成败得失作为鉴戒。源自《新唐书·魏徵传》：“以铜为鉴，可正衣寇；以古为鉴，可知兴替；以人为鉴，可明得失。”

第十一篇

元朝廉政文化经典

廉政思想

元世祖

元世祖孛儿只斤·忽必烈（1215—1294 年），蒙古族，政治家、军事家，大蒙古国第五任可汗，同时也是元朝的开国皇帝。

元世祖是很有作为的皇帝。他对儒家思想极为推崇，充分学习与吸收儒家思想，并重视对儒学名士的重用。他遵循知人善任、人尽其才的用人原则，以唐太宗求贤为榜样，广罗人才，只看才能，不问出身，重用了一大批儒家名士以及其他各少数民族的人才。在政治制度改革上，忽必烈“登用老成，大新制作”。他执政后，深感“今任职者多非其才”，致使“政事废弛”，便于至元五年七月下令，在中央建立了“司黜陟”的御史台“以正宏纲”。忽必烈认为，中书省是自己的左手，枢密院是自己的右手，而御史台是用来医治左右两手的，可见御史台在忽必烈心中的地位。

元成宗

元成宗孛儿只斤·铁穆耳（1265—1307 年），元朝第二位皇帝，蒙古帝国第六位大汗。

元成宗即位后，对中央人事没有进行大规模的调整，依旧任用中书右丞相完泽、平章布忽木等执政。他一方面多次赏赐诸王、公主、驸马，增加官员俸禄，一方面厉行整顿吏治，约束权贵。成宗即位的第二个月便下诏各道廉访司及时追查转运司官员欺隐奸诈的案子，以免管财政的官员贪污，中饱私囊。同年十月，要求中书省臣约束属官官员，不得对公事敷衍塞责，违者处以笞刑。元贞元年七月，元成宗下诏告诫所有官员，有再犯贪赃之罪者，罪加二等，从重处理。不久，又改为罪加三等。十二月，元成宗下诏禁止诸王擅自干预地方行政。这些措施都暂时缓和了当时的社会矛盾。

元武宗

元武宗孛儿只斤・海山（1281—1311年），元朝第三位皇帝，蒙古帝国第七任大汗，元世祖忽必烈的曾孙、裕宗真金之孙、顺宗答剌麻八剌之子、成宗铁穆耳之侄。

元武宗在位时间很短，不足四年，但也曾努力尝试整饬吏治。他颁布了《省部纲纪》，提高行政效率；实行封赠制，让官员提升荣誉感；提高官员俸禄，革除外任官职田；设考功司，筹备考课制度。不过这些措施并未见效，甚至还停留在筹划阶段时，就因武宗的驾崩而全部废除了。

元仁宗

元仁宗孛儿只斤・爱育黎拔力八达（1285—1320年），元朝第四位皇帝，蒙古帝国第八位大汗。元武宗海山之弟，元英宗硕德八剌之父。

元仁宗即位后，“以格例条画有关于风纪者，类集成书”，编修成一部专门的监察法规《风宪宏纲》，并命监察御史马祖常作《风宪宏纲序》。元惠宗至元二年（1336年），在增订《风宪宏纲》的基础上，将有关御史台典章制度汇编为《宪台通纪》。

元仁宗在位期间，大力进行改革。为了整肃官场，改革以往以吏入仕的制度带来的不便，他提出“求贤取士，何法为上”，选用汉族文臣，裁撤冗员，整顿朝政。皇庆二年末，科举制度恢复，“以儒治国”政策开始推行。

元英宗

元英宗孛儿只斤・硕德八剌（1303—1323年），蒙古族，元朝第五位皇帝，蒙古帝国第九位大汗。

元英宗自幼受儒学熏陶，登基后推行“以儒治国”政策。至治二年，元英宗改革新政。他大量任用汉族官僚和士人；推行“津助赋役法”，即在各地确定一部分田亩，“使应役之人更掌之，收其岁入以助役费，官不得与”；颁行《大元通制》，强化法制，督责国家政治法规，革除过去政令不一、罪同异罚的混乱做法；发布《振举台纲制》，要求推举贤能，选拔人才；裁撤冗官，节约浮费，减免赋役，以舒农力；监督官员不法行为，彻查贪赃枉法。元英宗的新政使得元朝国势大为改观，天下为之风动，政治为之一新。

元惠宗

元顺帝孛儿只斤·妥懽帖睦尔（1320—1370年），元朝作为全国统一政权的最后一位皇帝。庙号惠宗，明朝为其上尊号为“顺帝”。

亲政初期，元惠宗勤于政事，重用脱脱等贤才，推行了一系列改革，来挽救元朝的统治危机，史称“至正新政”。元惠宗十分看重地方守令的任用，必须亲自过目，考察是否贤良，并谆谆告诫那些地方官说：“汝守令之职，如牧羊然。饥也，与之草；渴也，与之水。饥渴劳逸，无失其时，则羊蕃息矣。汝为我牧此民，无使之失所，而有饥渴之患，则为良牧守矣。”在至正五年十月遣官奉使宣抚时，又命“布朕德意，询民疾苦，疏涤冤滞，蠲除烦苛。体察官吏贤否，明加黜陟，有罪者，四品以上停职申请，五品以下就便处决。民间一切兴利除害之事，悉听举行。”元惠宗推行了以廉政建设为中心的一些改革措施，如颁行《至正条格》、定荐举守令法、派遣24名官员巡视宣抚全国各地等，但未能从根本上解决积弊已久的社会问题。

监察律典

《至元新格》

《至元新格》汇集了元朝建立以来的条格、成例等法律法规，内容包括公规、选格、治民、理财、赋役、课程、仓库、造作、防盗、察狱等十个方面。

《风宪宏纲》

《风宪宏纲》是一部关于纲纪、吏治方面的法律汇编。“风宪”原指风纪法度，中国古代常指监察官员整肃吏治。延祐二年（1315 年），曾参照元朝历代条格编纂法律，包括诏制、条格、断例三部分。第二年纂成，但未颁行。后将现行格例、条画中有关风纪的内容汇辑成《风宪宏纲》，作为专门的监察条令予以颁行。

《大元通制》

英宗至治三年（1323 年）完成《大元通制》。它汇集了世祖以来的条格、诏令和断例，经编纂而成，是元朝最系统完备的法典，包括诏制 94 条，条格 1151 条，断例 717 条，令类 577 条，共 2539 条。

《元典章》

国家的法令是否得以顺畅实施，是各时期统治者最为关心的问题之一。因此监察机构的监察重点就是检验各级官员是否依法令行事，是否完全贯彻了中央传达的政令。《元典章》中记载：“诸官司刑名违错，赋役不均，擅自科差及造作不如法者，委监察纠察”“朝庭所行政令，承受官司稽缓不行，或虽已实行但不复检举，致有弛废者，纠察”。《元典章·刑部八·取受》云：“诸牧民官不先洁己，何以治人？”英宗时期，地方官府编辑《大元圣政国朝典章》，简称《元典章》，对世祖以来50多年间元朝的政治、经济、军事、法律等各方面圣旨、条画进行了汇编，共60卷，分诏令、圣政、朝纲、台纲、吏部、户部、礼部、兵部、刑部、工部等十类，下分373目，目下又各列条格。《元典章》这种按六部行政机关分类的体例，直接影响到《明律》的篇目结构，并为《清律》所继续沿袭。

《官吏受赇条格》

在元朝为官，要受重典治吏的考验。为重典治吏，元成宗时便制定了严禁官吏收受贿赂的专门法令《官吏受赇条格》。

《赃罪条例十二章》

处理官吏犯赃罪的基本规范，其中枉法五章，不枉法七章，对各种职务赃罪都作出定性。明确规定：“今后因事受财，依例断罪外，枉法赃者，即不叙用；不枉法赃者，须殿三年方听告叙。再犯，终身不叙。”官员“不得因生日节辰送路洗尘受诸人礼物，违者以赃论；巡按去处并不得求取妻妾，如违治罪；任所并巡按去处并不得拜识亲眷因而受人献贺财物，如违以赃论。”“诸职官到任，辄受所部拳见仪物，比受赃减等论。”

监察制度

御史台(内台)

元朝积极吸取中原传统的政治统治形式，制定了内外官制，设御史台为中央最高监察机关（又称内台），纠察百官善恶，讽谏政治得失。元代御史台承唐制，实行台院、察院与殿中司三院制，其中台院设御史大夫二员，从一品；中丞二员，正二品；侍御史二员，从二品；治书侍御史二员，正三品。察院设监察御史三十二员，职责为纠察百官贪赃不法与其他不当行为。殿中司设殿中侍御史二员，“凡大朝会，百官班序，其失仪失列，则纠罚之；在京百官到任假告事故，出三日不报者，则纠举之；大臣入内奏事，则随以入，凡不可与闻之人，则纠避之”，即掌朝会时纠察百官朝仪、监督百官考勤等事。

行御史台(行台、外台)

元代监察制度改革中的一个重大发展，就是创立了行御史台。它是御史台的派出和分设机构。元代先后设立了四个地方行御史台，分别是江南行御史台、河西行御史台、云南行御史台和陕西行御史台，后经历史变迁，最后定为两个，即江南行御史台和陕西行御史台，简称“南台”和“西台”。行台的建立，是元朝地方行政监察制度的一个创举。行御史台作为中央御史台的派出机构，担负着对各级地方官吏进行监察的工作，每年都要赴地方巡察，纠劾非违。对元朝监察制度的发展和监察网络的构建，意义十分重大。

提刑按察司

提刑按察司是在行御史台之下设立的基层监察机构，忽必烈在建御史台的第二年开始设立。最初在地方设立四道，后逐年增加，最多时二十四道。每道提刑按察司有六位官员，即两名按察使、两名按察副使、两名名佥事。在用人方面完全排斥南人，首选蒙古人，色目人和汉人搭配其间。

肃政廉访司

元代还在全国设立了二十二道肃政廉访司。元二十八年后，提刑按察司改称“肃政廉访司”，又称“宪司”“监司”。在元代的地方统治结构中，肃政廉访司“布诸道，按临郡邑”，主管一省的刑名、诉讼事务，是凌驾于路府州县之上的一级官府。至元三十年共定为二十二道，南台统十道，西台统四道，内台统八道。这就把全国在地方的一百八十五路分属二十二道肃政廉访司进行监察。各司视监察的需要，可以设立分司。每道肃政廉访司的官吏有法定的编制，规定每道设官 8 员，其中肃政廉访使、副使各 2 人，佥事 4 人，组成为领导核心。还有经历、知事、照磨兼管勾、书吏、泽吏、通事、奏嫠、典复等 28 人，各自履行法定的职责。

肃政廉访司隶属于御史台与南台、西台两个行御史台，是元代地方监察网络中的基本网结，对地方官员行使监察权。每道肃政廉访司均分为出巡与留守两部分，监察地方民政事务、财政事务等，纠劾贪官污吏，岁终由中书省与御史台考核其政绩。

考课

考课就是对政府官吏的考核，是指在特定的时间由专门的人员和机构对在职官吏的政绩、功过和德行进行评价。考课制度元初建立，元成宗时沿用金制，实行行止簿制度；元武宗时，设置尚书省实行新政，在考课制度上设置专门的考课官，并且创设了“考功历”。吏部以“考功历”为依据考定优劣，决定任命。在监察方面，监察系统的体察监督进一步介入考课制度，对地方官“五事”的完成情况进行奖惩。元末顺帝在位时期，元朝统治者已经面临积重难返的政治局面，社会出现了严重的动荡不安。为了改变这种局面，实现中兴，元顺帝推行了一系列新政，其中一个重要的举措就是对官员的考课实行改革。主要表现为：第一，考课标准的调整与完善，元世祖时期确立的以“五事”考课地方官的标准，至元顺帝时将其调整为“六事”；

第二，考课官的设置，除武宗新政时期外，元代大部分时间不设考课专官，直到元顺帝后期才专门设置了诸如考功郎、考功郎中、吏部司绩之类的考课专官；第三，在考课的基础上实行察举。

谏官制度

元朝取消言谏机构，把谏官的职能归于御史台，实行言谏合一。世祖时置起居注，左右补郎，掌朝廷奏闻之事，后又改升给事中兼修起居注，左右补郎改为左右侍仪，兼修起居注。这样历朝掌封驳之任的谏官给事中及左右补郎成为兼修起居住的记事官吏，谏官之职也就名存实亡了，元朝谏官之职便由宪台官兼任。

宪台官自选制度

元朝的官吏选任注重出身，基本原则为“其长则蒙古人为之，而汉人、南人贰”。宪台官自选制度是元朝最主要的选官制度。在元朝以前，监察官员的产生主要是由皇帝亲自选任，行政长官可以向皇帝推荐有才能的人，但没有自己选择监察官的权力。忽必烈最早设立了元朝的宪台官自选制度，在御史台建立时就确定了宪台官自选的原则。武宗即位后，采纳了御史大夫月儿鲁提出的御史台应当自己选官的建议。元代宪台官自选制度的确立，打破了历代皇帝亲任监察官员的惯例，对实施有效的监察、维护朝纲、维护统治作出了突出的贡献。

等级制度

元朝是我国古代封建王朝中等级观念最为分明的朝代。为确保蒙古人的统治地位，实行严格的等级制度，把全国人分为四等，在官员的任免上也烙上了等级的印记，对汉人、南人持排斥和保留的态度。以往的朝代在选拔监察官员上无不重视官员的才干、经验和学识，但是由于元朝实行严格的等级制度，元朝对监察官的任免首先考虑的是门第因素，即出身的高低贵贱，最终能够担任监察官的往往是那些有着显赫家族和功勋门望的人。这种等级制度使得一些有才能的汉人和南人无法跻身于监察官员之列，埋没了大量的人才，这也是导致元朝监察机构软弱和监控不力的重要原因，严重影响了元朝监察机构作用的发挥。

定期巡行

监察官员定期巡行是元朝监察制度的另一特色。定期巡行是指监察官吏定期到基层就地巡视纠举违纪的行为。元世祖时期，要求各级监察官按照规定的巡查时间到基层去巡查，如规定廉访司每半年出去巡查一次。后为了更加全面地掌握官吏的作风、政绩等情况，《察司巡按事理》中又规定“各道除使二员守司，余拟每年八月为始，分行各道按治勾当，至次年四月还司”。在规定监察官员定期巡行的同时还规定了一系列违反定期巡行的后果，对不能遵守出巡还司时间的官吏，朝廷予以严惩。监察官巡查还要做到分巡遍历。据《宪台通纪》记载：“内外监察御史，今后守省体覆声迹，不过九月初旬，必须遍历，事毕方许回还”。元朝的定期巡行制度对防止官员徇私枉法、贪赃违纪起到了重要作用。

廉政清芬

刘宣

刘宣，字伯宣，自幼喜读书，有经世之才，至元二十五年（1288年），刘宣被任命为江南行台御史中丞。当时江浙行省丞相忙古台暴虐纵恣，很担心会被台臣纠罪。刘宣到任后，忙古台想要拉拢他，于是设宴相请，企图贿赂刘宣。被刘宣以御史台官不能外交为由拒绝。后来，刘宣不畏忙古台的权势，揭发江浙行省以军船私载草苇之事。忙古台大怒，罗织各种罪名报复刘宣。刘宣不愿受辱，留下遗书“身为台臣，义不受辱，当自引决，但不获以身殉国为恨耳”。

张养浩

张养浩（1270—1329年），汉族，字希孟，号云庄，又称齐东野人，济南（今山东省济南市）人，元代著名政治家，文学家。

张养浩一生经历了世祖、成宗、武宗、英宗、泰定帝和文宗数朝，历仕礼部、御史台掾属、太子文学、监察御史、官翰林侍读、右司都事、礼部侍郎、礼部尚书、中书省参知政事等。天历二年，关中大旱，张养浩出任陕西行台中丞。是年，积劳成疾，终卒于任上。

张养浩行政经验丰富，在地方和中央都做过官，对国家行政系统的政务非常熟悉，对官场的腐败现象也了如指掌。这为他尽职尽责地履行监察官的职能积累了经验。张养浩一生居官清正，敢于犯颜直谏。1307年，张养浩被任命为监察御史，上《时政书》，直斥朝政十大弊端，触怒皇帝和当权大臣，被借故罢官，后又被启用，仍然竭其所能，绳纠贪邪，荐举廉正，弹劾不避权贵，举荐不疏仇怨。《为政忠告》代表了他一生清正廉明的为官思想。《为政忠告》又名《三事忠告》，其中《牧民忠告》作于任地方官员时，《风宪忠告》作于任监察官员时，《庙堂忠告》作于任中央官员时。三事忠告，顾名思义，就是对地方官员、监察官员、中央官员的真诚劝告。《为政忠告》是元代吏道专著的重要组成部分，对于研究当时的政治思想、上下政务以及社会风气都有重要参考价值，对于后世的封建统治观念亦有相当影响。

张起岩

张起岩（1285—1354 年），字梦臣，山东章丘人。元代著名政治家、史学家、文学家。

作为元朝首位状元，科举入仕后，张起岩仕宦 40 余年，为官廉正，敢于打击豪强，为民除害，历任侍御史、燕南廉访使、监察御史、翰林承旨等职务，一生备受赞誉。任御史中丞期间，他办事雷厉风行，直言不讳，无所顾忌。据《元史》所载，中书参赞杨廷玉因贪获罪，台臣奉旨去朝堂逮捕他。丞相倒剌沙目睹同僚被捕，十分不快，于是斥责台臣罔上，欲将其处以极刑。张起岩不卑不亢，据理力争，指出台臣按例律劾百官，论朝政，是在履行自己的职责。若台臣奉公执法却被处刑，才正是无视风纪之举。这种做法会让忠正之士闭口，良臣心寒，实在不是盛世该出现的。且世皇建台阁监督群臣，广开言路，维持良好秩序。而今陛下即位诏旨，实属动法祖宗。此后，张起岩多次上书为台臣据理力争，终于打动皇帝。事后，张起岩迁任中书右，任员外郎，后晋升为左司郎中，兼任经筵讲官，并被授太子右赞善。

昏暴贪佞

桑哥

桑哥（？—1291 年），一作桑葛，畏兀儿人，官至尚书右丞相，独揽朝政大权，改革财政经济制度。

桑哥在职期间，结党营私，贪赃受贿，“以刑、爵为货”。中书平章麦术丁和右丞崔彧奏劾他“当国四年，中外诸官鲜有不以贿而得者。其昆弟故旧妻族，皆授要官美地”。其妻族湖广行省平章要束木在他的庇护下，贪暴不法；其妻弟八吉授为燕南宣慰使，也受赂积赃；他还把巩昌总帅府改为宣慰司，以弟答麻剌答思为宣慰使；江淮行省一批长官都是他的党羽，利用钩考搜刮民财，受贿肆虐尤为严重。世祖命彻里率怯薛三百余人抄籍桑哥家资，“得金宝衍溢栋宇，他物可资计者，将半内帑”。《史集》载，从桑哥家拿来两个箱子的珍珠和贵重物品，世祖责问他：“你有这么多珍珠，我曾向你要两三颗，你都不给。”他羞愧地说：“这些都是大食达官贵人送给我的，他们都是每个地区的长官。”世祖说：“为什么他们不把珍珠和贵重物品也献给我呢？你把一些粗毛衣带给了我，而把金钱和无比贵重物品归了自己！”桑哥贪赃罪被证实，被捕入狱，后伏诛。其亲旧党羽也先后受到惩办。

名文名篇

风宪忠告(节选)

元·张养浩

中外之官，莫难于风宪，莫危于风宪。曷谓难？人之所趋者不敢趋。人之所乐者不敢乐。人之所私者不敢私。所谓峣峣者易缺，皎皎者易污，非难而何？何谓危？入焉与天子争是非，出焉与大臣辨可否，至于发人之奸，贬人之爵，夺人之官，甚则罪人于死地。一或不察，反以为辜，则终身无所控诉。非危而何？

【译文】

古今中外的官员没有什么比风纪法度更难的，也没有比它更危险的。什么叫难？人们追求的东西不能去追求。人们喜欢的东西不能去享受。人们在私下做的事不能去做。正所谓太高的东西容易缺损，太干净的东西容易污染，这不是难是什么？什么叫危？入朝要与天子争是非，退朝要与大臣辨可否，至于揭发人的奸恶，贬夺人的待遇，撤掉人的官位，甚至因治罪还要杀人。偶然因自己不周密处理不当，反而成为罪过，就终身没有地方诉清。这不是危是什么？

【名句】

中外之官，莫难于风宪，莫危于风宪。曷谓难？人之所趋者不敢趋。人之所乐者不敢乐。人之所私者不敢私。

【精析】

“中外之官，莫难于风宪，莫危于风宪”。一个“难”字，道出了历朝历代官员秉持风纪的苦楚不易。持风宪的关键在于坚守初心，迎难而上。但做到这一点并不容易，需要一次次做出正确选择。监察官员要时时牢记自己的责任，不顾任官之难，为官之危，“竭忠吐诚，置死生祸福于度外”，对得起国家和民众。

格言警句

单丝不成线。

【注释】出自《水浒传》。意思是说，单股的丝缕不能制成线。此句比喻个体与集体之间的关系，即一个人的力量不如集体的力量。可用于说明团结一致，同心同德，才能办好事情的道理。

自差偏自是。

【注释】出自《水浒传》。意思是说，自己有了差错，还自以为是正确的。这句话表现了某些人的一种心理素质：刚愎自用，固执己见。多用于评论不虚心接受别人意见的现象，也可用于自悔自悟。

宽以待人，柔能克刚，英雄莫敌。

【注释】出自《三国演义》。意思是说，以宽厚的态度对待人，用柔和的方法制服刚强，英雄盖世，无人能敌。

财贿不以动其心，爵禄不以移其志。

【注释】出自《三国演义》。意思是说，金银财物不能动摇他的心神，爵位俸禄不能转移他的志向。

勇将不怯死以苟免，壮士不毁节而求生。

【注释】出自《三国演义》。意思是说，勇将不因怕死而苟且求免，壮士绝不毁节而偷生人间。

治国者必以奉法为重。

【注释】出自《三国演义》。意思是说，治理国家的人必须遵守国家法令，以遵纪守法为第一要素。

故节义者，天下之大闲，臣子之盛德。不荡于富贵，不餍于贫贱，不摇于威武。道之所在，死生以之。

【注释】出自《风宪忠告》。意思是说，做臣子的应当遵守节义这个大德，不因富贵而骄逸，不因贫贱而失志，不因强权而动摇。只要是合乎节义的事情，就可以不顾生死地去捍卫。

然君子居其官，则思尽其职，所谓危且难者，固有所不避焉，竭忠吐诚，置死生祸福于度外，庶上不负国，下不负所学。

【注释】出自《风宪忠告》。意思是说，君子为官，就应该时刻想到如何做好自己职责范围内的事，面对“难”和“危”时必定不能回避，要忠于职事敢于讲真话，将个人的生死祸福置于度外，这样才可对上不负国家，对己不负一生所学。

士而律身，固不可以不严也。然有官守者则当严于士焉；有言责者，又当严于有官守者焉。盖执法之臣，将以纠奸绳恶，以肃中外，以正纪纲，自律不严，何以服众？

【注释】出自《风宪忠告》。意思是说，读书人应该严格自律，而那些有官位的人应该比读书人还要严格；那些负有进言劝谏职责的官员，又应该比有官位的人更严格。监察官的职责就是纠察和制裁奸恶，整肃朝廷内外，纠正法度纲纪，如果不能严格要求自己，如何让人信服？

文臣不爱钱，武臣不惜死，天下太平矣。

【注释】出自元脱脱等撰《宋史·岳飞传》。意思是说，文官清正廉洁，武将拼死报国，这样国家就可以太平了。

诗词曲赋

墨 梅

元·王冕

吾家洗砚池头树，
朵朵花开淡墨痕。
不要人夸颜色好，
只留清气满乾坤。

【译文】

我家洗砚池边有一棵梅树，
朵朵开放的梅花都显出淡淡的墨痕。
不需要别人夸它的颜色好看，
只需要梅花的清香之气弥漫在天地之间。

年 节

元·无名僧

残年节礼送纷纷，
尽是豪门与富门；
唯有老僧阶下雪，
始终不见草屐痕。

【译文】

今年残余的日子已经不多了，在这天大家都在纷纷送礼，
你给我送我给你送，来来往往熙熙攘攘，富豪人家门庭若市。
唯独只有我这个僧人门前的雪很厚，
一个脚印都没有。

小说传奇

元杂剧

和前代文学相比，元代文学最突出的成就在戏曲方面。戏曲是元代文学中新产生的一种体裁，一般分为杂剧和散曲。

作为元代文学的代表，元杂剧种类众多，刻画了形形色色的人物形象，广泛地反映了元代各阶层人们的生活。其中不难发现，“无官不成戏，无戏不见吏”的现象较为突出。作为反映元代社会现实的公案剧，元杂剧刻画了众多的官吏形象。其中既有一身正气、为民做主的清官能吏，也有贪婪成性、残害民众的贪官污吏。清官能吏形象的刻画主要作用在于歌颂，同时表达剧作家的美好愿望；贪官污吏的形象刻画主要作用在于暴露，反映了元代社会的黑暗和吏治的腐败。元杂剧中的公案剧约有百种以上，现存的大约有 26 种，其中比较有代表性的作品有《窦娥冤》《蝴蝶梦》《救孝子》等。这些作品中，有大量的贪官和清官角色。贪官污吏，顾名思义，最具代表性的特点就是“贪”。在这些作品中，贪官做官的目的不是为君主效力，也不是为民请愿，而是利用自己手中的权力去攫取金钱和利益。为了钱，他们可以做出任何事，甚至不惜自贬身价。文学作品虽然有些夸张，但却真实地反映了这些官员们内心对于金钱的强烈渴望。

成语俗语

一马当先

【注释】原指作战时策马冲锋在前，形容领先。也比喻工作走在群众前面，积极带头。源自《水浒传》：“即便勒兵列阵，一马当先，驰下山来，犹如天崩地塌之势。”

民穷财匮

【注释】人民穷困，国家财富也消耗完了。源自《水浒传》：“本处万山环列，易于啃聚，又值水旱频仍，民穷财尽，人心思乱。”

徇私舞弊

【注释】为了私人关系而用欺骗的方法做违法乱纪的事。源自《水浒传》：“谁想这伙官员，贪滥无厌，徇私作弊，克减酒肉。”

举善荐贤

【注释】保举推荐品德好、有才能的人。源自《三国演义》：“举善荐贤，乃美事也；卿何荐人于朝，即自焚其奏稿，不令人知耶？”

恩荣并济

【注释】恩惠与荣耀两种手段一起施行。源自《三国演义》：“限之以爵，爵加则知荣，恩荣并济，上下有节，为治之道，于斯著矣。”

傲贤慢士

【注释】用傲慢的态度对待有德有才的人。源自《三国演义》：“何期逆贼恣逞奸雄，傲贤慢士，故特来见明公。”

犯颜苦谏

【注释】指敢于冒犯君主或尊长的威严当面直言规劝。源自《三国演义》：“今日公瑾怒责公覆，我等皆是他部下，不敢犯颜苦谏；先生是客，何故袖手旁观，不发一语？”

以私废公

【注释】由于私情而废弃公务。源自《三国演义》：“晃回顾众将，厉声大叫曰：‘若取得云长首级者，重赏千金！’公惊曰：‘公明何出此言？’晃曰：‘今日乃国家之事，某不敢以私废公。’言讫，挥大斧直取关公。”

法不徇情

【注释】法律不徇私情。指执法公正，不讲私人感情。源自《三国演义》：“居家为父子，受事为君臣，法不徇情，尔宜深戒。”

大展经纶

【注释】充分施展政治才能。源自《三国演义》：“先去荆州后取川，大展经纶补天手。”

两袖清风

【注释】现多数比喻为官清廉、不贪赃枉法严于律己的人。源自陈基《次韵吴江道中》：“两袖清风身欲飘，杖藜随月步长桥。”

第十二篇

明朝廉政文化经典

廉政思想

明太祖

明太祖朱元璋（1328—1398 年），字国瑞，濠州钟离（今安徽凤阳）人，明朝开国皇帝，年号洪武。

朱元璋深知民间疾苦，故非常重视监察工作。他在位时对政治体制进行改革，建立了包括都察院、六科给事中、提刑按察使司在内的监察网络。为了使监察官的作用得以更充分的发挥，朱元璋登基后很快就废除了御史台，在中央新设都察院，与六部并列为中央政府主要机关。监察部门从此成为一个独立的体系。随后，朱元璋废除了宰相制度，将六部归入皇帝的权力范围，加强了对六部官员的监督。他还在地方设置十三道监察御史，不定期派遣官员去某个地区监察工作，构建了完整的从中央到地方的监察体系。都察院与六科共同监察职能，监督和制约行政系统。同时，监察机构之间也要互相纠举。

朱元璋尤其重视推进监察工作的规范化、法制化。洪武年间，他先后颁布了《奏请点差》等法律条例，详细规定了监察官的地位、权责、遴选、职权范围及监察纪律，并具体制定了各部门的监察法规及实施细则，使明朝的监察工作有法可依，同时也提高了监察机构的权威和监察工作的效率。

在选拔监察官员时，朱元璋既考察其文化素质和品德修养，还考察其资历和威望。在他看来，监察官一定要具备相当的资历，否则很难明辨是非冤情，做好皇帝交代的“耳目风纪”的工作。所以，朱元璋在位期间，大部分高级监察官员都选自开国勋臣——他们本就具备一定慑服力，做起监察工作来也不会很吃力。与此同时，朱元璋也指出，年轻的监察官员如果兼具实际才能和德行，也可破格提拔。

封建专制政体下，皇帝所代表的利益团体具有一定的局限性，所以其统治实际上并不稳固。鉴于此，在调整和改革一系列监察体制的基础上，朱元璋还特意建立了锦衣卫特务组织，用于暗中监督臣民。其主要用途就是辅助监察机关工作，以加强专治皇权。

明惠宗

明惠宗朱允炆（1377年—？），明朝第二位皇帝。洪武二十五年，其父朱标病死，朱允炆被立为皇太孙，明洪武三十一年继位为帝，年号建文，故后世称建文帝。朱允炆于靖难之役后下落不明，当时驸马都尉梅殷在军中，为朱允炆发丧，追谥孝愍皇帝，庙号神宗。到了南明弘光元年七月，因为和显皇帝庙号，改庙号为惠宗。

朱允炆在位期间着重提升文官在政治活动中的作用，宽刑省狱，严惩宦官。明朝建国之初，太祖朱元璋以刚猛治国，以重典治吏，法外用刑的情况较多。建文帝看清了其弊端，所以在继位后，便力图改变这种情况。他修正了《大明律》中部分量刑过重的律法，下诏“行宽政，赦有罪”。建文帝除去六部下属诸司名号前的“清吏”二字，变都察院为御史府。

建文帝合并许多州县，裁撤大批冗官冗员。在位短短四年，撤销县39个、州9个，另撤销巡检司73个、河泊所49个、递运所41个，仅府、州、县学的训导即被裁减104个。各布政司只保留布政使，而撤去左、右布政使之职。

明成祖

明成祖朱棣（1360—1424年），明朝第三位皇帝，明太祖朱元璋第四子，建文帝朱允炆的叔父。建文四年即位，在位22年（1402—1424年），年号永乐。

朱棣以藩王身份用武力夺取皇位，不符合皇权正统观念。他夺得皇权后，首要任务就是巩固自己的统治。为此，他恩威并重，一方面，大封“靖难”功臣。另一方面，杀戮不肯归附自己的文武大臣。通过这些措施，朱棣控制住了中央的局面。但地方上的官吏量大面广，难以用上述办法控制，所以朱棣非常重视监察机构的作用。他鼓励官员之间互相纠举，还设立了分遣御史巡行天下的制度，利用宦官出使、专征、监军、分镇、刺臣民隐事，设置镇守内臣和东厂，恢复洪武时废罢的锦衣卫，合称厂卫机构，发展和强化了专制统治。

朱元璋时，由于废除了丞相制度，皇帝直接领导六部，事无巨细都要皇帝亲自处理。朱棣时期，完善了文官制度，在朝廷中逐渐形成了后来内阁制度的雏形。

明仁宗

明仁宗朱高炽（1378—1425 年），明朝第四位皇帝，年号洪熙，明成祖朱棣长子。

朱高炽即位后即厉行改革行政。他选用贤臣，削撤冗官。任命杨荣、杨士奇、杨溥三人辅政，将可有可无的官员解职，命其他官员 70 岁退隐，同时失职的官员降职，有突出才能的官员升职。在选任官员时，朱高炽特别重视儒家道德和个人品德，任命有才能和守纪律的人担任地方的行政和司法职务。为了使官僚机器更有效率，朱高炽还修正了文官科举制度。朱高炽认为，原有的制度过于偏袒南方人，所以他重新规定了份额，保证了北方人占全部进士名额的 40%。

朱高炽废除了古代的宫刑，停止宝船下西洋以及皇家采办珠宝的行为。他处处以唐太宗为榜样，修明纲纪，爱民如子。他下令减免赋税，无偿赈济受灾地区，开放山泽供农民渔猎，妥善安置流民。朱高炽的所有安民政策使得洪熙朝人民得到了充分的休养生息，明朝的生产力空前发展，进入了一个稳定、强盛的时期，成为“仁宣之治”的开端。

明景帝

明景帝朱祁钰（1428—1457 年），即明代宗，年号景泰。

朱祁钰在位期间，知人善任，励精图治。由于连年的征战和瓦剌的劫掠，再加上内地的水患，全国饥民遍地，朱祁钰针对内忧外患的局面，采取了积极措施巩固大明江山。他广开言路，招贤纳士，清除阉党势力，稳定局面，重用于谦等贤臣，击退瓦剌的入侵，在政治、经济、军事等方面的弊端进行了整顿和改革，推动明朝政治由乱而治，渐开中兴，吏治也为之一新。

明孝宗

明孝宗朱祐樘（1470 — 1505 年?），是明朝第九位皇帝，年号弘治。

朱祐樘勤谨一生，处处以人为本。在用人方面，朱祐樘主张唯贤唯德，大量重用贤才之士，形成了“弘治朝中多君子”的太平盛世局面。他努力扭转朝政腐败状况，驱逐奸佞，广开言路。他任用王恕、刘大夏等为人正直的大臣。晚年曾宠信宦官李广，但是很快就改过自新了。他把四品以上官员的名单贴在自己宫内墙壁上，每日熟记，以求了解这些官员的动态，不受蒙蔽。

他制定了严格的官吏考核制度，以政绩作为选拔官员的标准。朱祐樘待臣下很宽厚，能推心置腹，从未鞭打过大臣，因此，君臣之间亲密无间，形同一家人。这样，一大批廉洁、勤奋、有事业心、以国为家的贤臣得以施展才干。他勤于政事，励精图治，每天上朝听政。除早朝外，还恢复早已废弃的晚朝制度。常常披阅奏章到很晚，从来不允许太监代批奏章。朱祐樘还广开言路，虚心纳谏。除早晚朝之外，还每天两次在平台召见有关大臣议事。

明世宗

明世宗朱厚熜（1507—1567 年），明朝第十一位皇帝，年号嘉靖。

嘉靖帝统治前期，立志效法太祖、成祖，纠正前朝在统治上的弊端。他勤于政务，整顿朝纲，宽以治民，严以驭官。他打击权臣和封建地主贵族势力，诛杀钱宁、江彬等佞臣，重用张璁、夏言等贤臣，裁抑司礼监的权力，撤废镇守太监，严肃监察制度，严分厂、卫与法司职权，总揽内外大政，推行新政。嘉靖帝吸取了前朝宦官当权乱政的惨痛教训，严格管束宦官；经济上严革贪赃枉法，勘查皇庄和勋戚庄园，“不问皇亲势要，凡系冒滥请乞及额外多占者悉还之于民”；整顿赋役，赈济灾荒，汰除军校匠役十万余人，极大地缓解了当时激烈的社会经济矛盾。中央集权得到复兴和加强，朝政为之一新，打开了“嘉靖中兴”的局面，进一步巩固了明朝的统治。

明穆宗

明穆宗朱载坖（1537—1572 年），明朝第十二位皇帝，年号隆庆。

朱载坖即位后，立即纠正明世宗的弊政，宣布“自正德十六年以后，至嘉靖四十五年十二月以前，谏言得罪诸臣”“存者召用，没者恤录”，将之前因为谏言获罪的官吏全部复用，已经去世的加以抚恤并录用他的后人。他重用徐阶、高拱、陈以勤、张居正等贤臣，革除前朝弊政，加强对官吏的考察，以往不在考察之列的王府官员也要予以考察。奖赏和提拔廉政的官员，罢免贪官污吏，“赃多迹著者部院列其罪状，奏闻处治”。朱载坖用人不疑，使得隆庆一朝及万历初年的明朝国运中兴，社会安定，经济发展，海内大治，史称“隆庆新政”。

明思宗

明思宗朱由检（1611—1644 年），明朝第十六位皇帝，也是明朝作为全国统一政权的最后一位皇帝。年号崇祯。

朱由检在位期间，勤于政事，厉行节俭，上任伊始，就发出了“文官不爱钱”的号召。崇祯帝以身作则，当政 17 年，宫中没有进行任何营建，吃穿也都不讲究。崇祯帝还是明朝自太祖以来罕见的勤政之君，据史料记载，崇祯帝常常处理公文彻夜不眠。除了照例应免日期之外，每日视朝，并参加日讲和经筵。

崇祯帝先后任命曹师稷等人为给事中，任命吴焕等人为御史，以纠弹魏党为职责，掀起一场大规模的清算风潮。在大力铲除阉党的同时，崇祯帝还逐步展开平反冤狱活动，为一些受阉党迫害的东林党人恢复名誉。

崇祯十七年，李自成攻破北京时，朱由检自缢于煤山（今景山），终年 34 岁。清军入京后，以礼改葬于明十三陵中的思陵。

张居正

张居正（1525—1582 年），字叔大，号太岳，幼名张白圭，明朝政治家、改革家、内阁首辅，辅佐万历皇帝朱翊钧推行“万历新政”，史称“张居正改革”。

张居正任内阁首辅十年，实行了一系列改革措施。经济上，张居正改革赋役制度，推行一条鞭法。过去田赋有夏粮、秋粮之分，征收上又有种种名目，非常繁琐。新政以州县为基础，将所有赋税包括正税、附加税、贡品以及中央和地方需要的各种经费和全部徭役统一编派，“并为一条”，总为一项收入统一征收。“一条鞭法”大大简化了税制，方便征收税款，使国家容易掌握，百姓明白易知，同时使地方官员难于作弊，进而增加财政收入。

政治上，为保障“一条鞭法”的顺利实施，张居正一面任用能臣，一面强力推行“考成法”。除了考核官员的绩效，更考核官员征税的业绩，不足九成者，一律处罚。这一措施的实行，使得各级官吏不敢懈怠，国库亦日益充裕，据统计，实施第一年赋税就增长了近乎一番，史载改革的结果是：“太仓粟可支十年，周寺积金，至四百余万”和“朝下而夕奉行的巨大成就”。张居正还以“考成法”整顿官僚机构，加强内阁职权，抑制宦官势力。考成法以“尊主权，课吏职，信赏罚，一号令为主”。主要目的是解决官僚争权夺势、玩忽职守的腐败之风。张居正认为，当时朝野泄沓成风，政以贿成，民不聊生，主要就是因为“吏治不清”造成的。他以“课吏职”即加强官吏考核为手段，陆续实施了清通欠、省驿递、惩贪墨、汰冗官、省支出等项改革措施，政体为之肃然。

在执行上，张居正“信赏罚”“持法严”，赏罚有准，绝不姑息。在他执政期间，“百官惕息”“一切不敢饰非”，朝廷号令，“虽万里外，朝下而夕奉行”，行政效力大大提高。

监察律典

《大明律》

《大明律》是明朝的一部重要法令条例，草创于抗元战争时期，完成于重典治国的洪武年代。由朱元璋亲自主持修订，是他“劳心焦思，虑患防微近二十载”的经验总结，是“凡七誊稿”，字斟句酌的“不刊之典”。这部大法不仅继承了明代以前我国古代法律文献的优点，是对古代法律编纂的历史经验总结，而且下启清代乃至近代中国立法活动，为我国近现代的法制建设提供了一些宝贵的借鉴。

《大明律》主要内容包括《名例律》《吏律》《户律》《礼律》《兵律》《刑律》和《工律》。《名例律》是刑名和法例的简称，是《吏律》《户律》《礼律》《兵律》《刑律》和《工律》的总纲，共1卷47条，它规定了对不同等级、不同犯罪行为论罪判刑的基本原则，包括五刑、十恶、八议、自首、并合论罪等。《吏律》是有关管理公务的法规，包括《职制》《公式》2卷，共33条。《职制》是关于官吏职司的规定，《公式》是官吏应遵循的办事规程。《兵律》分《宫卫》《军政》《关津》《厩牧》《邮驿》共5卷75条，此律是有关军戎兵事的立法。对军人犯法科罪较重，除在《名例律》中增立“军官有犯”“军官军人犯罪免徒流”等律条外，复设此专篇。

《大明律》中有大量规范、管理官员的篇幅，对官吏的职权职责作了详细规定。其反贪立法更系统，虽仍沿袭唐、宋时期“六赃”的提法，但增加了一些罪名，对监守自盗、枉法赃、不枉法赃、行贿、挪用官物、敲诈勒索以及介绍贿赂等罪，都作了明确的量刑规定。《大明律》于《刑律》一篇中专设“受赃”一门，对“主守盗（贪污）”“以财行求（行贿）”“因受财

（受贿）”“受所监临财物（侵吞公物，收受属下财物，包括送礼）”“请求（请托）”“乞索（勒索）”和非法役使属下和百姓、侵夺百姓死人田产等，都有具体的量刑规定，其周详完备超过历代法典。如《吏律》中专门设置了“奸党”一篇，严厉禁止官员尤其是内外官之间的结党营私，否则将给予严惩。另外，《大明律》中还规定，风宪官员若收取他人财物，以及在巡按之处收取或者索取他人财物的，或买卖多取高利，及受馈赠的时候，要比其他官员的罪行加两等。

《明大诰》

为了增强重典治吏的效果，朱元璋在《大明律》外，又制定了《明大诰》。这是朱元璋亲自制定的惩治官民犯罪法外用刑的特别法，共四编，包括《御制大诰》《大诰续编》《大诰三编》《大诰武臣》等，共236条，主要内容是将洪武年间法外用刑的典型案例进行整理汇编，并结合这些案例，新添加了一些重刑法令和刑罚，以及朱元璋对吏民的大量训导。这部法典虽说是规范全体吏民的，但侧重点是惩治贪官污吏。此外，《明大诰》用刑更加残酷，有凌迟、抽肠、墨面文身、挑筋去骨、膑刑、断指、刖足、断手、腰斩、阉割、剥皮实草等酷刑，以期对贪官污吏进行严厉打击。《明大诰》以诏令形式颁发，由案例、峻令、训导三方面内容组成，集中体现了朱元璋“重典治世”的思想。

《明大诰》除了公布贪官污吏的罪行及处罚外，还涉及了一系列防范官吏贪污的措施。一是严明官吏职守，防范其伺机贪污。二是严禁官吏下乡扰民，不许有司呼唤下级、里甲人等亲诣衙门听事。凡敢有违旨下乡，动扰于民的官吏，由朝廷率精壮之士拿赴来京。三是对官吏犯贪赃罪者，要层层追查，彻底挖掘出有关案犯。四是设重法防范官吏贪赃害民。对收受贿赂判处受害人冤屈的，一经查处，不仅要对其动用刑罚，还要治其死罪；对胆敢私自放掉囚犯的官吏将处以极刑，并没收其家产，将家眷流放外地；对于借赴京城出公差一名目，向百姓收取车马费等财物的官员，将判处其重罪。五是禁止官民勾结。凡是那些游手好闲的百姓，一旦与有司等官员勾结，共同欺压良善，给百姓的惩罚是诛其九族，有司官员则以凌迟之刑处死。

《明大诰》惩处贪污的罪案占全部罪案的一半左右。这些完备的法律对打击贪污腐败起到了重要的作用，也对维持吏治，发挥官僚应有作用，保证国家机器的正常运行和社会安宁起到了积极作用。

《铁榜》

明初，朱元璋命令将限制公侯特权的规定铸于铁板，称“铁榜”，以此来制约对建国有功的王公贵胄。其中规定：“凡公侯强占官民山场、湖泊、茶园、芦荡金银铜锡铁治者，三犯准免死一次。凡公侯除赐定仪仗户及佃田人户，已有名额报籍在官，敢有私托门下、隐蔽差徭者斩。”《铁榜》可以视作一部惩治公侯贪赃枉法的专门法。

《宪纲事类》

洪武四年，御史台拟定了《宪纲》40条，呈明太祖朱元璋，朱元璋亲览后颁布，其后又多次修订。到宣宗、英宗时，又命令督察院对旧有条例进行修改。正统四年，《宪纲事类》正式颁布发行。

作为明朝专门的监察法，《宪纲事类》对监察制度的规定相当具体，包括监察官的地位、选用、职权范围、权威保障、监察方式等。综合起来，主要有两方面特点：一是条文的规定非常细致，凡是行政监察所涉及的事项无所不包。如关于巡按御史，按察司官巡察州县，大至出巡日期、期限、治所、财务、与地方官相见礼仪，小到监察人员的生活起居、言谈举止，都定有必须遵行的准则。二是监察官的权力过于宽泛，这也为明后期监察部门扰乱中央及地方行政的秩序埋下了隐患。

《宪纲事类》在我国行政立法史上有着重要的意义，是我国封建社会一部较为完备的行政监察法。它为监察官行使监察权提供了法律依据，同时也是判定监察人员是否合法、合理地履行职责的标准，对整顿吏治、强化监察起到了重要作用。

《诸司职掌》

明太祖朱元璋仿《唐六典》敕修《诸司职掌》，洪武二十六年（1393年）三月内府刊印。《诸司职掌》是明初最重要的行政方面的立法，为明代的职官制度奠定了基础。

该书以官职为纲，下分十门，详细地规定了吏、户、礼、兵、刑、工六部及都察院、通政司、大理寺、五军都督府的官制及其职掌。吏部尚书、侍郎职掌天下官吏选授、勋封、考课之政令，其属有选、司封、司勋、考功四司；户部尚书、侍郎职掌天下户口、田粮之政令，其属有民、度支、金、仓四司；礼部尚书、侍郎职掌天下礼仪、祭祀、宴享、贡举之政令，其属有仪、祠、膳、主客四司；兵部尚书、侍郎职掌天下军卫、武官选授之政令，其属有司马、职方、驾、库四司；刑部尚书、侍郎职掌天下刑名及徒隶、勾覆、关禁之政令，其属有宪、比、司门、都官四司；工部尚书、侍郎职掌天下百工、山泽之政令，其属有营、虞、水、屯四司；都察院左右都御史、副都御史职掌纠劾百司、辩明冤枉，其属有十二道监察御史；通政司职掌出纳帝命、通达下情、关防诸司出入奏报、臣民实封建言、陈情申诉及军情等事，无属部；大理寺官职掌审录天下刑名，其属有左右寺官；五军都督府断事官掌问断五军所辖都司卫所军官兵丁刑名，其属有左、右、中、前、后五司官。

《大明会典》

《大明会典》，简称《明会典》。它始纂于弘治十年（1497 年）三月，180 卷，经正德时参校后刊行。嘉靖时经两次增补，万历时又加修订，撰成重修本 228 卷。

《大明会典》既是记述明代典章制度的重要史书，也是一部记载明代基本法律制度，特别是行政法规的珍贵文献。其所依据的材料以《诸司职掌》为主，参以《皇明祖训》《大诰》《大明令》《大明集礼》《洪武礼制》《礼仪定式》《稽古定制》《孝慈录》《教民榜文》《大明律》《军法定律》《宪纲》12 种法律、法规和百司之法律籍册编成，并附以历年有关事例。所记行政法规和典章制度颇为完备，史志所载不详者，多有交代，是当时百司必参阅之书，也是后世研究明史特别是明代典章制度的重要典籍，为研究明代中央和地方政府的机构与职掌、官吏任免、文书制度、少数民族地区的管理、行政管理和监督、农业、手工业、商业和土地制度、赋税、户役、财政等经济政策，以及天文、历法、习俗、文教等情况，提供了比较集中的材料。

监察制度

都察院

1382年，朱元璋进行了一项重大行政改革，以内阁代替中书省，以都察院取代御史台，从而改一台三院制为一院制，并逐步形成了以都察院为主导，科道、锦衣卫相互配合的监察网络，使封建监察体制提高到了一个新的水平。明朝的一院制监察体制一直沿袭到中国封建社会结束。都察院是明朝最高的国家监察机关，设有都御史、副都御史、佥都御使，负责“纠劾百司，辩明冤枉，提督各道，为天子耳目风纪之司”。都御史可以监督六部的所有官员，包括内阁首辅，遇到各省的三司官员的不法之举也可以直接向皇帝上奏。若六科给事中未有据实奏报，包庇官员，都察院也可以对其弹劾。

六科给事中

明朝除了都察院之外，还设立了一个新的监察系统——六科给事中，以加强对六部的监察。六科给事中直接负责对口的六部，他们的地位与待遇都低于尚书、侍郎，但同样具有广泛的监察职权。六科给事中与都察院各司其职，互相纠劾，互相制衡。六科给事中可以直接向皇帝检举都察院的失职。

提刑按察使司

提刑按察使司，明清官署名，明置，主管一省司法事务。以按察使为主官，秩正三品；副使、佥事无定员，其秩分别为正四品与正五品。提刑按察使司内部分设经历司、照磨所、司狱司。经历司掌收纳文书与勘察刑名之事，置经历、知事各一人；照磨所掌照刷案卷，置照磨、检校各一人；司狱司，掌检察监狱事务，置司狱一人。清沿置，其职掌与内部组织与明同。

十三道监察御史和督抚

明朝在地方监察上还设有十三道监察御史，这十三道分别为浙江、江西、河南、山东、福建、广东、广西、四川、贵州、陕西、山西、湖广和云南，监察御史在所任职道中履行监察职能。同时设有总督与巡抚，监察地方行政，且直接对皇帝负责。十三道监察御史虽归都察院管理，但是其只对皇帝负责，若都察院发现了违法之事，监察御史可以不用交都御史转呈皇帝而直接向皇帝报告。

锦衣卫

锦衣卫是明朝专有的一个军政情报搜集机构，前身为明太祖朱元璋设立的“拱卫司”，后改称“亲军都尉府”，统辖仪鸾司，掌管皇帝仪仗和侍卫。洪武十五年，裁撤亲军都尉府与仪鸾司，改置锦衣卫。

作为皇帝侍卫的军事机构，锦衣卫设有专门的法庭与监狱，由皇帝亲自领导，其主要职能为“掌直驾侍卫、巡查缉捕”，从事侦察、逮捕、审问等活动，也参与收集军情、策反敌将的工作，如在万历朝鲜战争中收集了大量的日军情报。其首领称为锦衣卫指挥使，一般由皇帝的亲信武将担任，直接向皇帝负责。可以逮捕任何人，包括皇亲国戚，并进行不公开的审讯。锦衣卫与六科给事中相结合，使整个中国都陷入了封建专制的强权控制下。作为皇帝的私人侦查部门，锦衣卫与东厂在保卫皇帝安全的同时，也随时监听朝中甚至全国各地的官吏，一旦发现任何异常，可不用汇报立即抓获。

行台监察机构

明承元制，在地方与行政设行省相适应，设立行台监察机构，分为按察司、巡按、巡抚三个层次，以此形成加强封建集权的三道防线，既达到加强监察的目的，又有利于监察机构之间的相互牵制。

巡按制度

明朝在前朝的基础上完善了地方巡查制度，设立了巡按制度。巡按就是中央从十三道监察御史中挑选出来派遣到各省定期巡回考察的官员，品秩虽低，但却是“代天子巡狩”，举凡吏政、刑名、钱谷、治安、档案、学校、农桑水利、风俗民情，无所不查。巡按在特殊时期也会被朝廷委派任命，例如地方发生灾情，朝廷派巡按了解灾情，赈济灾民，监督当地官员的赈灾情况，极大地缓和了阶级矛盾、社会矛盾。同时，巡按有对当地一些冤案再次审理的权力，这在一定程度上遏制了地方司法腐败。

因为肩负的责任和使命重大，所以统治者赋予巡按御史的职权大大超越其品阶对应的权利。为了确保巡按制度有效地发挥澄清吏治、监督官员的作用，明朝统治者不断发展完善巡按制度，陆续颁布了一系列则例、条规，对巡按的选任、点差、出巡规则、出巡职责、回道考核等各个环节，均作了具体规定，不但有效提高了对地方监察的效率，而且增强了对监察人员本身的控制力度。

在明代，尤其是明前期，严密的巡按制度，有效地发挥了察吏安民的作用。巡按御史们监临地方，监督吏政，通达下情，荐举人才，弹劾贪酷，为缓和阶级矛盾，使国家机器正常运转，维护封建王朝的长治久安作出了积极的贡献。

廉政清芬

顾佐

顾佐（1376—1446年），字礼卿，河南太康人，建文二年（1400）进士，永乐初年，被选为御史，升按察副使。在任上，顾佐刚正不阿，执法严明，由于受到既得利益集团的排斥，被改任贵州按察使。明仁宗继位后，才被召回朝廷，担任通政使。顾佐为官刚正，被人比作北宋的包拯。

明宣宗时，官场腐败严重，当时的辅政大臣杨士奇和杨荣推荐顾佐掌管督察院，负责清理官场积弊。顾佐除了制定清理官场的衡量标准，确定了考核官吏的层级，还迅速报告了考核结果，弹劾了一大批包括御史在内的贪污官员。明宣宗对顾佐的纠察工作十分支持，凡被查处的官员，朝廷都予以重惩。有贪淫行为的发配辽东充军，不通达政体的降为典吏，老病者罢斥为民。

顾佐还协助弹劾为官不端的督察院长官，纠正督察院不正之风。之后着手协助皇帝完善明朝的监察体制。在明宣宗的支持下，通过顾佐的一系列努力，督察院的改革顺利完成——一方面明确了督察院的行政职能，另一方面用合适的人选替换了一批督察院旧人。经过以顾佐为代表的尽职履责官员群体的共同努力，明代中叶出现了著名的“仁宣之治”。顾佐也被赞誉为“真御史”。

于谦

于谦（1398—1457年），字廷益，号节庵，谥忠肃，浙江杭州府钱塘县（今浙江杭州市）人，明代著名政治家。先后任兵部右侍郎兼河南巡抚、山西都御史，兵部尚书，官至少保，因廉洁正直、忠心爱国被后人称赞。死后葬于杭州，与岳飞、张煌言并称“西湖三杰”。

于谦性情淳朴、忠厚过人，自奉俭约、忧国忘身。宣德五年，河南、山西等地灾荒严重。于谦临危受命，到两地巡查。上任时他轻车简从，不摆锣鼓仪仗，不带卫兵侍从。明察暗访时，更是轻骑而行，从不惊扰百姓。当时，外官每年回京述职，都得向权臣国戚馈赠重礼。但于谦一身正气，从不随波逐流，每次都是两手空空。明英宗因为于谦坚决不同意与瓦剌议和而得以重返故都，但于谦从未在英宗面前邀功。于谦不仅精忠为国，而且力倡廉政，写过大量劝导人们清廉为政的诗文，其中以《石灰吟》最为有名。

海瑞

海瑞（1514—1587 年），字汝贤，号刚峰，海南琼山（今海口市）人。明朝著名清官。

海瑞的一生，经历了正德、嘉靖、隆庆、万历四朝。嘉靖二十八年，海瑞参加乡试中举，初任福建南平教谕，后升浙江淳安和江西兴国知县，历任州判官、户部主事、兵部主事、尚宝丞、两京左右通政、右佥都御史等职。他推行清丈、平赋税，并屡平冤假错案，打击贪官污吏，深得民心。海瑞痛恨贪官污吏，认为这是人民遭受困难的根源。他力主严惩贪官污吏，禁止徇私受贿，并推行一条鞭法，强令贪官污吏退田还民，遂有“海青天”之誉。此外，海瑞打击豪强，疏浚河道，修筑水利工程，这些作为对农民，特别是对贫农、中农是有利的。

海瑞积极反对奢侈浪费，主张节俭。他穿布袍、吃粗粮糙米，让老仆人种菜自给。浙江总督胡宗宪曾告诉别人说：“听说海县令为老母祝寿，才买了二斤肉啊。”胡宗宪的儿子路过淳安县，对驿吏发怒，把驿吏倒挂起来。海瑞说：“过去胡总督考察巡视各部门，命令路过的地方供应太不要铺张。现在这个人行装丰盛，一定不是胡公的儿子。”打开胡公子的袋子，有金子数千两，海瑞把金子没收到县库中，派人乘马报告胡宗宪。胡宗宪没有治罪海瑞。

万历十五年，海瑞病死于南京官邸。获赠太子太保，谥号忠介。

昏暴贪佞

胡惟庸

胡惟庸（？—1380年），汉族，濠州定远（今属安徽）人，与李善长同乡，与张昶为友。明朝开国功臣，最后一任中书省丞相。

朱元璋认为胡惟庸有才干，胡惟庸也自觉奋进，曾以遇事小心谨慎博得朱元璋欢心，进一步获得朱元璋的宠信。他为此当了多年独相，遇到生杀废黜大事，有的不报告朱元璋便径直执行。内外各部门的奏章，他都拿来先看，凡是陷害自己的，便扣下不上呈。各方面热衷功名之徒，以及失去了职位的功臣武夫，竞相奔走其门，贿送金帛、名马、玩好之物，不可胜计。大将军徐达极恨他奸恶，将他的不法行为告诉了朱元璋。胡惟庸于是诱惑徐达的守门人福寿，图谋害徐达，但被福寿揭发。胡惟庸与太师李善长相勾结，将哥哥的女儿嫁善长的侄子李佑为妻。此后，胡惟庸权势更盛。在胡惟庸定远老家的井中，突然生出石笋，出水数尺深，献媚的人争相说这是祥瑞之兆。他们还说胡惟庸祖父三代的坟墓上，晚上都有火光，照亮夜空。胡惟庸更加高兴和自负，从此有了异心。后被朱元璋处死。

严嵩

严嵩（1480—1566年），表字惟中，号介谿，分宜（今江西分宜）人，累进吏部尚书，谨身殿大学士、少傅兼太子太师，少师、华盖殿大学士，擅专国政达20年之久。

严嵩入京时，向明朝进贡诸国，唯朝鲜、琉球、越南的表章用汉文，其他皆须经礼部翻译，所以要用从事文字翻译的人员，即译字诸生。严嵩见有人想谋得此缺，便向他们索要贿赂，且“更高其价”。因此，史书说：“严嵩至即受”。严嵩广开贪贿之门，收受黄金白银，动以数千计，此外，还索要地方特产，收买幼年男女，受贿形式多种多样。

严嵩不仅自己贪赃枉法，更纵容其子孙卖官鬻爵，中饱私囊。其子严世蕃，其孙严鹄、严鸿，个个钩爪锯牙，势如饕餮。严嵩在任期间，大半军饷被他侵吞。1562 年，御史周应龙、林润相继弹劾世蕃。严世蕃因而被杀，抄出了黄金 10000 余两，白银 200 余两。严嵩也被革职，不久病死。

魏忠贤

魏忠贤（1568—1627 年），字完吾，北直隶肃宁（今河北沧州肃宁县）人，明朝末期宦官。明熹宗时期，出任司礼秉笔太监，极受宠信，被称为“九千九百岁”，排除异己，专断国政，以致人们“只知有忠贤，而不知有皇上”。《明史》记载：“内外大权，一归忠贤。”

魏忠贤贪污受贿，掌权长达 9 年。他广竖党羽，手下有“五虎、五彪、十狗、十孩儿、四十孙”，其中包括内阁大臣、六部官员以及总督、巡抚等地方大员。浙江官员首创给魏公公建立生祠巴结之举，各地纷纷效仿，举国掀起了建造魏公公塑像的高潮。蓟辽总督阎鸣泰在密云、涿州、保定等燕赵各地先后建立了 7 座魏公公生祠，各地“竟为奢丽”，建造的魏忠贤生祠多达数百座，耗费了大量的钱财和民力。浙江建造的魏忠贤生祠最为奢华，塑像如同活人一样，胳膊、腿可以灵活转动，腹中的内脏均为锡制。

崇祯继位后，下诏谳除魏忠贤党羽，治魏忠贤十大罪，命逮捕法办，魏忠贤畏罪自杀。

名文名篇

治安疏(节选)

明·海瑞

夫天下者，陛下之家也，人未有不顾其家者。内外臣工有官守、有言责，皆所以奠陛下之家而磐石之也。一意玄修，是陛下心之惑也。过于苛断，是陛下情之伪也。而谓陛下不顾其家，人情乎？诸臣顾身家以保一官，多以欺败，以赃败，不事事败，有不足以当陛下之心者。其不然者，君心臣心偶不相值也，遂谓陛下为贱薄臣工。诸臣正心之学微，所言或不免己私，或失详审，诚如胡寅扰乱政事之说，有不足以当陛下之心者。其不然者，君意臣意偶不相值也，遂谓陛下为是己拒谏。执陛下一二事不当之形迹，亿陛下千百事之尽然，陷陛下误终不复，诸臣欺君之罪大矣。《记》曰："上人疑则百姓惑，下难知则君长劳。"今日之谓也。

为身家心与惧心合，臣职不明，臣以一二事形迹既为诸臣解之矣。求长生心与惑心合，有辞于臣，君道不正，臣请再为陛下开之。

陛下之误多矣，大端在修醮。修醮所以求长生也。自古圣贤止说修身立命，止说顺受其正。盖天地赋予于人而为性命者，此尽之矣。尧、舜、禹、汤、文、武之君，圣之盛也，未能久世不终。下之，亦未见方外士自汉、唐、宋存至今日。使陛下得以访其术者陶仲文，陛下以师呼之，仲文则既死矣。仲文尚不能长生，而陛下独何求之？至谓天赐仙桃药丸，怪妄尤甚。伏羲氏王天下，龙马出河，因则其文以画八卦。禹治水时，神龟负文而列其背，因而第之，以成必畴。河图洛书实有此瑞物，以泄万古不传之秘。天不爱道而显之圣人，借圣人以开示天下，犹之日月星辰之布列，而历数成焉，非虚妄也。宋真宗获天书于乾佑山，孙奭谏曰："天何言哉？岂有书也？"桃必采而后得，药由人工捣以成者也。兹无因而至，桃药是有足而行耶？天赐之者，有手执而付之耶？陛下玄修多年矣，一无所得。至今日，左右奸人逆陛下玄修妄念，区区桃药之长生，理之所无，而玄修之无益可知矣。

陛下又将谓悬刑赏以督率臣下，分理有人，天下无不可治，而玄修无害矣乎？夫人幼而学，既无致君泽民异事之学，壮而行，亦无致君泽民殊用之心。《太甲》曰："有言逆于汝志，必求诸道，有言逊于汝志，必求诸非道。"言顺者之未必为道也。即近事观：严嵩有一不顺陛下者乎？昔为贪窃，今为逆本。梁材守道守官，陛下以为逆者也，历任有声，官户部者以有守称之。虽近日严嵩抄没、百官有惕心焉，无用于积贿求迁，稍自洗涤。然严嵩罢相之后，犹严嵩未相之前而已。诸臣宁为严嵩之顺，不为梁材之执。今甚者贪求，未甚者挨日。见称于人者，亦廊庙山林交战热中，鹘突依违，苟举故事。洁己格物，任天下重，使社稷灵长终必赖之者，未见其人焉。得非有所牵制其心，未能纯然精白使然乎？陛下欲诸臣惟予行而莫违也，而责之以效忠；付之以翼为明听也，又欲其顺乎玄修土木之娱：是股肱耳目不为腹心卫也，而自为视听持行之用。有臣如仪、衍焉，可以成"得志与民由之"之业，无是理也。

【译文】

天下者，陛下之家也，哪有不顾自己家的人呢？ 内外臣工都有行政职务和进言的责任，这些都是能够奠定您的家业，使它象磐石一样稳固的基础。 一意玄修，是陛下的心被妄念迷惑。 过分苛刻武断，也不是您生性如此。 不能就这样便断定陛下不顾其家，不合乎人情。 臣子们往往为了顾及自己的身家性命，为了保住自己的乌纱帽，欺诈、贪赃、旷废职务而导致犯罪，这些人不合您的心意，是很自然的。 假如不是为了上述原因也不合您的心意，那就是您的心与臣子的心偶然不相投合啊，但也有人疑心是您看轻臣子，侮辱臣子。 另外有一种人，自己的心思不正，或是为了个人的利益，或是说得不够详明正确，就象胡寅扰乱政事的奏疏那样：这些人不合您的意旨，也是很自然的。 如果都不是以上的情况，君意臣意还不相符合，那就要让人疑心是不是因为陛下自以为是，不愿接受劝谏的缘故。抓住一二件这样的事，就推测您向来如此，害得您一直被人误解。《礼记》上说："君主多疑于上，百姓就无所适从；臣子不忠于下，君主就劳苦不堪了。"说的就是今天这种情况。

臣子保身家的私心和怕触怒君主的心相结合，因而模糊了自己的职责，我已经举出一二件事例替他们作过分析了。君主求长生的妄念和迷惑不明相结合，就使臣子们心怀不满；陛下有失为君之道，请允许我再加以分析。

陛下的失误很多，大部分是因为修醮。修醮是为了求长生不老。古来的圣贤只不过讲求涵养道德，保养生命，顺应自然法则。天地赋予人生命，不过如此罢了。尧、舜、禹、汤、文、武都是圣人，也没有谁能长生不死。他们之后，也没有见到所谓僧道术士之人从汉、唐、宋活到今天。传给您长生法术的陶仲文，您称他为师傅，可是他自己就已经死了。仲文尚不能长生不死，陛下为什么还要求长生？至于那所谓的仙桃药丸，怪妄尤甚。伏羲氏做了天下的王，有龙马出河，于是便依据龙马的花纹画了八卦。夏禹治水时，出现神龟，就把神龟背上罗列的各种纹路排列起来，成为有关天道人事的九种法则。这些"神物"透露了万古不传的秘密。天将天道显之于圣人，借圣人来明示天下，就像日月星辰的排列，并不虚妄。但宋真宗赵恒为了粉饰太平，听从王钦若等人的话，伪造天书，声称从天而降，他的大臣孙奭就谏言道："上天哪里会说什么？怎么还能写书？"仙桃是从树上采摘下来的，仙药由人工捣制而成。你说它们能有什么天意？能起什么作用？天赐之物，难道能让人手里拿着给您？陛下玄修多年，一无所得。到今日，左右奸人迎合陛下玄修妄念，以为区区桃药就能让人长生不老，世上哪有这样的道理？玄修之无益可知矣。

陛下您莫非认为只要抓住刑和赏的权柄，就不怕无人办事，天下就可以治好，修道便没有什么害处了吗？那些阿谀逢迎的臣子，年轻时候就没有学到"致君泽民"（把君主辅佐好，使百姓得到好处）的特别本领和修养，壮年做官也没有"致君泽民"的特殊抱负和愿望。《尚书·太甲》曰："有言逆于汝志，必求诸道，有言逊于汝志，必求诸非道。"意思是说：遇有不合自己意旨的话，要看看是否合于道理；遇有顺从自己意旨的话，要看看是否不合道理。顺从旨意的未必就是有道理的。从近些年来看，严嵩哪有一处不是顺着陛下您的意思？ 然而严党过去是贪权窃利的祸害，今天是忤逆乱政的根源。 象梁材这样的人谨守职责，历来做官有声誉有操守，以正直不阿著称，却被陛下认为大逆不道。 虽然从严嵩抄家以后，百官有所畏惧，知道不能再以贿赂谋求升迁，稍改以前的恶习。 然而严嵩罢相之后的局面也和严嵩做丞相之前没什么两样。 百官仍然只情愿学严嵩的顺从，不肯学梁材的正直不阿。 现在坏人还是贪求无厌，一般人也只是得过且过，混混日子。 即使是好人，也不过是在做官和退隐之间犹豫不决，含糊敷衍，奉行做事罢了。 而那种洁身自爱、探研真理，对天下负有责任，能够肩负国运，维护长治久安的人，却一个也没有发现。 不就是因为好人受到牵制，不能尽忠做事，才弄到今天这个地步吗？ 您既要人顺从圣意，又要人尽忠；既要人充当助手和耳目，又要人顺从您做那些修道和兴修宫殿庙宇的错误事情：这就像不用四肢耳目去保卫心腹，而由心腹自己去执行看、听、拿东西和走路的任务一样。 照此下去，您即便有了象张仪和公孙衍那样能干的臣子，要想成就与百姓同享太平的事业，那也是办不到的。

【名句】

内外臣工有官守、有言责，皆所以奠陛下之家而磐石之也。

【精析】

嘉靖四十四年，严世蕃遭林润弹劾，被处死刑，严嵩也被革职遣返原籍。朝野人士本以为明世宗会以此为契机，改弦更张，励精图治，使明王朝重现清明局面。然而明世宗一如既往，荒废朝政。在这样的情况下，海瑞于嘉靖四十五年以清吏司主事的微职毅然上书，痛陈朝政弊端，尖锐地批评了明世宗迷信道教、妄想长生、错聩误国的过失，指出天下弄得“吏贪将弱”“民不聊生”，都是由于他的“误举”所致。另一方面，对一般官吏阿谀逢迎、只顾个人身家禄位的卑鄙自私行径，也无情地加以揭露。此文在宣扬忠君观念的同时，流露出强烈的忧国忧民意识，表现了作者为黎民苍生仗义执言的精神、不畏权势犯颜直谏的胆识和坚持正义不怕牺牲的凛然正气。海瑞上书的举动在当时震惊了朝野，这篇《治安疏》也就成为广为传颂的名文。

格言警句

实言实行实心，无不孚人之理。

【注释】出自《呻吟语·诚实》。意思是说，说话实在，办事实在，为人实在，没有不使人信服的道理。

一念之欲不能制，而祸流于滔天。

【注释】出自《粹言》。意思是说，人的欲望在一动念间不能控制，往往会导致极大的灾祸。针鼻儿大的洞可漏斗大的风。要防微杜渐，对于任何不当之念，都须严加防范、严格控制，否则就会酿成大祸。古往今来贪官的可悲下场说明，正是因为不能防范小的贪欲，背离了清廉轨道，最终堕入罪恶的深渊。

使民如承大祭，然则为政临民，岂可视民为愚且贱，而加慢易之心哉?

【注释】出自《从政录》。意思是说，治理百姓就要像身负祭祀大典的重任一样，然而为官从政治理百姓，怎能把百姓看成是既愚蠢又卑贱的人，而心生怠慢和轻侮之意呢？

士之气节，全在上之人奖激，则气节盛。苟乐软熟之士，而恶刚正之人，则人务容身，而气节消矣。

【注释】出自《从政录》。意思是说，士人的志气节操完全依靠上级的激励褒奖，才能兴盛，以至形成风尚。如果上级喜爱圆滑世故的士人，而厌恶刚正不阿的士人，那么人们就会追求明哲保身，而志气节操就会消失。

正以处心，廉心律己，忠以事君，恭以事长，信以接物，宽以待下，敬了处事，此居官之七要也。

【注释】出自《从政录》。意思是说，居心正直，用廉洁要求自己，忠诚地侍奉君主，恭履地侍奉上司，诚实地对待他人，宽容地对待下属，谨慎地处理事务，这是做官的人要谨守的七大秘诀。

大臣法，小臣廉。

【注释】出自黄绾《明道编》卷四。意思是说，大臣能够遵纪守法，小臣就能廉洁。

乐不可极，乐极生哀；欲不可纵，纵欲成灾。

【注释】出自《劝戒全书》。意思是说，身逢乐事不可高兴过头，高兴过头就会生出悲哀的事来；私欲不可放纵，放纵私欲终会酿成祸灾。

种树者必培其根，种德者必养其心。

【注释】出自《传习录》。意思是说，栽种树木一定要在根部培土，树立美德一定要加强内心的修养。比喻修养品德必须培养好心性。

破山中贼易，破心中贼难。

【注释】出自《传习录》。意思是说，在山中的那些贼寇容易击败，而在心中的邪恶却很难克服。指要向内求，安顿好自己的欲望之心。

此心光明，亦复何言。

【注释】出自《传习录》。意思是说，这颗心正大光明，又还有什么可以说的呢？

谦虚其心，宏大其量。

【注释】出自《传习录》。意思是说，使他的内心要谦虚谨慎，不要自满；使他的肚量要宽宏大度，能够容人。

心虚则公平，公平则是非瞭然易见，当为不当为之事自知。

【注释】出自杨昱《牧鉴·治本》。意思是说，官员思想上没有成见，就能做到公平，做到了公平，就能十分清楚地分清是非，也就自然知道哪些事该做、哪些事不该做。

诗词曲赋

入京诗

明・于谦

绢帕蘑菇与线香，
本资民用反为殃。
清风两袖朝天去，
免碍阎罗话短长。

【译文】

蘑菇、绢帕和线香是供人们使用的，
如果都被当官的拿去讨好了上司，就会给满足人民生活所需带来困难。
自己一身清白去做京官，
就不会让老百姓指戳脊梁。

石灰吟

明・于谦

千锤万凿出深山，
烈火焚烧若等闲。
粉骨碎身全不怕，
要留清白在人间。

【译文】

只有经过千万次捶打才能从深山里开采出来，
它把熊熊烈火的焚烧当作很平常的一件事。
即使粉身碎骨也毫不惧怕，
甘愿把一身清白留在人世间。

小说传奇

《喻世明言》

《喻世明言》是明末冯梦龙纂辑的一部白话短篇小说集。与《警世通言》《醒世恒言》一起，开启了我国白话短篇小说的先河。《喻世明言》最初版本名为《古今小说》，全称《全像古今小说》，后重印改名为《喻世明言》。部分为宋元话本旧作，也有明人拟作。文字可能经过纂修者的加工。题材多来自民间，也有根据历史小说和前人小说改编改写的。全书由40个小故事组成，贯穿其中的主线是儒家倡导的“仁、义、礼、智、信”和“忠、孝、节、义”。各篇小说多取材于现实生活，主题涵盖爱情、婚姻、朋友情义等，展现了当时的社会百态。书中也表达了冯梦龙修明吏治的思想。“吏肃唯遵法，官清不爱钱；豪强皆敛手，百姓尽安眠。”通过揭示官场贪腐恶性循环的生态链条，塑造形象鲜明的清官，弘扬清廉的价值，反映了百姓对清廉政治和安居乐业的渴求。

《初刻拍案传奇》

《初刻拍案惊奇》是明朝末年凌濛初编著的一部拟话本小说集，在我国文学史上有着比较重要的地位。正式成书于1627年，尚友堂书坊于翌年刊行。这是一部脍炙人口的奇书，包含40篇短篇小说。它采用百姓喜闻乐见的“拟话本”的形式，讲述了许多引人入胜的故事，如商人从厄运到致富，读书人从贫寒到成名；清官断案如神，贪官枉法如虎；恶棍奸淫揽讼，骗子尔虞我诈；青年们追求忠贞不贰的爱情，封建礼教制造婚姻悲剧。全书语言精炼通俗，情节跌宕起伏，扑朔迷离，却又合乎情理；人物内心刻画细腻入微，艺术形象栩栩如生。故事内容比较繁杂，多出自前代著述，但经过凌濛初的再创作，一定程度上表现出了明朝晚期的社会现实，抒发了作者愤世不平之气。

以《乌将军一饭必酬 陈大郎三人重会》为例，作者开篇就借用故事人物之口，表达了自己对统治阶级贪腐现象的严厉批判："若论起来，天下那一处没有强盗？假如有一等做官的，误国欺君，侵剥百姓，虽然高官厚禄，难道不是大盗？有一等做公子的，倚靠着父兄，张牙舞爪，作害乡民，受投献，窝赃私，无所不为。百姓不敢声冤，官司不敢盘问，难道不是大盗？有一等做举人秀才的，呼朋引类，把持官府，起灭词讼，每有将良善人家，拆得烟飞星散的，难道不是大盗？"作者有意识地把官吏、举人这些世俗观念认为有地位、有学识的阶层代表，与广大乡民、善良人尖锐地对立起来，并与强盗相提并论。这种激进式的描写不完全是文学作品的夸张，而是对当时社会丑恶现象的真实写照。

当然，《初刻拍案传奇》也有为民造福的清廉之官，如书中永嘉知县明时佐、四川成都府汶川县都司断事林大令，太仓典吏顾芳、徽州府王通判等，这些人无一不是清官廉吏，在他们面前作奸犯科者无一能逃恢恢法网。这样的情节设计确有粉饰封建吏治之嫌，可见作者希望于惩贪除恶中反腐倡廉的良苦用心。

成语俗语

两袖清风

【注释】两袖中除清风外，别无所有。比喻做官廉洁。现多数比喻为官清廉、不贪赃枉法严于律己的人。源自于谦《入京》："绢帕蘑菇与线香，本资民用反为殃。清风两袖朝天去，免得闾阎话短长。"

删繁就简

【注释】去掉繁杂部分，使它趋于简明。源自《传习录》："如孔子退修六籍，删繁就简，开示来学，亦大段不费。"

第十三篇

清朝廉政文化经典

廉政思想

清太祖

爱新觉罗·努尔哈赤（1559—1626 年），后金第一位大汗，清朝的奠基者。

为了巩固统治，努尔哈赤实施了诸多政策。在用人问题上，努尔哈赤提倡四项原则。第一，必须重用贤人。努尔哈赤提倡，举荐的人才必须具备公、忠、德、善等基本素质。他特别强调贤臣对匡补君德识见阙失的作用，认为“人君智虑未周，必博闻广览，勤于咨询”“务先求忠诚之人，而倚人之也”。努尔哈赤对大臣的素质和德行都有明确要求，认为德行是最基本的素质，但是无德者也不是无可救药，只要效法有德之人，同样可以有所作为。第二，公正举人，不论亲疏门第。努尔哈赤曾提出“不拘门第”“不分亲疏”的用人原则，认为用人“勿论根基，见其心术正大者而荐之。莫拘血缘，见有才者即举为大臣”。同时他认为，举荐人才不能求全责备，而应该扬其长、避其短，这样才能人尽其才。第三，努尔哈赤主张赏惩分明，有功必赏，有过必罚，“有善行者，虽系仇敌，亦不计较，而以有功升之。有罪者，虽亲不贯，必杀之”。努尔哈赤有一套较为完整的赏罚标准，以此来保证部下的忠诚。第四，努尔哈赤十分看重谏言者，曾言：“为国之道，以何为贵？在于谋事公信、法度严明也。其弃良谋、慢法度之人，无益于此道，乃国家之鬼祟也。即以我自身而论，亦如此。我之所言，岂能尽是，倘有不当，勿顾情面。一人之所虑不如尔众人之所思更为切当。众人之见识，尔诸子及众大臣当直陈之。”他认为为君者有为君者的责任，而臣子也有臣子的责任，只有臣子敢言直谏，双方才能更好地尽责。因此，他要求贝勒和大臣们敢言直谏。

清太宗

爱新觉罗·皇太极（1592—1643 年），清朝第二位君主，清初杰出的军事家、政治家。

皇太极不仅文武双全、智勇兼备，而且深知人才的重要性，他在建立“大清国”之后即实行开科取士，为兴盛大清畅通荐才渠道。即便在残酷的战争年代，他也时刻不废渴求人才之心。皇太极在位的 17 年，积极采取有效措施，广揽满、汉、蒙古各族人才，并委以重任，为清兵入关夺取全国政权奠定了坚实的人才基础。

天命、天聪年间没有监察机关。崇德年间，皇太极成立了都察院，指出：“凡有政事背谬，及贝勒大臣有骄肆慢上、贪酷不法、无礼妄行者，许都察院直言无隐”，将稽查所有官员的大权授予都察院，并强调要发挥监察机构的作用。

多尔衮

爱新觉罗·多尔衮（1612—1650 年），出生于赫图阿拉（今辽宁省新宾县老城），是清太祖努尔哈赤的第十四子，清初杰出的政治家、军事家。

清朝入关后，百废待兴，多尔衮下令戒饬官吏，广征贤才。他重用汉官，设立大学士履行明朝内阁之职，并沿用明代“票拟”制度。先由内阁对内外大小臣工的题奏本章草拟出批复意见，再交由皇帝审阅定夺。中央机构依旧以六部为首，尚书一概由满人担任，但废除了诸王贝勒亲理部事的制度。顺治五年，多尔衮开始在六部实行满汉分任制度。多尔衮力图表现得比较开明，因此除原有的都察院之外，六科十三道也保留了下来，并一再鼓励官员犯颜直谏。

身为一名政治家，多尔衮的政略眼光十分高明。他认为，黑暗的政治局面、贪污不法的官员和败坏的吏治正是前明失去民心而亡国的一大根源。京师初定，多尔衮即谕令：“各官应痛改故明陋习，共砺忠廉，毋朘民自利。我朝臣工不纳贿、不徇私、不修怨，违者必置重典！”不久又下谕令：“今荷天佑，底定中原，宜各殚忠诚，永保富贵，有贪婪不检，自蹈罪愆者，虽有功不叙，毋得苟且一时，失子孙久远之计也！”力求澄清吏治、去旧迎新，肃清明中后期以来官场贪渎的弊端，在政策方针和官民关系等方面树立起截然不同的新政权形象。

清世祖

清世祖爱新觉罗·福临（1638—1661年），清朝第三位君主，清朝定都北京的首位皇帝。清太宗第九子，年号顺治。

顺治帝自幼刻苦学习。在研读典籍的过程中，他对孔子、朱元璋及朱由检尤其感兴趣，从他们身上悟到了治国安民之道，形成了自己的治国理念。顺治帝对整顿吏治尤为在意。他派监察御史去各地巡察，惩治了一大批贪官污吏。为了提高官僚机构的办事效能，顺治帝还比较注意发挥汉官的作用。

顺治帝极力寻求长治久安之策，屡屡向臣下求言。顺治十二年正月令在京七品以上满汉文武官员陈述革除积弊的办法。他推行甄别之法，擢优汰劣，要求各地督抚对所属官员严加甄别，有德有才兼通文义的人要保奏，不能担任的要立行参劾。为得到人才，他亲自选拔官员。顺治十年三月，实行京察大计，对各地官员普遍进行考核。从此三年一大计，定为制度。他加强对内外官员的监督，尤为重视都察院和御史的作用。与此同时，还向各地派出大量御史，察吏安民。他还下令满汉官员互参，即互相监督。顺治帝严管手下的官员，不许他们结党结社，严禁私交、私宴，以求永绝朋党的根源。他不许太监干政。顺治十年六月设十三衙门专为管理太监干政一事。如发现有人内外勾结，经证实后立刻惩处。

清圣祖

清圣祖爱新觉罗·玄烨（1654—1722年），清朝第四位皇帝，清定都北京后第二位皇帝，年号康熙。康熙帝8岁登基，14岁亲政，在位61年，是我国历史上在位时间最长的皇帝，他奠定了清朝兴盛的根基，开创康乾盛世。

康熙亲政后，即着手整顿吏治，恢复了京察、大计等考核制度。为了杜绝臣子们的蒙蔽欺骗，康熙帝亲自出京巡视，去探查民情吏治。除最著名的六次南巡外，还三次东巡、一次西巡，并对京畿和蒙古进行了数百次巡视。

康熙帝认识到，高级官吏是否清廉，对于澄清吏治意义重大。明末清初的一些监察官吏虽也曾做过很多弹劾不法官员的工作，但多数都避重就轻，只劾小臣，不纠大官，所以即使经过多次整顿，官场贪墨之风仍屡禁不止。针对这种现象，康熙指出："大臣为小臣之表率，京官乃外吏之观型。大法则小廉，源清则流洁，此从来不易之理。如大臣果能精白乃心，恪遵法纪，勤修职业，公而忘私，小臣自有所顾畏，不敢妄行。"他指出，科道作为朝廷的耳目之官，理应把监督重点转移到大臣要员特别是地方督抚身上，"凡有弊端，自当据实参奏"。

清世宗

清世宗爱新觉罗·胤禛（1678—1735 年），清朝第五位皇帝，定都北京后第三位皇帝，年号雍正。

雍正即位的时候，已经 40 多岁了。在登基之前，已经积攒了丰富的治国经验，看到了大清的诸多弊病，所以雍正刚刚坐上皇位，就开始了雷厉风行的整顿行动。雍正元年，接受山西巡抚诺岷的建议，施行耗羡归公和养廉银的措施，以此增加中央财政收入，并限制地方横征暴敛。1723 年正月，雍正连下十一道旨意，说明官员的为官之道，历数官场积弊，将官吏肆意侵吞等各种罪行视为严重罪行。雍正派出亲信的钦差大臣去各地查账，对于贪污官员，不仅要追补亏空还要清查钱粮。雍正二年，雍正帝又针对康熙末年各地亏空钱粮严重的情况，决定对贪官污吏即行抄家追赃，对民间拖欠，命在短期内分年带征。地方凡有亏空，限三年之内如数补足，限满不完，从重治罪。上至总督、巡抚、布政使、按察使、将军，下至道、府、州、县正印官及参将、游击等武职官员，不分满汉，一律清查，如若徇私枉法与贪官同罪。雍正帝一系列制腐措施取得了很好的成果。雍正在位最后一年，户部银库已经有 6000 多万两余银，是康熙后期的八倍多，积攒下的财物可使用 20 年，国家财政得以极大改善。

清高宗

清高宗爱新觉罗·弘历（1711—1799 年），清朝第六位皇帝，定都北京之后的第四位皇帝。年号乾隆。乾隆在位60年，禅位后又继续训政，是中国历史上实际执掌国家最高权力时间最长的皇帝，也是最长寿的皇帝。乾隆在位期间，清朝国力达到了康乾盛世以来的最高峰。

在统治的初中期，乾隆帝十分重视吏治。首先，他重视官吏的选拔。乾隆帝强调，官吏应该年富力强，55岁以上的官吏要详细甄别，65岁以上的官员要带领引见，能否继任由他亲自定夺。他将不称职的官吏分成8类：年老、有疾、浮躁、才力不及、疲软无力、不谨、贪、酷，并给予不同的处理。在乾隆一朝，因考绩不合格受到降级或处分的官吏达6万多人。第二，禁止向皇帝进献，在初中期他禁止各省大员向皇帝进献方物、土产。第三，注重考绩，为了整顿吏治，弘历严格运用“京察”“大计”考核官吏，过去那些不用考核的藩臬（布政史与按察司），也要考绩。他要京官以密折报告属吏是否贤良。第四，注意解决官员及其家属的生活费问题，给京官加薪，给外官发放养廉银，使官员安心职守。第五，处置贪官。乾隆帝把雍正年间因贪赃被革职的官吏一齐复职，对贪污案不予追究，放松对官吏的考绩，结果吏治又坏，贪风再起。弘历觉察后，开始严肃处理侵贪案件，将性质严重、核实无误的贪污犯即行正法。

乾隆帝中年以后逐渐好大喜功。他不但大兴土木，而且六下江南耗用国家人力物力。贪污腐化之风又开始盛行，吏治败坏成为乾隆后期一个非常严重的问题。乾隆帝晚年宠信和珅，严重破坏了吏治。贪风的恶性发展使得各级官吏为政素质普遍降低。乾隆中期以后，官场中更形成了种种层层相因的陈规陋习。当时，下级官员觐见上司时，要馈送银钱；年节生辰，要进送礼品；官员外放，要通贿吏部官员及京中大员；钦差及督抚大员赴任途经地方，地方官员必须馈赠盘费。这样，统治者们过着穷奢极欲、醉生梦死的腐朽生活，而广大农民啼饥号寒、无以为生，农民起义的烈火迅速燃遍了大江南北。

清仁宗

清仁宗爱新觉罗·颙琰（1760—1820年），原名永琰，清朝第七位皇帝，年号“嘉庆”。

面对乾隆末年危机四伏的政局，嘉庆帝整饬内政，整肃纲纪。诛杀权臣和珅，罢黜、囚禁和珅亲信死党。发布诏书昭告天下，号召大臣勇于上奏进谏，帮助自己改进治国工作。要求地方官员对民隐民情“纤悉无隐”，据实陈报，力戒欺隐、粉饰、怠惰之风。并祛邪扶正，褒奖起复乾隆朝以言获罪的官员。但嘉庆帝对内政的有限整顿，无法从根本上扭转清朝政局的颓败。终嘉庆一朝，贪污问题不仅没有解决，反而更加严重。他在位期间正值世界工业革命兴起的时期，也是清朝由盛转衰的时期。这时期发生了白莲教之乱，八旗生计、河道漕运等问题也日益凸显，鸦片也流入中国，清朝迅速衰落。

清文宗

清文宗爱新觉罗·奕詝（1831—1861 年），清朝第九位皇帝，清朝以及中国历史上最后一位拥有实际统治权的皇帝，年号咸丰。

咸丰帝即位后勤于政事，大手笔地推进朝政改革。他和父亲道光帝一样躬行节俭。为了解决财政危机，咸丰帝将大内藏银和金器全部划入国库，就连紫禁城中历代所藏的金塔都一一融化。为了挽救统治危机，咸丰帝任贤去邪，企图重振纲纪。“文宗初基，东南糜烂，天下岌岌。朝廷怀恐惧之意而出之以端简，百官慑于大难之骤兴，瞻顾却立。”在这样的危急情势之下，咸丰帝勇于任用改革派官员，整顿糜烂的官场风气。他提拔敢于任事的肃顺，支持肃顺等革除弊政。

于成龙

于成龙（1617—1684 年），字北溟，号于山，山西永宁州（今山西省吕梁市方山县）人。清初名臣、循吏。于成龙是清顺治康熙时期官吏，为官清正廉洁，被康熙帝称为“廉吏第一”。于成龙自顺治十八年到康熙二十三年在任，为了改变所管辖地区的残败景况，他积极采取了一系列措施，三次被举为“卓异”，成为一代廉吏。

身为“治官之官”，于成龙始终把整顿吏治放在工作的首位。他指出：“国家之安危由于人心之得失，而人心之得失在于用人行政，识其顺逆之情。”“以一夫不获曰予之喜，以一吏不法曰予之咎，为保邳致政之本。”他新任直隶，即发出清查庸劣官员的檄文，责令各属将“不肖贪酷官员”

“昏庸衰志等辈”“速行揭报，以凭正章参处”。针对各属贿赂公行，请客送礼之风，他从利用中秋节向他行贿的官员开刀，惩一儆百。他赴任江南，入境即“微行”访于民间，面对“州县各官病民积弊皆然而江南尤甚”的状况，不禁叹曰：“噫！吏治败坏如倒狂澜，何止时乎？”很快颁布了《兴利除弊约》，其中开列了灾耗、私派、贿赂、衙蠹，旗人放债等15款积弊，责令所“自今伊始”，将所开“积弊尽行痛革”。与此同时，他根据自己的体会，又制订了以“勤抚恤、慎刑法，绝贿赂，杜私派，严征收，崇节俭”为内容的《新民官自省六戒》作为地方官的行为准则。方法上，他举优劾贪，宽严并济，时人说凡他所到之处，“官吏望风改操”。康熙帝也称其“宽严并济，人所难学”。

于成龙对清廷死板的任官“考成”制提出了异议，认为这样不利于吏治建设，造成“问其官则席不暇暖，问其职则整顿无心，势彼然也”，常常使“远大之辞，困于百里，深为可惜！”对廉洁有为的人才，于成龙反对论资排辈，为此，他屡次上疏推荐人才。如直隶通州知府于成龙（史称“小于成龙”）、江苏布政使丁思孔等都是较有作为的清廉官吏，由于他的举荐而受到康熙帝的重用。

肃顺

爱新觉罗·肃顺（1816—1861年），满洲镶蓝旗人，晚清宗室、权臣，字雨亭，自道光中期历任御前大臣、总管内务府大臣、户部尚书、协办大学士等职。深为咸丰帝信用，咸丰帝驾崩前受命为赞襄政务王大臣。

肃顺掌权后，以铁腕手段严打贪污腐败，严惩渎职失职，整肃官场政风。他果断处理“戊午科场案”，斩杀一品大员柏葰，使清王朝此后几十年间官场风气焕然一新。咸丰帝即位初年，因太平天国起义，国库金银匮乏，清政府决定由户部设立宝钞处和官钱总局，发行大量钞票。滥发官钞的行为不仅没有纾解财政，反而导致通货膨胀、物价飞升，官商乘机勾结，“侵占挪用”“拒收买抵”，从中牟取暴利，将币制改革失败的恶果全部转嫁到百姓身上。百姓民不聊生，苦不堪言，当时“五城内外兵民不下数百万户，各粮行抬价居奇，小民每日所得钱文，竟不能供一日之饱”。咸丰八年底，肃顺改任户部尚书，下决心整顿财政积弊。肃顺从调查五宇官号账目入手，刨根究底，抄没户部司员、商户及满洲宗室数十家，一定程度上抑制了官场贪贿公行的风气。

左宗棠

左宗棠（1812—1885 年），字季高，一字朴存，号湘上农人。湖南湘阴人。晚清军事家、政治家，湘军名将，洋务派代表人物之一。

左宗棠对清廷吏治问题有着清醒的认识。19 世纪中后期，清王朝政治黑暗，吏治腐败，卖官鬻爵及任人唯亲的现象在官场上比比皆是。面对这种腐朽没落的社会状况，左宗棠意识到，官场乱象根源于吏治不修。他指出，“讲求吏治”是“天下切要之政”之一。为此，左宗棠主张整顿吏治，任用廉干，摒弃贪庸，反对任人唯亲。他在朝中身居高位多年，但从不允许亲朋好友攀附，还让自己的妻子转告众人，自己已下定决心不任用家乡的亲戚和友人，希望他们通过真才实学成为国家的可用人才。左宗棠强调“察吏”“训吏”以及“恤吏”，即注重考察官员的性情才识、为政得失，对官吏进行教育训导，以及对官员施以体贴亲恤、促其为善。左宗棠将廉干作为用人的标准。在他看来，“廉谨士之一节，不廉固无足论，徒廉亦无足取。”也就是说，廉洁是人才的基本条件，而无能之辈固然廉洁亦不能为他所用，还需要廉洁之人有较强的工作能力。勤苦之人，左宗棠若认为其廉能，会给予重用。倘若察觉所用之人有豪奢之举，必将其革职，永不叙用。

监察律典

《大清律集解附例》

1646年，清朝成文法《大清律集解附例》颁布实施。这部律例是清朝前期纲领性的法律规范，为各项立法提供了蓝本及依据，其中“要求官吏知法执法，百姓知法守法，严禁书吏窃权弄法”的相关规定为后来的行政监察立法提供了可靠的理论来源，奠定了清朝行政监察立法的基础。

《科规九事》

都察院是清朝最高的监察机关。为保证其监察活动的依法进行，清朝制定了专门的监察法律。1660年，清朝制定《科规九事》，开启了清朝监察立法的步伐。《科规九事》作为专门性的监察法律，明确赋予了都给事中广泛的监察权力，将都给事中对钞票的印发、史书的修订、文件的审阅、官吏的升迁以及考核监察等职责以立法的形式予以保障。同时又对都给事中的职权进行监督。该法反映了清朝初期统治者对都察院监察活动以及监察立法的重视。

《大清会典》

继清太宗《崇德会典》之后，清朝统治者开始编纂《大清会典》。该会典采取以官统法、以事隶官的方式，把行政规章与行政制度分列于各部门职官之下，形成职编、职责、法令三位一体的行政法令规范。

《康熙会典》

《康熙会典》将都察院设置为全国的行政和司法监督机关，设立司经局、道录司以加强对民族事务的监督与管理。

《巡方事宜十款》

清朝沿袭了明朝的巡按制度，通过巡视来加强对地方官吏的监管。顺治时期制定了《巡方事宜十款》，明确规定了巡按御史的职责是对地方官吏渎职失职以及贪赃枉法行为进行监督与举报；如果存在包庇行为，将对巡按御史进行严惩；在巡按御史的选拔上，要求其首先具备清正廉洁的品性；如果巡按御史犯法，对其惩处比一般官员更加严厉。《巡方事宜十款》的颁布，体现了清朝建立初期统治者对监察地方官吏工作的重视，推动了巡按制度的法律化和制度化。

《大清律例》

乾隆时期，立法者通过对以往的律例的逐一考查修正，于1740年制定了《大清律例》。《大清律例》总结了清初100多年来运用法律手段调整政治、经济、民族等关系的经验，具有鲜明的时代特色。《大清律例》及时将统治者的个人意志上升为法律意志，使行政监察活动有了更加明确的法律依据，确保了行政监察工作能依法进行。《大清律例》对于各级官员在失职、渎职、贪污、行贿和受贿等方面的处罚规定十分详尽，是从刑法的角度对监察法的支持和补充。

《钦定台规》

清朝统治者不仅在组织上加强了对监察机构的控制，而且非常重视监察法规的制定。乾隆到道光年间，清政府编撰了《钦定台规》，光绪十八年修订完成，是清朝行政监察立法的最高成就，也是秦汉以来封建监察立法的集大成者。

修订后的《钦定台规》为8卷36目，汇集了光绪之前清朝政府有关监察制度的各种上谕、奏折、条例和则例；各项条款内容明确，以立法的形式表现了对行政机关、监察机构、各级官员及各专项职责的考核、监督；在结构上，《钦定台规》有总则和细则的划分，进一步规范和完善了监察立法程序。

《钦定台规》的实施，完善了清朝中央政府对官吏的监督管理，加强了中央对地方的控制，在整肃官场不正之风、清理贪官污吏方面取得了较好的效果，对促进政权稳定与社会发展具有重要作用。

《则例》

为了确保各级行政监察机构依法行使监察权，清朝政府颁布了相当规模的《则例》。同时，《则例》也是清朝监察立法依据的重要来源，对清朝监察法律的修改与完善起到了重要指引作用。

《则例》种类齐全。例如，清世祖积极鼓励地主、乡绅招民垦荒，1657年制定《垦荒考成则例》，按垦荒实绩奖惩地方官员；康熙时期制定了《六部现行则例》，对六部官员的履职程序、职能权限、失职渎职惩处标准进行了总结；雍正颁布《钦定六部处分则例》，详细规定了对六部官员的奖惩办法；乾隆时期，为了加强和完善都察院的监察权，修订了《都察院则例》，该法典涉及行政监察、立法监察、人事监察、礼仪监察、经济监察、司法监案、治安监察、军事监察、考试监察等内容；针对蒙古、新疆、西藏等少数民族地区，制定了《蒙古律例》《理藩院则例》《回疆则例》和《西藏章程》，为治理与监管少数民族地区的提供了法律依据。

监察制度

都察院

清朝的中央监察机构大体沿袭明制，中央设都察院以督查百官，整顿吏治。

都察院是清朝的最高监察机关，其主要职责是参与“九卿议奏”中皇帝交办的政事，登记转抄皇帝批件、封驳，检查注销各相关衙门的文书案卷，监察参劾文武百官，监察科举考试，巡视军营、仓库，会同刑部、大理寺审理死刑和其他重大案件，以及负责朝会、典礼的纠仪。

都察院设左都御史为主官，左副都御史为副主官，负责都察院的全面事务。右都御史、右副都御史为各省督抚的兼衔，属于非京官，故中央都察院官衔为左系衔。左都御史是都察院的最高领导人，其地位可以和六部尚书相媲美。都察院下设十五道御史和六科给事中、五城察院、宗室御史处、稽察内务府御史处。

都察院御史是履行监察朝廷政治秩序的官员，职级不高，但权力很大，监察范围广泛。清朝规定，凡朝臣与地方官员有党构、奸邪、作威乱政；各级官僚有猥亵贪污、败坏官纪的，以及学术不正、妄言、希图进用的，都御史及属下的御史都可以举劾，而且可以直接给皇帝上奏弹劾。每个御史都有单独上弹劾奏章之权，既可以当面劾举朝官，也可以密封直接上奏君主，其副本可以不送交都察院或都御史。

十五道御史

清朝将全国划分为15个监察区，称为十五道，置监察御史。

十五道御史是按省区划分的治事机构。十五道分别是京畿道、河南道，江南道、浙江道、山西道、山东道、陕西道、湖广道、江西道、福建道、四川道、广东道、广西道、云南道、贵州道。一般每道设掌印御史满汉各一人，监察御史各道人数不同。乾隆十四年，“各道并给印信，规制始称”，明确规定各道掌理各省刑名案件。此外，十五道监察御史还负有一些稽查监督中央各部院衙门的任务。例如，山西道掌理山西刑名，还负责稽查兵部、翰林院、六科、中书科，依照规定期限注销文卷，并会同兵部监掣武职的月选签，中央各部院衙门都要受监察机关的稽查。

六科给事中

六科即吏、户、礼、兵、刑、工六科，是清朝都察院的主要下属机构。清初仿明制设立六科给事中，开始时六科亦为独立机关，铸有印信，设给事中。雍正七年，将六科并归都察院。此后，科道合一，六科给事中成为都察院内部的监察机构。

清朝的六科给事中职能很大部分继承明制，六科给事中的官员常被叫作言官、科官，主要以拾遗补阙、辅助皇帝封驳奏章为任。其最为重要的职能是“掌言职，传达纶音，勘鞫官府公事，以注销文卷，有封驳即闻。”“凡制敕宣行，大事复奏，小事署而颁之。如有失，封还执奏。内外章疏，分类抄集，参署付部，驳正其违误焉。”六科给事中官位不大，但权力很大，可以监督吏、户、礼、兵、刑、工六部。六科给事中有权对政府的各种施政方针、政策提出建议和对策。六科对院部施政的章奏文本有权进行审阅，如果认为有不妥之处，可具奏封还，予以驳正。六科还对行政部门及都察院自身工作进行稽核。各部院文件，无论是否奉旨草拟，都由六科分别派遣一位官吏随时进行稽查，如发现有耽搁的，即行参奏。六科还会派遣专员巡察，如巡城、巡视盐道、监试、监察大挑举人，验备孝廉方正等。此外，六科还参加皇帝御门听政、经筵的侍班，轮值护箴，纠察朝会礼仪等重要朝政活动。

五城察院

清代都察院还在北京设置五城察院，作为首都地区的监察机关。五城察院为稽查京都地方之机构，主要的职责是稽查京师的地方治安，其具体职掌是：稽查京师命盗案件；管辖京师地区的赈济，都市街道、沟渠栅栏的稽查等事；组织各地耆者学习历朝皇帝的诏令等。

清代以前，历代封建王朝在京师地区设置监察官员，负责京师地区的监察工作。如汉朝的司隶校尉，隋朝的司隶台都是巡察京师的监察机构，明朝在京师不设专门的监察机构，由监察御史兼任巡视皇城五城的工作。清代沿袭明制，由都察院专设巡城御史担任，但不再由监察御史兼任。巡城御史还有固定的办公衙门。

宗室御史处

清政府为了加强对皇族的监督，还设置宗室御史处。宗室御史处是负责对宗人府进行财务监督的专门机构，所以又称稽察宗人府衙门。宗人府是管理皇族的机构，负责掌管皇族的属籍、谱系，议叙和议处皇族官员。为了显示满洲皇族的特权地位，宗人府在中央政府部门中，位居内阁、六部之上。另外，在都察院中也专设特别机构，专门负责对宗人府的监察。宗室御史处于雍正五年设立，以宗室御史二人掌管，其中一人掌印、一人协理，下有经承五人，负责宗室御史处的具体事务。其主要职权是稽查宗人府的钱粮册籍，审核盛京将军领发宗室、觉罗红白喜事费用的账册。

内务府御史处

清朝管理宫廷事务的机关是内务府，其职权广泛，机构庞杂，凡皇帝宫廷的衣食住行，都由内务府掌管。为了加强对内务府的监督，清政府设置稽查内务府御史处。稽查内务府御史处又称稽查内务府御史衙门，是负责对内务府进行财务监督的专门机构，设有内务府御史二人，由协理陕西道及掌贵州满御史二人兼管，下设经承二人，负责该处的具体事务。主要掌稽查内务府事务，如审核钱粮账册，存储物件的数目；还负责稽查紫禁城内混入客留闲杂人等事务，权力很大。但内务府大臣也有监督稽查御史的权力，对不尽力稽查的御史也可进行题参。

都察院内部办事机构

都察院除设置各种专门监察机构之外，还在院本部内设立各种办事机构，负责都察院的具体行政事务。都察院内部办事机构有九房、一库，及经历厅、都事厅、值月处、督催所。九房是：印房、吏房、户房、礼房、兵房、刑房、工房、火房、本房。一库是：架阁库，各房库都设经承官，分别办理堂官交办的各有关方面的具体事务。经历厅设满汉都事各一人，承办科道差五城注销，管辖吏役。乾隆六年议准吏、户、刑事归经历管理。都事厅设满汉都事各一人，承务缮本及满官册籍，乾隆六年议准兵、礼、工事归都事管理。值月处负责收各部院八旗的文移与内阁传抄事务。督催所负责督催各厅、各道、各城承办事件，限期办理，以防积压，如无故不能依时办理完成，予以纠参。

右都御史

正副右都御史统辖省设的提刑按察使司、道设的按察副使，从而使皇权的制约力量延伸到全国广阔的统辖区域。

密折制度

密折是政府官吏和监察官吏递交皇帝亲自审阅的奏折。密折的特点是秘密上报，上报的内容仅皇帝知道，传递密折的中间人无权拆阅。清初统治者认为："国家事务殷繁，人情弊端种种，诸臣有陈奏之心，或有不便显言之外"，如果不"令其密封进呈"，科道官员难以做到"各抒己见，尽言无隐"。为了"免其瞻顾，去其嫌疑"，从雍正以后，奏折人的范围从少数几个人扩大到地方封疆大吏，提督、总兵官及布政使等，科道官员也获得了使用密折进行纠举的职权。雍正规定：科道官员"每日一人上一密折，轮流具奏，或二三人同日奏一折；一折止言一事，无论大小事务，皆可据实言陈之：即或无事可言，折内亦必声明无可言之故；具折后在外候旨。或召进面见，或令且退。"所言果是，皇帝就马上付诸实施；如果所言不甚切当，就留中不发，不让一人知道，密折不许人参酌，只能各据己见奏闻。

巡按制度

清王朝入关后，将明代的巡按制度完全继承了下来。因为清初政治相对清明，巡按制度的运行取得了不少成绩。但因为种种原因，该制度仅在顺治一朝得以实行，即告废置。

廉政清芬

徐士林

徐士林（1684—1741 年），山东文登人，康熙五十二年进士，历任安庆知府、江苏按察使、河南布政使、江苏布政使、江苏巡抚等职。徐士林出身于普通农民家庭，自幼便深知平常百姓的辛苦，因此入仕为官后，始终清廉自律、勤政为民，一生提倡俭朴、反对奢靡浪费。

江南之地“风俗奢靡，游惰者多”，担任江苏布政使时，为扭转这一时弊，徐士林一再发布文告，力戒奢侈浪费陋习，提倡勤俭节约之风。他以身作则，身体力行，衣不求华、食不厌蔬，“坐卧处布衾木榻”。他在沧浪亭宴请同僚、下属和乡绅，仅设“五簋”，也就是五道菜。

“但使无颜皆可富，若非有骨岂能贫？双睛不染金银气，才是英雄一辈人。”徐士林的这首《勖诸同事》诗，真实地表达了他的为官之道。依照惯例，一到年节，各地的封疆大吏都会向朝廷进贡地方特产，而徐士林进献的却不是什么绫罗绸缎或是异宝奇珍，而是一卷读书心得——《典谟要义》，里面写着他向朝廷提出的治国安邦策略。乾隆帝对此大加赞赏，在奏疏后用朱笔批道：“语不云乎？赠人以物，不如赠人以言也。”

钱沣

钱沣（1740—1795 年），字东注，号南园，云南昆明人，乾隆三十年进士。历任翰林院编修、监察御史、湖南学政、通政司副使、江南道监察御史、通政司参议加太子太保、吏部尚书、协办大学士。钱沣在史籍中得到的赞誉很高，《清史稿》就称赞他“以直声震海内”。

作为监察御史，钱沣办过的最著名的案子，就是在甘肃捐监冒赈案中揭发了名臣毕沅。乾隆三十九年，时任陕甘总督勒尔谨上奏朝廷，提议捐监，即让家中有足够余粮的民众用粮食换取“监生”的名分。捐监开始不久，甘肃连年旱灾，政府开仓放粮，仍然爆发了民变。朝廷一方面忙于镇压，一方面展开调查，结果发现勒尔谨在实收捐纳粮的同时，虚放赈灾粮，两边欺瞒，将中间的利益据为己有。查明真相后，朝廷震怒，一众涉案官员被严惩，多达56人被处死。

就在案子马上就要完结时，新任监察御史钱沣突然上表揭发了新任陕甘总督毕沅。钱沣指出，毕沅在出任陕西巡抚时就与勒尔谨有行政交集，还曾多次代其行陕甘总督之职，对捐监冒赈一案怎么会不知情呢？但这么多年来却没有向朝廷揭发，最终导致国库受损，百姓遭殃，社会动荡，所以毕沅也该受到严惩。尽管毕沅砌词狡辩，仍被停俸降职。后来，钱沣还办理过山东巡抚国泰贪污案、闽浙总督伍拉纳与福建巡抚浦霖的贪腐案。在当时的社会背景下，这些大案既使他政绩卓著，却也令他仕途受阻，未得到进一步重用。

林则徐

林则徐（1785—1850年），字元抚，又字少穆、石麟，晚号俟村老人，清朝政治家、思想家和诗人，官至一品，曾任湖广总督、陕甘总督和云贵总督，两次受命钦差大臣。因其主张严禁鸦片，有“民族英雄”之誉。

林则徐清正廉洁，执法严明，是我国近代少有的清官。他认为私欲是官场的病根，自己写了一副楹联挂在官府公堂上：“海纳百川，有容乃大；壁立千仞，无欲则刚。”作为钦差大臣，林则徐出巡时轻车简从、廉洁自律，只吃家常便饭，而且对随行人员严格要求，不许仗势胡作非为。每任新职，林则徐都在赴任前发出“传牌”，告诫同僚和下属洁身自好，远离官场的种种陋习和腐败。

林则徐不仅严格要求自己，且治家严谨，教子有方。他留给子女这样一副对联：“子孙若如我，留钱做什么？贤而多财，则损其志；子孙不如我，留钱做什么？愚而多财，则增其过。”在他看来，物质的东西即使再多，总有一天也会消失殆尽，只有精神上的财富是最宝贵的，是可以传承永远的。他还在50多岁时写了一篇《十无益》的修身帖："存心不善，风水无益；不孝父母，奉神无益；兄弟不和，交友无益；行止不端，读书无益；心高气傲，博学无益；作事乖张，聪明无益；不惜元气，服药无益；时运不通，妄求无益；妄取人财，布施无益；淫恶肆欲，阴骘无益"。林则徐还教育家人、后代要与人为善、孝敬父母、待人谦和、行为端正、安守本分、慎言慎行。

昏暴贪佞

纳兰明珠

纳兰明珠（1635—1708 年），康熙朝权臣，历任内务府总管、刑部尚书、兵部尚书、都察院左都御史、武英殿大学士、太子太傅等要职，康熙二十七年因犯朋党之罪被罢黜，后官复原职，但未再受到重用，康熙四十七年病死。

纳兰明珠结党营私，平素极擅笼络人心，是著名的“明党”头目。 当时的朝臣佛伦、葛思泰、傅塔腊、席珠、余国柱、李之芳、熊一潇等，都是他的党羽。 纳兰明珠通过卖官鬻爵大量索贿纳贿。 只要有督抚等官位空缺出来，“必托人辗转贩卖”，而那些花高价向他买官的行贿者，赴任之后残忍地剥削百姓。 纳兰明珠卖官鬻爵的纳贿行径，康熙皇帝并非毫不知情。 因其欲壑难填，康熙还曾以清官于成龙为例，提醒他适可而止，可惜纳兰明珠始终不知收敛悔改，终于被言官弹劾，罢黜大学士一职。

和珅

和珅（1750—1799 年），钮祜禄氏，原名善保，字致斋，自号绿野亭主人等，乾隆帝年间权臣、商人。

和珅原是内务府銮仪卫中一个拜唐阿，地位较低。 因擅逢迎献媚，得乾隆帝宠幸，官升军机大臣、户部尚书等职，前后专权长达 24 年。 和珅利用乾隆帝年老昏聩、喜谀厌谏的思想，报喜不报忧。 一方面积极经营朝堂，扩大自己的权势，“内而公卿，外而藩阃，皆出其门”；一方面凭借权势大肆索贿，“纳赂谄附者，多得清要，中立不倚者，如非抵罪，亦必潦倒”，搜刮了耸人听闻的巨额财富。 乾隆帝死后，嘉庆帝宣布了和珅的 20 条罪状，令其自杀，抄没其家产。 抄出的家产约值 8 亿两黄金，相当于当时朝廷 10 年的收入总和。

名文名篇

禁止馈送檄

清·张伯行

一丝一粒，我之名节；一厘一毫，民之脂膏。宽一分，民受赐不止一分；取一文，我为人不值一文。谁云交际之常，廉耻实伤；倘非不义之财，此物何来？

【译文】

“一丝一粒”虽小，却牵涉我的名节；“一厘一毫”虽微，却都是民脂民膏。对百姓宽待一分，那么百姓所受的恩赐就不止一分；向百姓多索取一文，那么我的为人便一文不值。虽说交际是人之常情，来路不干净也伤廉耻。因为如果不是不义之财，这些礼物又是从哪里来的？所以禁止馈送。

【名句】

一丝一粒，我之名节；一厘一毫，民之脂膏。

【精析】

这篇《禁止馈送檄》，全文只有56字，其中八个“一”字，表达了作者关心百姓疾苦、看重个人名节、反对行贿送礼、主张廉洁奉公的做人原则和道德操守。“一丝一粒”虽小，却关系我的名节；“一厘一毫”虽微，却皆是民脂民膏。理想的滑坡、信念的动摇，通常都是从点滴的小事开始的。思想的口子一旦打开，不良思想就可能一泻千里。所以党员干部一定要慎独、慎初、慎微，牢牢守住每一个“小节”“不以恶小而为之”。

格言警句

人之不廉，而至于悖礼犯义，其原皆生于无耻也。

【注释】出自顾炎武《日知录·廉耻》。意思是说，人丧失了廉德，堕落到违背礼法和道义的地步，其原因都在于没有羞耻之心。

不廉，则无所不取；不耻，则无所不为。

【注释】出自顾炎武《日知录》卷十三。意思是说，一个人如果不廉洁，就会无所不贪；一个人如果没有廉耻，就会什么下作的事情都做。

致理必在惩贪，惩贪莫先旌廉。

【注释】出自王命岳《惩贪议》。意思是说，治理国家必须惩治贪腐，惩治贪腐莫过于先要表彰廉洁。

圣人之治天下，利民之事，丝发必兴；厉民之事，毫末必去。

【注释】出自万斯大《周官辨非》。意思是说，圣人治理天下所用之道，凡是于民有利的事情，一丝一发也要推行；于民有害之事，一毫一末也必须革除。

为浊富，不若为清贫；以忧生，不若以乐死。

【注释】出自张潮《幽梦影》。意思是说，因为污浊的原因而富贵，不如因为清廉而贫穷。忧愁地活着，不如快乐地死亡。

作人贵直，而作诗文贵曲。

【注释】出自袁枚《随园诗话》。意思是说，作人以正直为贵，而写诗作文以委曲青苗为贵。意在告诫人们做人贵在耿直，诚实守信，心地善良。

因嫌纱帽小，致使枷锁扛。

【注释】出自《红楼梦》。意思是说，因嫌官职卑小而拼命向上爬，最后反落得枷锁加身，成为罪犯，得不偿失。此语在封建时代被用来规劝人们要摆脱官场名利之争，现在也可用来嘲笑那些投机钻营、不走正道的从政者。

好风凭借力，送我上青云。

【注释】出自《红楼梦》。意思是说，愿借东风的力量，把我送上碧蓝的云天。现在可用于表现一种借助外力平步青云的愿望，也可用于揭露和讽刺那种热衷于倚仗权势向上爬的卑微人物。

荣华易尽，须要退步抽身。

【注释】出自《红楼梦》。意思是说，兴盛显贵是很容易消失的，必须及早退身。多用于劝人不要有贪念。

俭则约，约则百善俱兴；侈则肆，肆则百恶俱纵。

【注释】出自金缨《格言联璧·持躬》。意思是说，节俭就会有节制，有节制则百善都会兴起；奢侈就会放肆，放肆则百恶都会爆发。

大吏廉洁，小吏则自然效法。苟可因保全一人而废国法乎。

【注释】出自《清实录·祖皇帝实录》。意思是说，大官如果廉政，小官自然效法。假如不能谨慎勤政，以致延误公事，又怎能因为保全一人而废弃国家的法律呢？

人之心胸，多欲则窄，寡欲则宽。

【注释】出自金缨《格言联璧》。意思是说，欲望太多的人大多心胸狭隘。反之无欲无求的人心胸就很宽广。

骏马能历险，犁田不如牛。坚车能载重，渡河不如舟。

【注释】出自顾嗣协《杂兴》。意思是说，骏马可以跨越险境，但要论耕地比不上牛。牢固的车可以承载重物，但要论渡河就比不上船了。也就是说，每种事物都有其擅长的方面，应用其长而避其短。

意趣清高，利禄不能动也。志量远大，富贵不能淫也。

【注释】出自王永彬《围炉夜话》。意思是说，心意志趣清雅高尚的人，金钱和官位是无法改变其心志的；志气广阔高远的人，即使身在富贵之中，也不会迷乱心志而陷溺。

好胜者必败，恃壮者易疾，渔利者害多，骛名者毁至。

【注释】出自申涵光《荆园进语》。意思是说，喜好逞胜斗强的人必然失败；自以为身体健壮（无所顾忌）的人容易得病。形容挖空心思地谋求私利求虚名的人都没有好结果。

独得之见，必不如众议之参同也。

【注释】出自魏源《默觚·治篇》。意思是说，纵然有独到的见识，也一定比不上众人共同商议。

君子受言以达聪明。

【注释】出自魏源《默觚·治篇》。意思是说，君子接受别人的意见而使自己变得聪明起来。

苟利国家生死以，岂因祸福避趋之。

【注释】出自林则徐《赴戍登程口占示家人》，意思是说，只要对国家有利，即使牺牲自己的生命也心甘情愿，绝不会因为自己可能受到祸害而躲开。

利可共而不可独，谋可寡而不可众。独利则败，众谋则泄。

【注释】曾国藩名言。意思是说，利益要共享而不能私吞，谋略要隐蔽而不可公之于众；一心想独得利益必定失败，众人谋划策略必遭泄露。

知足则乐，务贪必忧。

【注释】出自《曾国藩家书》。意思是说，知道满足能使人快乐，追求贪婪一定让人忧愁。

好便宜者，不可与之交财，多狐疑者，不可与之谋事。

【注释】左宗棠名言。意思是说，喜欢小便宜的人，不可以有金钱上的往来，很喜欢胡乱猜疑的人，不能在一起商量事情。

自奉宁过于俭，待人宁过于厚。一切均从简省，断不可浪用。此惜福之道，保家之道也。

【注释】左宗棠名言。意思是说，自己的用度，宁肯过于节俭；招待别人宁可过于丰厚。所有的事情都考虑节省，万万不可浪费。这就是珍惜福分、保持家业不败的方法啊。

诗词曲赋

竹　石

清·郑板桥

咬定青山不放松，立根原在破岩中。
千磨万击还坚劲，任尔东西南北风。

【译文】

紧紧咬定青山不放松，原本深深扎根石缝中。
千磨万击身骨仍坚劲，任凭你刮东西南北风。

墨竹图题诗

清·郑板桥

衙斋卧听萧萧竹，疑是民间疾苦声。
些小吾曹州县吏，一枝一叶总关情。

【译文】

在衙门里休息的时候，听见竹叶萧萧作响，
仿佛听见了百姓啼饥号寒的怨声。
我们虽然只是州县里的小官吏，
但百姓的每一件小事都牵动着我们的感情。

小说传奇

《儒林外史》

《儒林外史》是一部长篇小说，作者为清代吴敬梓，共 56 回，成书于 1749 年或稍前。

《儒林外史》最早以抄本传世，1803 年初刻。该书用写实主义手法描绘了社会各类人士对于“功名富贵”的差异表现，一方面揭露了人性被腐蚀的过程及原因，从而深刻批判并嘲讽了当时腐败的吏治、虚伪的礼教和科举弊端等社会丑恶现象；另一方面赞美了少数人坚持自我、守护人性的行为。《儒林外史》开启了以小说直接评价现实生活的先河，是中国古代讽刺小说的巅峰之作。

《孽海花》

《孽海花》，晚清谴责小说之一，清朝金松岑、曾朴著，共 35 回，最早见于《江苏》杂志光绪二十九年，后由曾朴在 1928 年前后续写完成。小说采用隐喻的写作手法，以苏州状元金沟和名妓傅彩云的经历为主线，展现了同治初年至甲午战争年间中国社会政治文化生活的变迁。本书最成功之处，是生动刻画了封建知识分子和封建士大夫的虚伪造作和庸腐无能，批判了封建制度的腐朽没落，体现了强烈的时代精神。

《老残游记》

《老残游记》是清末中篇小说，刘鹗著。小说以走方郎中老残的游历为主线，深刻反映了当时的社会矛盾。书中直斥清官（指清官中的酷吏）误国，清官害民，别出心裁地揭露清官的昏庸往往比贪官危害更大。这本小说在提炼民族传统文化精华、展现生活哲学及艺术等方面都体现了极高的艺术造诣。

《官场现形记》

《官场现形记》是一部长篇小说，晚清文学家李伯元作。《官场现形记》与《二十年目睹之怪现状》《老残游记》及《孽海花》并称晚清四大谴责小说，是清朝晚期文学代表作品之一。

《官场现形记》内容丰富，讲述了 30 多个相对独立的官场故事。书中人物上自皇帝、下至佐杂小吏等，蔚为大观。作品重点揭露各级官僚的“龌龊卑鄙”“昏聩糊涂”，集中刻画了晚清官场的污浊、吏治的败坏、统治集团的腐朽，描绘了一幅千奇百怪的晚清官场群丑图：他们有的侵吞公款，贪赃枉法；有的卖官鬻爵，大发横财；有的打着“剿匪”的名号，做着害民的勾当；有的冒名得官，寡廉鲜耻；有的媚外惧洋，奴性十足……《官场现形记》开启了我国近代批判现实小说的先河。

成语俗语

不讳之朝

【注释】可直言不讳的朝代。指政治清明之世。源自钱谦益《江兆豫侍御六十序》："遭逢不讳之朝，发抒未竟之志。"

悬崖勒马

【注释】在高高的山崖边上勒住马。比喻到了危险的边缘及时清醒回头。源自《阅微草堂笔记》："此书生悬崖勒马，可谓大智矣。"

壁立千仞，无欲则刚

【注释】出自林则徐任两广总督查禁鸦片之时，给府衙写的一副对联，其上下联为"海纳百川，有容乃大；壁立千仞，无欲则刚"。"壁立千仞，无欲则刚"的意思是说千仞高的峭壁之所以能够巍然屹立，是因为它没有世俗中的各种欲望。也就是说，只有当一个人做到了不被世俗之利所诱，他才能表现出大义凛然的气度。

声势熏灼

【注释】声势气势逼人。源自陈康祺《郎潜纪闻》卷四："仁宗亲政，和坤下狱赐死，諭云：'当和坤声势熏灼，举朝无一人敢於纠劾，曹锡宝独能抗辞执奏，不愧諍臣，加恩追赠副都御史，伊子照加赠官衔，给予荫生。'"

簠簋之风

【注释】指官吏贪财受贿的风气。源自陈康祺《郎潜纪闻》第六卷："于是干谒不行，孤寒吐气，簠簋之风为之一变。"

见风使舵

【注释】看风向转发动舵柄。比喻看势头或看别人的眼色行事。源自李宝嘉《官场现形记》："别事见风使舵；再作道理。"

后 记

学界一般将学科分为三类：数、理、化等为自然科学，政、经、法等为社会科学，文、史、哲等为人文科学。中华优秀传统文化横跨了社会科学和人文科学，具有复合性与共生性，已成学界共识。由此来看，优秀传统廉政文化为中华优秀传统文化的重要组成部分，当属题中之义。

对于编撰这样一部横跨社会科学和人文科学、兼具复合性与共生性的鸿篇巨制，并非易事。策划初期，我们即延请诸家，对本书的编撰指导思想、体例文风、人物事遴选及质量标准等各方面细节多方研究讨论，以期以较高的质量满足广大读者所需，不负策划初心。但“文章千古事，得失寸心知”，由于学识水平所限，加之编写时间紧迫，本书难免存在一些问题与不足，恳请读者批评指正并给予谅解！

本书由靳文泉担任主编。在具体内容编写分工上，高婷婷负责第一篇、第二篇、第三篇、第四篇、第五篇、第六篇，欧世趋负责第七篇、第八篇、第九篇，高芳芳负责第十篇、第十一篇，李丽负责第十二篇、第十三篇。此外，本书编写也得到了民主与建设出版社事业部主任李保华先生的帮助，在此一并表示衷心感谢！

编 者

2020 年 10 月